ENZYKLOPÄDIE DEUTSCHER GESCHICHTE BAND 29

ENZYKLOPÄDIE
DEUTSCHER
GESCHICHTE
BAND 29

HERAUSGEGEBEN VON
LOTHAR GALL

IN VERBINDUNG MIT
PETER BLICKLE,
ELISABETH FEHRENBACH,
JOHANNES FRIED,
KLAUS HILDEBRAND,
KARL HEINRICH KAUFHOLD,
HORST MÖLLER,
OTTO GERHARD OEXLE,
KLAUS TENFELDE

GEWERBE UND INDUSTRIE IM 19. UND 20. JAHRHUNDERT

VON
TONI PIERENKEMPER

2., um einen Nachtrag erweiterte Auflage

R. OLDENBOURG VERLAG
MÜNCHEN 2007

Bibliografische Information der Deutschen Nationalbibliothek

Die Deutsche Nationalbibliothek verzeichnet diese Publikation in der Deutschen Nationalbibliografie; detaillierte bibliografische Daten sind im Internet über <http://dnb.d-nb.de> abrufbar.

Rosenheimer Straße 145, D-81671 München
Internet: oldenbourg.de

Umschlaggestaltung: Dieter Vollendorf
Umschlagabbildung: Katalog der Maschinenfabrik E. Herzog, Leipzig-Reudnitz, um 1907. Slg. Peter Schricker

Gedruckt auf säurefreiem, alterungsbeständigem Papier (chlorfrei gebleicht)
Satz: Oldenbourg:digital GmbH, Kirchheim b. München
Druck und Bindung: buch bücher dd ag, Birkach

ISBN 978-3-486-58320-5 (brosch.)

Vorwort

Die „Enzyklopädie deutscher Geschichte“ soll für die Benutzer – Fachhistoriker, Studenten, Geschichtslehrer, Vertreter benachbarter Disziplinen und interessierte Laien – ein Arbeitsinstrument sein, mit dessen Hilfe sie sich rasch und zuverlässig über den gegenwärtigen Stand unserer Kenntnisse und der Forschung in den verschiedenen Bereichen der deutschen Geschichte informieren können.

Geschichte wird dabei in einem umfassenden Sinne verstanden: Der Geschichte der Gesellschaft, der Wirtschaft, des Staates in seinen inneren und äußeren Verhältnissen wird ebenso ein großes Gewicht beigemessen wie der Geschichte der Religion und der Kirche, der Kultur, der Lebenswelten und der Mentalitäten.

Dieses umfassende Verständnis von Geschichte muß immer wieder Prozesse und Tendenzen einbeziehen, die säkularer Natur sind, nationale und einzelstaatliche Grenzen übergreifen. Ihm entspricht eine eher pragmatische Bestimmung des Begriffs „deutsche Geschichte“. Sie orientiert sich sehr bewußt an der jeweiligen zeitgenössischen Auffassung und Definition des Begriffs und sucht ihn von daher zugleich von programmatischen Rückprojektionen zu entlasten, die seine Verwendung in den letzten anderthalb Jahrhunderten immer wieder begleiteten. Was damit an Unschärfen und Problemen, vor allem hinsichtlich des diachronen Vergleichs, verbunden ist, steht in keinem Verhältnis zu den Schwierigkeiten, die sich bei dem Versuch einer zeitübergreifenden Festlegung ergäben, die stets nur mehr oder weniger willkürlicher Art sein könnte. Das heißt freilich nicht, daß der Begriff „deutsche Geschichte“ unreflektiert gebraucht werden kann. Eine der Aufgaben der einzelnen Bände ist es vielmehr, den Bereich der Darstellung auch geographisch jeweils genau zu bestimmen.

Das Gesamtwerk wird am Ende rund hundert Bände umfassen. Sie folgen alle einem gleichen Gliederungsschema und sind mit Blick auf die Konzeption der Reihe und die Bedürfnisse des Benutzers in ihrem Umfang jeweils streng begrenzt. Das zwingt vor allem im darstellenden Teil, der den heutigen Stand unserer Kenntnisse auf knappstem Raum zusammenfaßt – ihm schließen sich die Darlegung und Erörterung der Forschungssituation und eine entsprechend gegliederte Auswahlbibliographie an –, zu starker Konzentration und zur Beschränkung auf die zentralen Vorgänge und Entwicklungen. Besonderes Gewicht ist daneben, unter Betonung des systematischen Zusammenhangs, auf die Abstimmung der einzelnen Bände untereinander, in sachlicher Hinsicht, aber auch im Hinblick auf die übergreifenden Fragestellungen, gelegt worden. Aus dem Gesamtwerk lassen sich so auch immer einzelne, den jeweiligen Benutzer besonders interessierende Serien zusammenstellen. Ungeachtet dessen aber bildet jeder Band eine in sich abgeschlossene Einheit – unter der persönlichen Verantwortung des Autors und in völliger Eigenständigkeit gegenüber den benachbarten und verwandten Bänden, auch was den Zeitpunkt des Erscheinens angeht.

Lothar Gall

Inhalt

Vorwort des Verfassers

Einen knappen Band über Gewerbe und Industrie in Deutschland im 19. und 20. Jahrhundert zu schreiben ist nahezu eine Unmöglichkeit. Einmal wird mit dem gewerblichen Sektor der Volkswirtschaft ein immer größerer Teil der Wirtschaft erfaßt, der sich zunehmend weiter ausdifferenziert und deshalb von seinem schieren Umfang her eine ausführlichere Darstellung erforderlich macht. Darüber hinaus bilden das 19. und 20. Jahrhundert zusammengenommen einen solch langen Zeitraum mit sehr unterschiedlichen wirtschaftshistorischen Epochen, daß es schwerfällt, diese gleichsam in einigen knappen Strichen in grundlegenden Entwicklungsprozessen zu skizzieren. Und schließlich bildet Deutschland in diesen beiden Jahrhunderten einen Bezugsraum, den es als Einheit zunächst gar nicht gegeben hat, dann zeitweilig in unterschiedlichen Begrenzungen, schließlich mehrfach und gegenwärtig wiederum neu und einheitlich.

Wenn in diesem Band dennoch der Versuch unternommen wird, das scheinbar Unmögliche zu wagen, so ist das einmal dem Wunsch der Herausgeber zuzurechnen, eine überblicksartige Orientierung für den entscheidenden Teil der gesamtwirtschaftlichen Entwicklung in der Neuzeit vorzulegen. Zum anderen legt das die Bitte des Autors um Nachsicht nahe, weil wegen der genannten Probleme die Ausführungen an vielen Stellen sehr knapp, und manchem Leser mag es scheinen: zu knapp, ausgefallen sind. Eingehendere Informationen lassen sich jedoch aus den übrigen Bänden dieser Reihe und aus den angeführten Belegstellen reichlich gewinnen.

Frankfurt am Main, Juni 1993 Toni Pierenkemper

Vorwort zur 2. Auflage

Gegenüber der ersten Auflage konnte der Text – abgesehen von kleineren Korrekturen – unverändert bleiben. Hinzugekommen ist ein Postskriptum, das einige Schwerpunkte der seit 1994 zu verzeichnenden Forschung benennt und die inzwischen erschienene Literatur ergänzt. Für einige bibliographische Hinweise danke ich Dr. Ralf Banken und Dr. Alfred Reckendrees.

Köln, im Januar 2007 Toni Pierenkemper

I. Enzyklopädischer Überblick

1. Einleitung: Begriffliches zur Geschichte von Gewerbe und Industrie

Gewerbe und Industrie sind keine synonymen Begriffe, sondern beide haben eine lange eigene Geschichte und waren in ihrer Bedeutung lange Zeit unklar und umstritten. Mit „Gewerbe" in seiner ursprünglichen Sprachbedeutung verbindet sich zunächst die allgemeine Vorstellung einer Tätigkeit, einer Bewegung schlechthin, so daß im 18. Jahrhundert unter diesem Begriffe alle Arten einer gewinnbringenden Tätigkeit subsumiert werden konnten. Darauf weist auch 1898 noch KARL BÜCHER hin, der diesen allgemeinen Begriff des Gewerbes jedoch dann von dem eingeschränkten, als einem besonderen Teil der wirtschaftlichen Produktion, nämlich dem der Stoffumwandlung und -veredlung, unterscheidet. In diesem eingeschränkten Sinne wird Gewerbe seitdem in den Wirtschaftswissenschaften in Anlehnung an die übliche Dreiteilung der Wirtschaftszweige zur Strukturierung des nationalen Wirtschaftsprozesses als besonderer Sektor der veredelnden Weiterverarbeitung in Unterscheidung von den Sektoren der stoffbeschaffenden Urproduktion und der Güterverteilung verwandt. Allerdings zeigen sich auch bei dieser Abgrenzung bis heute noch Schwierigkeiten, weil die Erzeugung von Rohstoffen außerhalb der Landwirtschaft (z. B. Bergbau) gelegentlich ebenfalls dem Gewerbe zugerechnet wird. Gewerbe

Ähnlich unbestimmt wie der ursprüngliche Begriff des Gewerbes war der der „Industrie", welcher in seiner überkommenen Wortbedeutung eine eifrige Tätigkeit umschrieb. Auch dieser Begriff hat einen bemerkenswerten Bedeutungswandel durchgemacht, bis er zu dem heute dominierenden Verständnis als dem einer ökonomischen Institution fand. Unter Industrie ist in diesem neuen Sinne deshalb ein bestimmter Teil der gewerblichen Produktion zu verstehen, der in der so genannten Industrie, d. h. in großgewerblich organisierten Fabrikbetrieben, erfolgt. Industrie erfaßt daher nur einen Teil der gewerblichen Produktion, einen Teilbereich der veredelnden Weiterverarbeitung einer Volkswirtschaft; der andere Industrie

Teilbereich wird üblicherweise durch das Handwerk, die typische Form des Kleingewerbes, erfaßt. Andere Betriebsformen spielen heute innerhalb der gewerblichen Produktion, anders als noch zu Beginn unseres Untersuchungszeitraumes, kaum eine Rolle.

Industrialisierung

Der hier vorgestellte institutionell-sektorale Ansatz zur Definition und Untergliederung des Gewerbes bietet zugleich auch die Möglichkeit, einen Schlüsselbegriff der modernen Wirtschaftsgeschichte anschaulich zu bestimmen: „Industrialisierung". Es erweist sich nämlich, daß seit dem Beginn des 19. Jahrhunderts die gewerbliche Produktion zunehmend industriell organisiert wird und daß sich damit die Industrie zum dominierenden Teil des gesamten Wirtschaftssystems aufschwingt. Industrialisierung wird in diesem Sinne als Strukturwandel der gewerblichen Wirtschaft verstanden, als Wachstum des gewerblichen, des „sekundären" Sektors insgesamt, und darin mit überproportionaler Wachstumsrate der Industrie, ohne daß damit schon etwas über die Ursachen und sozialen Konsequenzen dieses Entwicklungsprozesses ausgesagt wäre.

Wirtschaftliches Wachstum

Gleichwohl ist ein zweiter Schlüsselbegriff der modernen Wirtschaftsgeschichte, der des wirtschaftlichen Wachstums, in dieser Sichtweise bereits mit eingeführt. Dieser Wachstumsprozeß, verbunden mit dem durch Industrialisierung beschriebenen Strukturwandel, bewirkte letztendlich den für Gewerbe und Industrie im 19. und 20. Jahrhundert dominanten Wandel von der Agrar- zur Industriegesellschaft, auch wenn die Industriegesellschaft, was aber für die folgenden Ausführungen weniger bedeutsam ist, der Industriewirtschaft in ihrer Entwicklung deutlich hinterherhinken mag.

Einheitlicher Wirtschaftsraum

Die Untersuchung der Entwicklung von Gewerbe und Industrie in Deutschland im 19. und 20. Jahrhundert bildet den Gegenstand dieses Bandes. Eine Frage, die eine derartige Untersuchung unmittelbar nahe legt, ist, ob und wieweit es überhaupt Sinn macht, „Deutschland" zwischen 1800 und 2000 trotz aller Gebietsveränderungen als einheitlichen Wirtschaftsraum zu verstehen. Immerhin erstreckt sich der Betrachtungszeitraum vom Untergang des „Alten Reichs" über den Deutschen Bund, das Kaiserreich, die Weimarer Republik und das Dritte Reich, die Bundesrepublik und die DDR bis hin zum wiedervereinigten Deutschland. Dennoch kann man in Übereinstimmung mit den wichtigsten Autoren davon ausgehen, daß es zu den jeweiligen Zeitpunkten eine gewisse Einheit „deutsche Volkswirtschaft" gegeben hat und daß ihre Strukturrelationen, und nur darum geht es in diesem Band, unbeschadet der jeweiligen absoluten Größe dieser Volkswirtschaft aussagefähig sind.

2. Das Gewerbe im Übergang: Struktur um 1800 und neue Herausforderungen

Das Gewerbe in der Frühen Neuzeit ist unlängst bereits in seiner Entwicklung bis an die Schwelle des 19. Jahrhunderts ausführlich beschrieben worden. Wie stellte es sich demnach um das Jahr 1800, am Ausgangspunkt unserer Schilderung, dar?

Gewerblicher Sektor

Hinsichtlich der Bedeutung des gewerblichen Sektors innerhalb der Gesamtwirtschaft ist dabei zunächst festzuhalten, daß nur eine Minderheit der Einwohner und der Erwerbstätigen Deutschlands überhaupt dem gewerblichen Sektor zuzurechnen war. Deutschland war noch weitgehend ein „Agrarland", in dem etwa 62 Prozent aller Erwerbstätigen in der Landwirtschaft und nur ca. 21 Prozent im Gewerbe beschäftigt waren; der Rest der Beschäftigten war im Dienstleistungsbereich tätig.

Im Gewerbe selbst dominierten um 1800 noch ganz eindeutig die traditionellen Produktionsformen; ein „Fabriksystem" war kaum in Umrissen erkennbar. Etwa die Hälfte der 2,2 Millionen Beschäftigten des gewerblichen Bereichs fanden im traditionellen Handwerk Arbeit und Brot, etwa 1 Million (45 Prozent) war verlagsmäßig organisiert, und allenfalls 5 Prozent waren in Manufakturen, Fabriken oder Bergwerken erwerbstätig. Kurzum: Von einer bemerkenswerten gewerblichen Expansion oder gar von einer beginnenden Industrialisierung im Deutschland um das Jahr 1800 läßt sich noch keinesfalls sprechen.

Gewerbestatistik

Genauere Informationen über die Struktur und Entwicklung des gewerblichen Sektors in Deutschland am Ende des 18. und zu Beginn des 19. Jahrhunderts liegen nur verstreut und uneinheitlich vor, denn eine Gewerbestatistik begann sich, unter Führung Preußens, erst allmählich herauszubilden. Erst um das Jahr 1800 lassen sich die ersten zeitgenössischen, und, auf diesen aufbauend, auch Versuche in der Literatur finden, die gewerbliche Struktur Preußens umfassender und präziser zu bestimmen. Aus diesen Angaben läßt sich ein einigermaßen zutreffendes Bild des preußischen Gewerbes zu Beginn des 19. Jahrhunderts entwerfen, das zugleich wegen der überragenden Bedeutung Preußens als einigermaßen repräsentativ für die deutsche Situation angesehen werden kann.

Beschäftigtenkonzentration

Es zeigte sich immer noch eine starke Konzentration der Selbständigen und Beschäftigten auf ganz wenige Gewerbezweige. Zur Textilindustrie gehörten allein 82 Prozent der Beschäftigten des Gewerbes, wobei wiederum das Leinengewerbe allein 37 Prozent der Beschäftigten umfaßte. Hinsichtlich der Verbreitung der im Gewerbe bevorzugten Produktionsformen läßt sich festhalten, daß das jahrhundertelang vorherrschende Handwerk an Bedeutung einbüßte, während neue Betriebsorganisationen entwickelt und erprobt wurden.

Expansion durch Exportgewerbe

Die Expansion der vorindustriellen gewerblichen Produktion wurde nicht von dem auf die örtliche Versorgung ausgerichteten Zunfthandwerk getragen, sondern von einem auf den internationalen Fernhandel orientierten Exportgewerbe. Dies zeigte sich zunächst zumeist als zunftfreie Tätigkeit in ländlichem Nebengewerbe, später auch als Hauptgewerbe über das Verlagssystem mit den Absatzmärkten verknüpft. Diese spezifische gewerbliche Betriebsform zeichnete sich dadurch aus, daß rechtlich selbständige Produzenten zu Hause oder in eigenen Betriebsstätten dezentral produzierten und daß ihre Produktion durch einen Verleger zentral koordiniert und vermarktet wurde. Das Verlagssystem wurde in verschiedenen Formen praktiziert, die sich im Grad der Abhängigkeit der Gewerbetreibenden vom Verleger unterschieden, je nachdem, inwieweit sie eigene Werkzeuge besaßen und den Ankauf der Rohstoffe selbst organisierten.

Verlagssystem

Dezentrale/zentrale Manufaktur

Neben dem Verlagssystem spielten die Manufakturen, die im 18. Jahrhundert verstärkt ins Leben gerufen wurden, zunehmend eine Rolle, sei es in Kombination mit dem Verlag als sogenannte dezentrale Manufaktur, sei es als zentralisierter Manufakturbetrieb. Das entscheidende Merkmal der Manufaktur stellt dabei die auf Arbeit beruhende Kooperation der Arbeitskräfte dar. Damit konnten gegenüber den bis dahin üblichen Betriebsformen ganz entscheidende Produktivitätsfortschritte erzielt und konnte ein Markt zur Versorgung mit Massengütern geschaffen werden.

Diese neue Produktionsweise konnte sich jedoch erst voll entfalten, nachdem die Fabrik als zentraler, arbeitsteiliger gewerblicher Großbetrieb mit Maschineneinsatz als neue, zukunftsträchtige Betriebsform Verbreitung fand. Zwar hat es auch schon vor dem Einsetzen der Industrialisierung gewerbliche Großbetriebe gegeben, in denen der Produktionsprozeß durch chemisch-thermische Verfahren (Hütten, Frischfeuer, chemische Fabriken) bestimmt wurde, und diese sind den Manufakturen nur schwer zuzurechnen, weil der Produktionsprozeß in diesen sogenannten „Bergfabriken“ nicht entscheidend durch Handarbeit geprägt wurde. Doch die moderne Fabrik, die dann für den weiteren Entwicklungsgang als typische Be-

Moderne Fabrik

triebsform anzusehen ist, zeichnet sich demgegenüber durch eine zentrale Betriebsorganisation, Maschineneinsatz und einen beachtlichen Umfang des Fixkapitals aus.

Grundlegender Wandel

Nach Einschätzung KAUFHOLDS zeigen die Jahre um 1800 im Gewerbe noch „... den Charakter einer Übergangszeit ...“. Erst mit dem Beginn der Industrialisierung am Ende der 1830er Jahre fingen die gewerblichen Verhältnisse in Deutschland allmählich an, sich grundlegend zu wandeln. Das war auch eine Konsequenz der vielfältigen Herausforderungen, denen sich die gewerbliche Wirtschaft an der Wende zum 19. Jahrhundert gegenübersah.

Bevölkerungsexpansion

Eine erste Herausforderung stellte das rapide Anwachsen der Bevölkerung in den meisten Staaten und Regionen Westeuropas dar. Ursache dieser Entwicklung war weniger eine Zuwanderung von Menschen nach Mitteleuropa als vielmehr ein Anstieg des natürlichen Bevölkerungswachstums.

Eine quantitative Ausweitung der Wirtschaftstätigkeit wurde damit unausweichlich, und da eine solche Ausdehnung mit der überkommenen Produktionstechnologie und Wirtschaftsweise nicht in ausreichendem Umfang möglich erschien, erforderte die Bevölkerungsexpansion zugleich ein verändertes Wirtschaftssystem.

Erwerbsstreben

Die Ausbreitung kapitalistischer Wirtschaftsweisen bedeutete für die Menschen des 19. Jahrhunderts einen Zwang zur Anpassung an ein neues Wirtschaftssystem, das ein neues Wirtschaftsprinzip, das der „Akkumulation“, an die Stelle von „Nahrung“, d.h. aktives Erwerbsstreben an die Stelle von herkömmlicher Nahrungssicherung setzte und damit über ein neues Eigentumsrecht und ein neues Leistungsethos gänzlich neue Verhaltensdispositionen erforderlich machte. Koordiniert wurde das individualisierte Wirtschaftshandeln der Menschen zunehmend über Märkte. Der Wettbewerb hielt damit Einzug in immer weitere Bereiche des sozialen Lebens und bestimmte die Bedingungen der privaten Existenzsicherung ebenso wie die Regeln der internationalen Märkte. Kurzum: Eine neue „Kultur“ befand sich in der Entstehung.

Moderner Staat

In diesem Prozeß der Akkumulation und Marktentfaltung war der moderne Staat ein entscheidender Faktor. Er war im vorausgehenden Jahrhundert der inneren und äußeren Staatenbildung in seiner modernen Form, als Zentralsstaat mit einer bürokratisch organisierten Infrastruktur, gerade erst entstanden.

Entwicklung der Wissenschaft

Letztlich machte auch die Wissenschaft in der dem Jahr 1800 vorausgehenden Epoche einen gewaltigen Entwicklungssprung. Die Folgen der Aufklärung, die „... im Kern als ein Erziehungsprogramm ..." [117: BAUER/MATIS, Geburt der Neuzeit] zu charakterisieren ist, äußerten sich in vielfältiger Weise und bestimmten den Entwicklungsgang von Wirtschaft und Gesellschaft im 19. Jahrhundert entscheidend. Gerade auch die Wirkung der wissenschaftlich-technischen Revolution in ihrer Bedeutung für die Wirtschaft, die Anwendung wissenschaftlicher Erkenntnisse auf die Probleme der Produktion, kann als epochale Neuerung im Hinblick auf die folgende wirtschaftliche Expansion angesehen werden.

Nimmt man die weitere Entwicklung von Wirtschaft und Gesellschaft in Deutschland in den Blick, so muß die nach 1800 langsam einsetzende Expansion des gewerblichen Sektors als Reaktion auf diese Herausforderungen interpretiert werden. Gewerbe und Industrie paßten sich den veränderten Bedingungen an. Diesem Anpassungsprozeß gilt im folgenden unsere Aufmerksamkeit.

3. Wandlungen der Gewerbestruktur im 19. Jahrhundert

Die Elemente der Veränderung, die die alteuropäische Gesellschaft in der Frühen Neuzeit erfaßt hatten und die mit den Begriffen Bevölkerungswachstum, Staatsbildung, Kapitalismus und Aufklärung umschrieben wurden, machten auch eine Anpassung der gewerblichen Betriebsorganisation an die veränderten Bedingungen erforderlich: Verlagswesen und Manufakturen, später auch die Fabriken, griffen um sich und bestimmten zunehmend das Bild der gewerblichen Wirtschaft, während das alte Handwerk eine krisenhafte Epoche durchlief.

3.1 Die Betriebsformen

Sehr viel Mühe und Papier ist in der einschlägigen Literatur bislang darauf verwandt worden, die wichtigsten Eigenschaften der unterschiedlichen gewerblichen Betriebsformen eindeutig zu definieren, gleichsam das „Wesen" von Handwerk, Verlag, Manufaktur und Fabrik zu ergründen. In einer pragmatischen, die älteren Versuche mit einbeziehenden Abgrenzung unterscheidet JÜRGEN KOCKA im Hinblick auf das unterschiedliche Ausmaß der Einbeziehung der Produktion in kapitalistische Märkte und hinsichtlich des Umfanges der Abhängigkeit der Beschäftigten von unternehmerischer Herrschaft zwischen drei grundlegenden gewerblichen Betriebsformen.

Grundtypen gewerblicher Produktion

1. Handwerk mit einem relativ hohen Maß an unternehmerischer Autonomie, eingeschränkter Herrschaft über die Beschäftigten und Produktion überwiegend für den lokalen Markt.

2. Heimgewerblich organisiertes Verlagssystem mit begrenzter unternehmerischer Autonomie, weitreichenden Herrschaftsbefugnissen und Produktion für überlokale Märkte.

3. Zentralisierte Großbetriebe mit großer unternehmerischer Autonomie und Herrschaftskompetenz bei Produktion für den überregionalen Markt.

Mit diesen drei Grundformen gewerblicher Produktion ist naturgemäß nicht die Vielfalt aller historisch vorfindbaren Betriebsformen vollständig erfaßt, denn in der Wirklichkeit fanden sich auch zahlreiche Mischformen dieser Typen, von denen das Kaufsystem der Handwerker, die dezentralen Manufakturen und das „Schwitzsystem" unter Einschaltung von Zwischenmeistern im Verlagswesen die bekanntesten sind. Dennoch scheinen diese Grundtypen die Entwicklung der gewerblichen Wirtschaft im 19. und 20. Jahrhundert hinsichtlich ihrer Betriebsformen ausreichend zu charakterisieren.

Mischformen

3.1.1 Das Handwerk

Schwerwiegende Strukturkrise

Entgegen zahlreichen nachträglichen Verklärungen war die Lage des Handwerks zu Beginn des 19. Jahrhunderts alles andere als rosig. SCHMOLLER charakterisiert die Situation folgendermaßen: „Die ökonomische Lage der meisten Handwerker war ebenso kümmerlich als ihre Technik unvollendet, ihre Arbeit schlecht" [313: Kleingewerbe, 14]. Zahlreiche zeitgenössische Klagen über die Zustände im Gewerbe lassen sich anführen, ebenso wie einige statistische Belege für den Niedergang des städtischen Handwerks in der Frühen Neuzeit. Die meisten Autoren stimmen darin überein, daß das alte Handwerk sich bereits vor der gewerblichen Expansion des 19. Jahrhunderts in einer schwerwiegenden Strukturkrise befand.

Ursache dieser Krise war einmal der schon früher einsetzende Verlust der überragenden ökonomischen Bedeutung der Städte insgesamt, der zu einem Rückzug der handwerklichen Produktion auf die alltäglichen Bedürfnisse kleinbürgerlicher Elemente führte. Darüber hinaus spürte das traditionelle Handwerk auch die zunehmende Konkurrenz der gewerblichen Produktion von außerhalb der Zünfte, zunächst durch unzünftige Meister und Landhandwerker, später durch Kaufleute und Unternehmer, die eine in neuartiger Weise organisierte Produktion auf den Markt brachten.

Neuartig organisierte Produktion

Zu Beginn des 19. Jahrhunderts beherrschte dennoch das Handwerk noch eindeutig die gewerbliche Produktion und bestimmte das gewerbliche Leben in Deutschland fast ausschließlich. Der exakte Umfang des Handwerks läßt sich aus den zeitgenössischen Statistiken nicht genau bestimmen, weil diese gewerbliche Produktionsform noch nicht eindeutig definiert war und gegenüber der expandierenden Heimindustrie und dem neu aufkommenden Fabrikwesen z.T. unterschiedlich und in wechselnder Weise abgegrenzt wurde. Die Unschärfen der zeitgenössischen statistischen Aufnahmen spiegeln sich demnach noch heute in den modernen Schätzungen.

Beschäftigte

KAUFHOLD vermag dennoch den Umfang des Handwerks (ohne Textilgewerbe) in Deutschland für das Jahr 1800 auf etwa 1,23 Mill. Beschäftigte zu schätzen, was etwa 12 v.H. aller Erwerbstätigen entsprach und vermuten läßt, daß ca. 17 v.H. der Bevölkerung vom Handwerk lebten. Für Preußen, den mit Abstand bedeutendsten Staat des späteren Kaiserreichs, läßt sich die Zahl der Handwerker nach den Angaben bei LEOPOLD KRUG für das Jahr 1800 ein wenig genauer bestimmen. Auf dieser Basis läßt sich die Zahl der Handwerker für Deutschland um 1800 auf etwa 1,7 Mill. Beschäftigte einschließlich 380.000 Gesellen und 190.000 Lehrlinge schätzen. Die doch beachtliche Differenz zu der oben genannten Zahl weist noch einmal darauf hin, wie ungesichert diese Schätzungen bleiben.

Schließlich sei noch eine dritte Zahl über die vermutete Anzahl der Beschäftigten im deutschen Handwerk um 1800 angeführt, weil diese den Vorzug hat, im Zusammenhang mit weiteren Schätzungen zu unterschiedlichen Zeitpunkten im 19. Jahrhundert zu stehen und somit einen Eindruck über die Entwicklung des Handwerks in Deutschland in diesem Zeitraum zu gewähren.

Tab. 1: Beschäftigte im Handwerk in Deutschland, 1800–1900

Jahr	Beschäftigte (in Mill.)	Anteil an allen Beschäftigten (in v. Hundert)	Anteil an allen Beschäftigten des Gewerbes (in v. Hundert)	Anteil der" Gesellen und Lehrlinge (in v. Hundert)
1800	1,1	10	50	35
1835	1,5	11	47	39
1850	1,7	11	45	46
1873	2,4	13	44	56
1900	3,1	12	33	66

Quelle: 101: F. W. Henning, Industrialisierung, 130.

Festzuhalten bleibt, daß das Handwerk um 1800 mit seiner deutlich über einer Million liegenden Beschäftigtenzahl den weitaus größten Gewerbebereich umfaßte, denn etwa die Hälfte aller gewerblich tätigen Personen war diesem Bereich zuzurechnen. Zugleich veranschaulicht Tabelle 1, daß das Handwerk nach der Landwirtschaft den zweitwichtigsten Sektor der Gesamtwirtschaft darstellte.

Handwerkstypische Merkmale

Nun war auch bereits zu diesem Zeitpunkt die Lage in den verschiedenen Zweigen des Handwerks durchaus nicht einheitlich, weshalb es Schwierigkeiten macht, von dem Handwerk schlechthin zu sprechen. Zwar zeichneten sich alle Handwerkszweige durch die oben genannten Eigenarten einer relativen Selbständigkeit der Meister, eines spezifischen Verhältnisses zwischen Meistern, Gesellen und Lehrlingen, sowie durch eine hauptsächlich lokal orientierte Produktion aus, und weitere handwerkstypische Merkmale ließen sich aufführen, wie etwa die Orientierung der Produktion auf konkrete Bedarfsdeckung (Gebrauchsgüter) und des Erwerbs auf eine standesgemäße Lebensführung („Nahrung“), doch gilt das nicht für alle Handwerker in gleicher Weise und bedarf der Differenzierung. Derartige Unterschiede innerhalb des Handwerks wurden vor allem hinsichtlich der Verhältnisse in Stadt und Land offenbar. War ein stärkeres Wachstum des Landhandwerks zu Beginn des Jahrhunderts noch als ein Zeichen für die Entstehung einer Massenkaufkraft für gewerbliche Produkte auf dem Lande anzusehen, welche nach der Verkündung der Gewerbefreiheit im Jahre 1810 zu einer sprunghaften Zunahme des Landhandwerks führte, gleichsam als Nachholentwicklung der bis dahin in den ländlichen Regionen strikt beibehaltenen Arbeitsteilung zwischen Stadt und Land, so stellte sich die Situation des Landhandwerks am Ende des Jahrhunderts ganz anders dar. Jetzt zeigte die Zunahme der Handwerkerdichte auf dem Lande eher dessen Rückständigkeit an. Häufig waren die Landhandwerker zu ausgedehnter agrarischer Nebentätigkeit gezwungen und erzielten daraus nicht selten den überwiegenden Teil ihrer Subsistenz.

Entwicklung des Landhandwerks

Kleingewerbliche Organisationsform

In nahezu allen Handwerkszweigen bildete um 1800 der Kleinbetrieb noch die typische Form der betrieblichen Organisation, und insoweit stellte das Handwerk den Prototyp des Kleingewerbes dar. Pro Betrieb fanden sich in der Regel im Durchschnitt nur 1,5 Beschäftigte, d.h. nur jeder zweite Meister verfügte über einen Gehilfen (Gesellen und Lehrlinge). Nahezu zwei Drittel aller Handwerker war in Berufen tätig, die sich der unmittelbaren Deckung des

Grundbedarfs (Nahrung, Kleidung, Wohnung) widmeten. In diesen Berufen variierte die Betriebsgröße ganz beachtlich ebenso wie die Handwerkerdichte, d.h. das Verhältnis zwischen der Zahl der Handwerker und der Bevölkerung. Abgesehen von berufsspezifischen Variationen ließ sich zu Beginn des 19. Jahrhunderts eine von Nord nach Süd und von Ost nach West steigende Handwerkerdichte beobachten. Auch blieb die handwerkliche Tätigkeit weiterhin durch Handarbeit unter Zuhilfenahme einfacher Werkzeuge gekennzeichnet; der Mechanisierungsgrad war noch gering ebenso wie das Ausmaß der Arbeitsteilung, so daß die einzelnen Werkstücke zumeist von Anfang bis Ende durch ein und dieselbe Person bearbeitet wurden.

Veränderung der Handwerkslage

Zu Beginn des 19. Jahrhunderts deuteten sich allerdings Wandlungen an, die die Lage des Handwerks dramatisch verändern sollten. Die Grundlinien dieser Entwicklung sind in der Literatur unumstritten: prägend für das gesamte 19. Jahrhundert bleibt ein beachtliches absolutes Wachstum des deutschen Handwerks, also das Gegenteil einer Schrumpfung, wie es möglicherweise die These vom „Niedergang des Handwerks" [136: BUECHER, Volkswirtschaft, 197] nahelegen würde. Nach Tabelle 1 hat sich die Zahl der Beschäftigten zwischen 1800 und 1900 nahezu verdreifacht; jedoch war dieses absolute Wachstum des Handwerks, wie später zu zeigen sein wird, mit drastischen Wandlungen in seiner inneren Zusammensetzung verbunden.

Die Entwicklung des deutschen Handwerks im 19. Jahrhundert muß jedoch in ihren verschiedenen Entwicklungsphasen unterschiedlich beurteilt werden.

Stabile Handwerkerzahlen

In einer ersten Phase bis in die 1830er Jahre zeigte sich, daß sich die Zahl der Handwerker in etwa proportional zur Bevölkerung ausdehnte: 1816 waren in Preußen etwa 3,9 v.H und 1831 4,0 v.H. der Bevölkerung dem Handwerk zuzurechnen. Dies trotz Einführung der Gewerbefreiheit, von der häufig behauptet wird, daß sie wegen der damit verbundenen Niederlassungsfreiheit für Handwerker zu einer „Überfüllung" des Handwerks entscheidend beigetragen habe. Die Wirkung der Gewerbefreiheit auf die Entwicklung des Kleingewerbes erscheint demgegenüber durchaus nicht eindeutig, und vor einer Überschätzung ihres Einflusses auf das Anwachsen der Zahl der Handwerker wird gewarnt. Es herrschten im Handwerk relativ stabile Verhältnisse vor, was Schmoller zu folgender Feststellung veranlaßte: ... „Alles [ging] so ziemlich im alten Gleise ..."; Technik, häusliche Wirtschaft, Verkehrsverhältnisse blieben weithin unverändert, und er stützte seine

Aussage auf Zahlen aus den preußischen Handwerkertabellen, die er für seine Zwecke neu gruppierte [313: SCHMOLLER, Kleingewerbe, 55–65]. In den dreißiger Jahren des 19. Jahrhunderts setzte dann bei den Handwerkerzahlen eine „scharf ausgeprägte Expansionsperiode" [81: WEHLER, 57] ein. Stärker als die Zahl der Meister stieg noch die Zahl der Gesellen, und als Ergebnis dieser Entwicklung zeigte sich eine zunehmende Unterbeschäftigung bei sinkendem Einkommen auch im Handwerk. In der Krise des Pauperismus der 1840er Jahre sanken die Einkommen der Handwerker gelegentlich bis unter das Existenzminimum. Angesichts dieser Situation erscheint es verständlich, daß vielen Zeitgenossen um 1850 der endgültige Niedergang und die soziale Proletarisierung des Handwerks unvermeidlich schienen.

Expansion der Handwerkerzahlen

Krise des Pauperismus

Doch nach 1850 setzte sich die Verschlechterung der Verhältnisse im deutschen Handwerk nicht in gleicher Weise fort. Die beginnende Industrialisierung schuf Entlastung auf dem Arbeitsmarkt. Zwar wuchs die Zahl der Handwerker insgesamt weiter an, doch im Vergleich zum Bevölkerungswachstum nicht mehr so dramatisch: Betrug der Anteil der Handwerkerbevölkerung in Preußen 1849 noch 16,5 v. H., so sank dieser bis 1861 auf 14,8 v. H. Auch die Zahl der Handwerksbetriebe nahm nicht mehr zu, doch ihre Größe, gemessen an der Zahl der Gehilfen, wuchs weiter an. Alle diese Indizien weisen darauf hin, daß ab Mitte des 19. Jahrhunderts das allgemeine Wachstum der Wirtschaft und der allmählich zunehmende Wohlstand der Bevölkerung zu einer ersten Stabilisierung des Handwerks in Deutschland beitrugen: erste Schritte der Anpassung an die Bedingungen einer industriellen Wirtschaft erfolgten.

Stabilisierung des Handwerks

Dieser Anpassungsprozeß des Handwerks an die veränderten Bedingungen beschleunigte sich in der Phase der deutschen Hochindustrialisierung nach 1875 noch weiter, und es zeigte in dieser Phase eine beachtliche Widerstandskraft gegenüber den Herausforderungen der modernen Industrie. Der Umfang des Handwerks verminderte sich auch jetzt nicht: im Gegenteil, es wuchs auch weiterhin absolut und sogar relativ im Verhältnis zur Bevölkerung weiter an. Diese generelle Behauptung gilt jedoch nicht für alle Handwerkszweige in gleicher Weise, vielmehr erforderte seine Behauptung schmerzhafte Anpassungsprozesse, die die einzelnen Handwerke in sehr unterschiedlicher Weise trafen und veränderten.

Anpassungsprozeß

Als generelle Tendenz läßt sich jedoch festhalten, daß die Zahl der Kleinbetriebe deutlich rückläufig war und überwiegend die mittleren und größeren Betriebe expandierten, daß eine Reihe von

Generelle Tendenz

Handwerkszweigen gänzlich verschwand, zahlreiche sich nur mühsam behaupteten und nur wenige tatsächlich expandierten, daß überwiegend städtische Handwerker Expansionschancen fanden, während das Landhandwerk in traditionelle Nischen zurückgedrängt wurde und daß die Entwicklung in den verschiedenen deutschen Regionen sehr unterschiedlich war.

Doppelentwicklung

Insgesamt läßt sich also für das deutsche Handwerk mit Recht eine „... Doppelentwicklung: Krise und Abstieg einerseits, Selbstbehauptung und Erneuerung andererseits“ [NIPPERDEY], am Ende des 19. Jahrhunderts konstatieren.

3.1.2 Das kleingewerblich organisierte Verlagswesen

Heimgewerbliches Verlagswesen

„Hausindustrie“ und „Verlagssystem“ werden in der Literatur gelegentlich synonym, immer aber in unmittelbarem Bezug aufeinander gebraucht und gehören eng zusammen. Je nachdem ob man dabei mehr den kaufmännisch organisierten überregionalen Absatz dieser eigentümlichen Produktionsform oder die eng an die Landwirtschaft angelehnte, eher handwerksmäßige Produktionsweise betont, bevorzugt man den einen oder anderen Begriff. Insoweit wird diese Doppelnatur des heimgewerblich organisierten Verlagswesens zutreffend dadurch charakterisiert, daß „... ein handwerksmäßiger Körper ... einen kaufmännischen Kopf ...“ habe [316: SCHMOLLER, Entwicklung, 1059].

Die Tatsache, daß die Anfänge des Verlagssystems schon im 14.Jahrhundert zu finden sind und daß es bereits im 16. und 17. Jahrhundert allgemeine Verbreitung gefunden hat, sowie die Erfahrung, daß es im 20. Jahrhundert nahezu verschwunden war, mag den Eindruck erwecken, daß es sich beim Verlagswesen um ein vorindustrielles, für den Wirtschaftsaufschwung des 19. Jahrhunderts wenig bedeutendes Phänomen gehandelt habe. Nichts wäre aber falscher als diese Einschätzung, denn gerade über das heimgewerblich organisierte Verlagswesen, nicht über das moderne Fabrikwesen, drang die moderne kapitalistische Wirtschaftsweise in die traditionelle Agrargesellschaft ein und bereitete den Boden für die moderne Industrie. Dieser Übergangsprozeß vollzog sich in Deutschland vor allem im 19. Jahrhundert.

„Heimgewerbe“

Eine häusliche bzw. hausnahe Organisation des Gewerbes galt jahrhundertelang als selbstverständlich, so daß sich eine Bezeichnung „Heimgewerbe“ o.ä. erst zu Anfang des 19. Jahrhunderts herauszubilden begann, als es nötig erschien, die Eigenarten der dezentralen Hausindustrie von der des zentralen Manufaktur- oder Fabrikbetriebes abzugrenzen und beide Formen als Varianten des für den überregionalen Bedarf produzierenden Gewerbes gegenüber dem für den lokalen Bedarf produzierenden Handwerk zu unterscheiden. Auch die amtliche Statistik nahm erst relativ spät (Berufszählung 1882) von dieser neuen Kategorie der zu Hause für fremde Rechnung tätigen Beschäftigten Notiz. Eine Bestimmung des Umfangs der Beschäftigten im Heimgewerbe erscheint daher schwierig, und eine erste grobe Schätzung, die ihren Umfang tendenziell eher noch unterschätzt, kommt zu folgenden Zahlen:

Beschäftigte

Tab. 2: Beschäftigte im Heimgewerbe in Deutschland, 1800–1900

Jahr	Beschäftigte (in Mill.)	Anteil an allen Beschäftigten (in v. Hundert)	Anteil an allen Beschäftigten des Gewerbes (in v. Hundert)
1800	1,0	9	43
1835	1,4	10	43
1850	1,5	10	38
1873	1,1	6	22
1900	0,5	2	7

Quelle: 101: F. W. Henning, Industrialisierung, 130.

Demnach läßt sich zu Beginn des 19. Jahrhunderts eine außerordentlich starke Verbreitung des Verlagssystems konstatieren: Fast die Hälfte aller gewerblich Beschäftigten, d. h. nicht viel weniger als im Handwerk, war um 1800 in dieser Form der gewerblichen Wirtschaft tätig. Die Zahl der Heimgewerbetreibenden stieg sogar noch so stark an, daß Anfang des Jahrhunderts diese Produktionsform dem Handwerk an Bedeutung nahezu gleich kam. Ohne Zweifel handelte es sich bei dieser Betriebsform um eine kapitalistische: Zwar waren die Beschäftigten in der eigenen Wohnung oder Werkstatt tätig, doch wurden Ausmaß und Richtung der Produktion eindeutig durch den Verleger bestimmt. Dieser war gehalten, Kapital zur Beschaffung von Rohstoffen und zum Vertrieb der Produkte vorzuschießen und dessen Rentabilität durch die Anpassung an die überregionalen Märkte sicherzustellen. Erleichtert wurde ihm dieses durch die spezifischen unternehmerischen Vorteile des Verlagssystems, dem entsprechende soziale Nachteile für die Beschäftigten gegenüberstanden, nämlich durch die „Billigkeit", d. h. die geringen Lohnkosten einerseits, weil sozialpolitische Schutzmaßnahmen hier nicht griffen und die Unabhängigkeit der Beschäftigten auch ihre

Kapitalistische Betriebsform

Möglichkeit zu erhöhter „Selbstausbeutung" einschloß, und durch die Flexibilität dieses Systems andererseits, weil kaum Investitionen in Sachanlagen nötig waren und die Anpassung an Nachfrageschwankungen voll auf die Beschäftigten abgewälzt werden konnte.

Heimarbeit

Werkstattarbeit

Zwei Formen der hausindustriellen Produktion haben während des 19. Jahrhunderts vorgeherrscht: einmal die Heimarbeit, bei der unmittelbar in der Wohnung der Beschäftigten, z.T. mit Unterstützung von Familienmitgliedern oder anderen Hilfskräften, zum anderen die Werkstattarbeit, wo in einer separaten Werkstatt, häufig unter Hinzuziehung familienfremder Hilfskräfte, produziert wurde. Heimarbeit vollzog sich dabei i.d.R. weniger arbeitsteilig und daher mit einer geringeren sozialen Differenzierung innerhalb der Beschäftigten. Gelegentlich und im Verlaufe des 19. Jahrhunderts zunehmend wurden auch Mittelspersonen zwischen den eigentlichen Produzenten und den Verlegern zwischengeschaltet, die z.T. spezifische neue Formen von Abhängigkeit und Ausbeutung begründeten.

Zunahme der Heimweberei

Bis in die Mitte des 19. Jahrhunderts wurde die stürmische Ausweitung vor allem durch die Expansion der Handweberei getragen, besonders im Bereich der Leinen- und Wollweberei. Die Leinenherstellung bildete um 1800 den wichtigsten gewerblichen Produktionszweig in Deutschland überhaupt. Trotz der wachsenden Konkurrenz durch die Baumwolle wuchs die Leinenproduktion im frühen 19. Jahrhundert noch weiter an, vor allem auch, weil wegen der stark anwachsenden Landbevölkerung über Lohnsenkungen Preiszugeständnisse der Anbieter realisiert werden konnten. Die verlagsindustrielle Wollweberei expandierte vor allem auf Kosten der handwerklichen Wollweber, so daß insgesamt die Heimweberei bis 1850 deutlich zunahm. Erst danach machte sich die Mechanisierung der Textilfabriken dramatisch bemerkbar. Auch in den Metallgewerben fanden sich zahlreiche Bereiche, die heimindustriell verfaßt waren, insbesondere in der Kleineisenindustrie und bei der Drahtherstellung. Da die Nachfrage nach Eisenprodukten insgesamt stieg und die verlagsindustriellen Verhältnisse sich bis in die 1870er Jahre hielten, wuchs auch die Zahl der metallgewerblichen Heimgewerbetreibenden in Deutschland zunächst beträchtlich an.

Heimindustrielles Metallgewerbe

Mechanisierung der Textilproduktion

Mit der Mechanisierung der Textilproduktion, zunächst des Spinnens in den 1850er Jahren, und schließlich auch mit dem Durchbruch der Fabrikproduktion im Metallgewerbe in den 1870er Jahren, erfolgte ein deutlicher Rückgang in der Zahl der Heimgewerbetreibenden in Deutschland, der im letzten Viertel des 19. Jahrhunderts zu einer gänzlichen Vernichtung der traditionellen Heimgewerbe führte. Allerdings zeigte sich zu diesem Zeitpunkt, daß damit nicht das Ende des Heimgewerbes und des Verlagswesens insgesamt gekommen war, denn eine Reihe neuer Hausindustrien hatte sich gegen Ende des 19. Jahrhunderts herausgebildet. Eine Reihe alter Handwerke wurde durch neue Hausindustrien ersetzt, vor allem im Bekleidungsgewerbe, aber auch in der Tischlerei. Die neuen Heimgewerbe hatten einen überwiegend großstädtischen Charakter, und auch zahlreiche Frauen, z. B.. ausgestattet mit den neuen Nähmaschinen, fanden dort Beschäftigung.

Entflechtung

Es wäre deshalb falsch, vom Verschwinden der Hausindustrie am Ende des 19. Jahrhunderts zu sprechen. Auffällig war jedoch die Entflechtung zwischen Heimgewerbe und Landwirtschaft und eine Hinwendung zur Verstädterung des Heimgewerbes, ein Hinweis darauf, daß die landwirtschaftlich-gewerbliche Symbiose, die jahrhundertelang das wirtschaftliche Leben geprägt hatte, allmählich zu Ende ging und das industrielle Zeitalter angebrochen war. Den Zeitgenossen stellte sich die Hausindustrie selbst am Ende des 19. Jahrhunderts durchaus noch als zukunftsträchtige Bedrohung für die Lohnarbeiterschaft dar, da „... die Hausindustrie in Zukunft noch mehr dazu benutzt wird, um dem Andrängen des Staates und der organisierten Arbeiterschaft auszuweichen." [332: SOMBART, Hausindustrie, 155]. Diese Prognose erwies sich allerdings als falsch, wie die Entwicklung im frühen 20. Jahrhundert zeigte.

Bedeutung des Verlagssystems

Dennoch muß, wie bereits eingangs betont, die Bedeutung des Verlagssystems für die Durchsetzung der modernen Wirtschaftsweise in Deutschland nochmals besonders hervorgehoben werden, denn die Hausindustrie entstand nicht als Umwandlung des Handwerks oder als Genossin der Landwirtschaft, sondern aus den neuen Bedürfnissen des Wirtschaftslebens. Die Ausweitung des Absatzmarktes schuf neue Gewinnchancen und machte dafür die Umgestaltung der gewerblichen Produktionsform notwendig. Der Verlag ermöglichte neue Formen des privatkapitalistischen Betriebs, bei dem die Arbeiter eigenständig daheim mit der Produktion beschäftigt waren und die Unternehmer den Absatz und z. T. auch die Beschaffung organisierten. Die Ursache für die Existenz der Hausindustrie findet sich demnach eindeutig in den Bedürfnissen der Wirtschaft: Sie stellte die Form dar, in der unter den Bedingungen des frühen 19. Jahrhunderts die moderne Wirtschaftsweise in Deutschland Raum greifen konnte.

Auch weist die enorme Dynamik und Behauptungskraft des Verlagssystems im 19. Jahrhundert darauf hin, daß es vor allem die

Verbreitung dieser Produktionsform war, die besonders im frühen 19. Jahrhundert das Handwerk in seiner Existenz bedrohte, nicht aber der neue Fabrikbetrieb. Es lassen sich zahlreiche zeitgenössische und moderne Autoren anführen, die auf die zentrale Bedeutung des Verlagswesens im 19. Jahrhundert immer wieder hinweisen: Eine Sichtweise, die es verdient, stärker in das Bewußtsein gehoben zu werden.

3.1.3 Der zentralisierte Großbetrieb

Fabrik

Die „Fabrik" entwickelte sich im Laufe der Industrialisierung zum eigentlichen Repräsentanten des neuen Wirtschaftssystems. Dabei stellte diese Produktionsform vor allem im frühen 19. Jahrhundert noch längst nicht den häufigsten Typus der gewerblichen Produktion dar, nicht einmal in der Form des zentralisierten Großbetriebes; andere Formen beherrschten zunächst das Bild. Zu Beginn des 19. Jahrhunderts zeigte sich noch ein „... breites Spektrum für den Markt produzierender kapitalistischer Gewerbe" [83: KOCKA, Grundlagen, 376]. Erst nach 1850 wuchs der Anteil der zentralisierten Großbetriebe an den Beschäftigten in Deutschland, dann allerdings explosionsartig.

Beschäftigte

Tab. 3: Beschäftigte in zentralisierten Großbetrieben in Deutschland, 1800–1900

Jahr	Beschäftigte (in Mill.)	Anteil an allen Beschäftigten (in v. Hundert)	Anteil an allen Beschäftigten des Gewerbes (in v. Hundert)
1800	0,1	1	5
1835	0,4	2	9
1850	0,6	4	16
1873	1,8	10	33
1900	5,7	22	60

Quelle: 130: F. W. Henning, Industrialisierung, 130.

Am Ende des Jahrhunderts war der zentralisierte Großbetrieb zur dominierenden Produktionsform im gewerblichen Sektor geworden: mehr als die Hälfte aller Beschäftigten des gewerblichen Sektors war dort tätig. Dabei hatte sich im Verlauf des 19. Jahrhunderts gezeigt, daß gerade auch im Bereich des zentralisierten Großgewerbes eine bemerkenswerte Vielfalt der Betriebsformen und eine deutliche Verlagerung ihrer Bedeutung und Beschäftigtenanteile zu beobachten waren. Fabriken im modernen Sinne gab es um 1800 in Deutschland praktisch noch nicht, die Arbeit in den sehr kleinen Sektoren des zentralisierten Großgewerbes erfolgte noch in den traditionellen Formen von „Bergfabriken" und Manufakturen.

Zentralisierte Betriebsform Manufaktur

Gelegentlich werden Manufakturen als „... charakteristische Form des kapitalistischen Produktionsprozesses ..." [246: KRÜGER, Zur Geschichte, 11] in der Periode des Übergangs vom Feudalismus zum Kapitalismus bezeichnet. Ihre Entstehung erscheint sehr eng mit der merkantilistischen Wirtschaftspolitik des frühen 18. Jahrhunderts verbunden, mit der z. B. in Preußen die alten Provinzen gegenüber den weiterentwickelten neuen in Schlesien und Westfalen gefördert werden sollten. Die Gründung von Manufakturen erfolgte häufig unter Gewährung staatlicher Privilegien, was ihre Konkurrenzfähigkeit heben sollte, in Wirklichkeit nur zu einer „künstlichen Blüte" und zu späteren Zusammenbrüchen führte, sobald der staatliche Schutz wegfiel. Insofern erscheinen die Manufakturen viel mehr als ein Zeichen regionaler Rückständigkeit denn als ein dynamisches Element beim Übergang vom Feudalismus zum Kapitalismus.

Typische Merkmale

Ganz anders als das Verlagswesen tauchen Manufakturen erstmals am Ende des 17. Jahrhunderts auf und zeichnen sich durch eine zentralisierte Werkstatt aus, in der eine größere Zahl von Arbeitskräften in organisierter Arbeitsteilung beschäftigt ist, um standardisierte Waren für einen überlokalen Markt herzustellen. Das unternehmerische Risiko der Produktion liegt dabei ausschließlich beim Eigentümer der Manufaktur, der sich weitestgehend auf Kontrollaufgaben beschränkt. Arbeitsteilung, Lohnarbeit und Zentralisierung lassen sich als typische Merkmale der Manufaktur aufzeigen, wobei von allen Autoren darauf hingewiesen wird, daß die Technologie in diesen Betrieben unverändert blieb und eine Mechanisierung noch nicht erfolgte. Anzutreffen waren derartige Produktionsbetriebe überwiegend im Textilgewerbe, häufig in eigentümlicher Verknüpfung mit dem Verlag, und auch, zumeist staatlich gefördert, in der Luxusgüterindustrie oder zur Sicherung des Heeresbedarfs (Waffen). Darüber hinaus gab es auch eine Reihe von Manufakturen im Nahrungs- und Genußmittelgewerbe, so z. B. in der Tabak- und Zichorienverarbeitung, bei der Zuckerproduktion, als Brennereien und Brauereien.

Bedeutung der Manufaktur

Die Bedeutung dieser Manufakturen für die frühe Industrialisierung und auch im Vergleich zur quantitiven und qualitativen Bedeutung von Handwerk und Verlag wird zumeist gewaltig überschätzt. Diese Überschätzung kommt vor allem darin zum Ausdruck, daß in der marxistischen Geschichtsschreibung, in Anlehnung an Marx und Lenin, von der Existenz einer eigenständigen „Manufakturperiode“ des Kapitalismus ausgegangen wird, in der die Voraussetzungen für die industrielle Revolution geschaffen worden sein sollen. Gegen diese Entwicklung spricht auch die Tatsache, daß ihr Anteil an der gewerblichen Produktion sehr gering und ihre Lebensfähigkeit dauernd bedroht blieb. Auch wurde bereits deutlich gemacht, daß das Verlagswesen nicht vor, sondern gleichzeitig mit und neben dem Manufakturwesen in Deutschland expandierte und das in einem viel umfassenderen Maße, so daß die Behauptung einer Sequenz, in der zunächst der Verlag die selbständigen Produzenten zu Lohnarbeitern gemacht habe und diese dann in Manufakturen bei systematischer Arbeitsteilung in zentralen Werkstätten zusammengefaßt wurden, schlichtweg falsch ist.

Dezentrale Manufaktur

Wie immer in der historischen Realität, zeigen sich bestimmte Typen nicht in ihrer Reinform. So erscheinen zwischen Manufakturen und anderen Betriebsweisen Mischformen, von denen die dezentrale Manufaktur die häufigste war. Hierunter war ein Manufakturbetrieb zu verstehen, der neben einer zentralen Produktionsstätte auch verlegte Lohnarbeiter beschäftigte. Dies war vor allem in Brandenburg-Preußen gebräuchlich. Doch bleibt für die Manufaktur die zentrale Produktion das Typische, weshalb sie hier auch den zentralisierten Großgewerben zugerechnet wird.

„Bergfabrik“

Eine weitere zentralisierte Betriebsform läßt sich im Gewerbe des frühen 19. Jahrhunderts anführen, die sich weder als „Manufaktur“ noch als „Fabrik“ apostrophieren läßt: die „Bergfabriken“. Darunter sind Großbetriebe zu verstehen, „...in denen der Produktionsprozeß durch thermische und chemische Verfahren entscheidend bestimmt wurde“ [218: Kaufhold, Gewerbe in Preußen, 232], und die vor allem in der Eisenindustrie und der frühen Chemieindustrie anzutreffen waren. Als Manufakturen lassen sie sich nicht bezeichnen, weil sie nicht durch Handarbeit geprägt sind, und als Fabriken nicht, weil sie nicht in deren Sinne mechanisiert erscheinen; sie waren also eine Betriebsform eigener Art. Ihre Bedeutung war in Deutschland nicht zu unterschätzen, da die spätere deutsche Entwicklung ganz entscheidend von der Expansion der Schwerindustrie geprägt war. Rechnet man z. B. den Bergbau dem Gewerbe zu, so muß dieser zusammen mit der Hüttenindustrie nach 1850 als ein Schwerpunkt der gewerblichen Beschäftigung angesehen werden.

Zunehmende Bedeutung für die gewerbliche Produktion in

Deutschland im 19. Jahrhundert erlangte jedoch die Fabrik als „... diejenige Art des gewerblichen Betriebes, bei welcher ein Unternehmen regelmäßig eine größere Zahl von Arbeiter außerhalb ihrer Wohnungen in eigener Betriebsstätte beschäftigt" [135: Bücher, Gewerbe, 859]. Dabei ist in der Literatur strittig, inwieweit die Manufakturen als Vorform der Fabrik zu gelten haben. Einerseits wird im Übergang von der Manufaktur zur Fabrik ein „qualitativer Sprung" [163: Forberger, Problem des Übergangs, 176] gesehen. Andererseits wurde in der Manufaktur explizit eine „Protofabrik" gesehen, von der es dann nur noch ein kleiner Schritt zur modernen Fabrik gewesen sei. Es zeigte sich jedoch, daß diese unterschiedlichen Einschätzungen ganz wesentlich auf Differenzen darüber zurückzuführen sind, worin das Typische des Fabrikbetriebes denn eigentlich besteht.

Übergang Manufaktur/Fabrik

Versteht man unter einer Fabrik vor allem einen gewerblichen Großbetrieb mit einer zentralisierten, arbeitsteiligen Betriebsorganisation, so kann man in der Tat in den Manufakturen einen Vorläufer der modernen Fabriken neben anderen erblicken. Die moderne Fabrik stellt dann lediglich eine höhere Stufe der Entwicklung dar mit einem größeren Anlagekapital, mit Maschinen und zentraler Leitung; die „Protofabrik" bot insoweit den Nährboden für die moderne Industrie. Rückt man demgegenüber den Einsatz von Maschinen stärker als das Typische der Fabrik in den Vordergrund und sieht mit Marx den „Leib der Fabrik" im Maschinensystem, so läßt sich in der Tat ein deutlicher Unterschied zwischen Manufaktur und Fabrik konstatieren. Der Übergang von der Manufaktur zur Fabrik implizierte in diesem Sinne eine völlige technische Umwälzung von einer auf arbeitsteiliger Handarbeit beruhenden, zu einer durch Maschinensysteme dominierten Kooperation.

3.2 Die wichtigsten Gewerbezweige

Die vorausgehenden Erläuterungen hinsichtlich der Verbreitung der gewerblichen Betriebsformen in Deutschland im 19. Jahrhundert sollten ausreichen, die Vielfalt der historisch auffindbaren konkreten Produktionsweisen des Gewerbes zu veranschaulichen. Natürlich sind damit deren Differenzierungen noch nicht vollständig erfaßt, denn schon im Vorausgehenden war deutlich geworden, daß in einigen Gewerbezweigen, in den verschiedenen Regionen, ja z.T. sogar bei den einzelnen Berufen, die Verhältnisse zum Teil ganz anders gelagert waren. Deshalb schien es unumgänglich, zunächst zumindest die Entwicklung in den wichtigsten gewerblichen Branchen des 19. Jahrhunderts knapp zu skizzieren.

3.2.1 Das Textilgewerbe

Seit Jahrhunderten bereits stellte die Textilherstellung in Deutschland den wichtigsten Gewerbezweig dar, und das hatte sich auch im 19. Jahrhundert zunächst noch kaum geändert. Auch wenn eine quantitative Bestimmung der Beschäftigten des Textilgewerbes um 1800 nur mit Einschränkungen möglich ist, so kann deren Zahl doch mit etwa 340.000 hauptberuflich Erwerbstätigen angenommen werden; immerhin etwa ein Fünftel aller im Gewerbe tätigen Personen. Da Spinnerei zumeist im Nebenerwerb betrieben wurde, waren die meisten Textilgewerbetreibenden (1800 ca. 315.000) als Weber tätig und verteilten sich auf die verschiedenen Produktionszweige mit folgenden Anteilen: Leinen 55 v. H., Wolle 20 v.H, Baumwolle 10 v. H., Seide 5 v. H. und Sonstige 10 v. H. Für die Versorgung eines Webers mit Garn waren je nach Rohstoff zwar unterschiedlich viele, aber immer mehrere Spinner nötig, so daß trotz beachtlicher Garnimporte davon ausgegangen werden kann, daß in Deutschland zu Beginn des 19. Jahrhunderts noch mehrere hunderttausend Personen, überwiegend auch Frauen und Kinder, mit der Verfertigung von Gespinnsten befaßt waren.

Beschäftigte

Spinnerei

Die weitere Entwicklung des deutschen Textilgewerbes im 19. Jahrhundert war uneinheitlich. Die Expansion des internationalen Handels und auch eine Ausweitung der heimischen Nachfrage förderten zuallererst zwar die Nachfrage nach Textilprodukten, denn eine wachsende Bevölkerung und steigende Kaufkraft beförderten unmittelbar den Bedarf an Kleidung, der längst nicht mehr von den Haushalten selbst zu befriedigen war. Hinzu kam, daß Textilprodukte wegen ihres hohen Wert-Gewicht-Verhältnisses ein nahezu ideales Handelsgut darstellten. Noch wurde das deutliche Wachstum des deutschen Textilgewerbes seit den 30er Jahren des 19. Jahrhunderts vor allem durch die Woll- und Baumwollindustrie getragen. Insbesondere die Baumwollindustrie, die erst Anfang des Jahrhunderts in Deutschland größere Verbreitung fand, expandierte in einem atemberaubenden Tempo: Ihr Produktionswert vervierfachte sich bereits zwischen 1786 und 1804 in Preußen von 1,2 Mill. Taler auf 4,8 Mill. Taler, mehr als in jedem anderen Gewerbezweig, und wuchs danach weiter rapide an. Die Baumwollspinnerei war auch der erste Produktionszweig, in dem sich die Maschinenproduktion in Deutschland gänzlich durchsetzte, während in der Baumwollwe-

Expandierende Baumwollindustrie

berei bis weit in die Mitte des Jahrhunderts der Handwebstuhl dominierend blieb.

Insgesamt war damit die Baumwollindustrie gegen Ende des 19. Jahrhunderts zum wichtigsten Sektor des deutschen Textilgewerbes geworden: Ihr Anteil an der Gesamtproduktion dieses Gewerbezweiges stieg von 1861 mit ca. 30 v. H. bis 1907 auf ca. 46 v. H., während die Wollverarbeitung zwischen 40 und 35 v. H. und die Seidenproduktion bei 10 v. H. verharrte; allein die Leinenproduktion mußte zwischen 1861 und 1907 einen Rückgang ihres Anteils von 20 auf weniger als 10 v. H. hinnehmen. Gegenüber der stark expandierenden Baumwollindustrie verlor also die Wollindustrie deutlich an Bedeutung, vermochte sich aber dennoch einigermaßen zu behaupten. Auch hier wurde bis zur Mitte des Jahrhunderts die Spinnerei weitgehend mechanisiert, während die Handweberei noch lange Zeit vorherrschend blieb. Eine wesentlich dramatischere Entwicklung durchlief die Leinenindustrie, die zu Beginn des Jahrhunderts noch das bedeutendste deutsche Gewerbe darstellte. Die Marktlage für Leinwand und Leingarn verschlechterte sich nach den napoleonischen Kriegen rapide, weil sich einmal die Nachfrage hin zu den neuen Baumwollprodukten verschob und andererseits englische Maschinenwaren als Konkurrenz auf den Markt drängten. Sinkende Nachfrage und Preisverfall waren die Folgen und führten zu einem Niedergang des gesamten Gewerbezweiges, der sich zunächst in der Handspinnerei äußerte, später dann auch auf die Weberei ausgriff, die sich bis dahin durch vermehrte Arbeit bei sinkenden Einkommen mühsam über Wasser halten konnte. Noch in den 1830er und 1840er Jahren ist daher eine Produktionssteigerung in der Leinenindustrie zu beobachten, doch setzt bereits während dieses Zeitraumes in einigen Regionen Deutschlands ein Abschwung auch in der Produktion ein. Während also in Deutschland insgesamt zur Mitte des 19. Jahrhunderts ein allgemeiner industrieller Aufschwung beobachtbar war, durchlief der wichtigste vorindustrielle Gewerbezweig eine schwerwiegende Krise, und auch die beginnende Mechanisierung der Flachsspinnerei in den 1870er Jahren kam zu spät, um den Niedergang dieser einstmals bedeutendsten Branche aufzuhalten.

Niedergang der Leinenindustrie

3.2.2 Das Metallgewerbe

Das deutsche Metallgewerbe konnte zu Beginn des 19. Jahrhunderts bereits auf eine lange Tradition zurückschauen. Neben der Gewinnung und Verarbeitung von Edelmetallen, Kupfer und Blei domi-

Dominierende Eisenindustrie

nierte vor allem die Eisenindustrie, deren Standorte wegen der Erzlagerstätten und des Angewiesenseins auf Wasserkraft in bestimmten Bergregionen beheimatet waren. Hierbei lassen sich als wichtigste Regionen Schlesien, Mitteldeutschland (Harz, Thüringer Wald, sächsisches Erzgebirge) und Westdeutschland (Eifel, Hunsrück, Siegerland, Lahn) unterscheiden. Auch empfiehlt es sich, zwischen der Eisengewinnung und der Eisenverarbeitung zu differenzieren, wobei erstere zumeist in großbetrieblichen Produktionseinheiten, sogenannten „Hütten", erfolgte, während letztere als Kleineisenindustrie bekannt wurde.

Metallerzeugung

In der traditionellen Eisenhüttenindustrie bildeten das Eisenerz und die Holzkohle, verbunden mit der Verfügbarkeit von Wasserkraft im frühen 19. Jahrhundert, immer noch die Basis für die Produktion, und entsprechend fanden sich die Eisenhütten in den jahrhundertlang bewährten Zentren. Der Übergang zur Steinkohletechnologie, der bereits zwar 1767 mit Versuchen in Sulzbach (Nassau-Saarbrücken) und 1789 mit dem Beginn der ersten kontinuierlichen Eisenverhüttung mittels Steinkohle in Malapane (Oberschlesien) seinen Anfang nahm, erfolgte in voller Breite erst in der ersten Hälfte des 19. Jahrhunderts. Bis in die 1830er Jahre zeichnete sich die Eisenproduktion in Deutschland demnach noch durch ein moderates Wachstum aus, während erst dann eine raschere Aufwärtsentwicklung, unterbrochen durch einen Produktionseinbruch im Zusammenhang mit der Wirtschaftskrise 1848/49, einsetzte und schließlich unmittelbar nach 1850 den endgültigen Durchbruch zu einem der führenden Sektoren der deutschen Industrialisierung bewerkstelligte. Zugleich fanden auch die modernen Steinkohletechnologien in allen deutschen Eisenhüttenregionen Verbreitung und prägten in immer neuen Formen das weitere Wachstum der deutschen Eisenhüttenindustrie bis ins 20. Jahrhundert hinein. Bedenkt man, daß die Zahl der preußischen Hüttenarbeiter von 1837 bis 1852 von etwa 13.000 auf etwa 36.000 angewachsen sein soll und im Durchschnitt der 1850er Jahre die Zahl der Beschäftigten in der deutschen Eisenindustrie etwa 46.000, 1871 dann ungefähr 100.000 betragen hat, so wird deutlich, daß die Metallgewinnung trotz ihrer zentralen Rolle für den Industrialisierungsprozeß nur ein kleiner gewerblicher Sektor gewesen ist. Das gilt auch in der weiteren Entwicklung, in der bis ins 20. Jahrhundert die Metallerzeugung als eine „mittelgroße" Industriegruppe apostrophiert wird.

Moderne Steinkohletechnologie

Beschäftigte

Metallverarbeitung

Die Metallverarbeitung nahm gegenüber der Metallerzeugung eine etwas andere Entwicklung. Die Zahl der Beschäftigten des Berg-

und Hüttenwesens insgesamt wuchs in Deutschland von 40.000 (1800) über 155.000 (1846/48) auf 433.000 (1875) und umfaßte zu diesen Zeitpunkten 2,4 v. H., 5,3 v. H. und 8 v. H. der Beschäftigten insgesamt. Auch wenn man von diesen Zahlen die Beschäftigten des Bergbaus mit 1875 knapp 100.000 und entsprechend geringeren Zahlen vorher abziehen muß, so zeigt sich, daß die Metallverarbeitung gemessen an der Metallerzeugung ein Gewerbe darstellte, das viel mehr Menschen Arbeit bot und das für das Gewerbe in Deutschland von großer Bedeutung war. Die Metallverarbeitung dominierte somit eindeutig vor der Metallerzeugung. Der Schwerpunkt dieses Gewerbezweiges fand sich in Preußen vor allem in den westlichen Provinzen und im Verlaufe des Jahrhunderts mit zunehmender Bedeutung auch in Oberschlesien sowie in Berlin/Brandenburg. Insbesondere die preußische Grafschaft Mark nahm hier eine Sonderstellung ein. Dieser Gewerbezweig umfaßte mehrere Schwerpunkte, zunächst eine Verarbeitung des Roheisens in Hammerwerken, dann die Drahtherstellung, daneben die Produktion von Metallwaren verschiedenster Art, und war in hochspezialisierten Städten und Regionen konzentriert, die z. T. arbeitsteilig miteinander verknüpft waren. Das gesamte märkische Metallgewerbe war außerordentlich stark exportorientiert, und der Absatz erfolgte weltweit, z. B. im Drahtgewerbe über die sogenannten „Stapelgesellschaften“, die als Kartelle zwar die Interessen der Produzenten lange Zeit stützen konnten, nach der Veränderung der Konkurrenzverhältnisse zu Beginn des 19. Jahrhunderts allerdings eine Anpassung eher verhinderten. Die neue Technologie des Drahtwalzens anstelle des Drahtziehens und die zunehmende Bedeutung der Steinkohle bei der Eisengewinnung bedingte eine Standortverlagerung der Drahtindustrie. Die Bedeutung des märkischen Drahtgewerbes war deshalb in der ersten Hälfte des 19. Jahrhunderts im Rückgang begriffen, und ähnlich ging es zahlreichen weiteren Zweigen der Kleineisenindustrie.

Beschäftigte

Märkisches Metallgewerbe

Dennoch verlor die Eisenverarbeitung in Deutschland im Laufe des 19. Jahrhunderts nicht an Bedeutung, sondern im Gegenteil, sie gewann noch hinzu. Jedoch erfolgte dies durch eine stärkere Anlehnung an die Großbetriebe der Eisengewinnung, die vielfach in den Bereich der Halb- und Fertigwarenindustrie expandierten. Gießereien, Walzwerke, Blechwarenfabriken und mechanische Werkstätten wurden zunehmend angegliedert, und darüber hinaus entwickelte sich eine eigenständige Maschinenbauindustrie. Diese zeichnete sich seit der Mitte des Jahrhunderts durch eine außerordentliche Heterogenität und Dynamik aus und trug deshalb ganz

Maschinenbauindustrie

wesentlich mit dazu bei, daß die metallverarbeitende Industrie in der zweiten Jahrhunderthälfte des 19. Jahrhunderts mit als „Leading Sector" innerhalb der deutschen Industriewirtschaft apostrophiert wird.

3.2.3 Das Bauhandwerk

In den bisher genannten bedeutendsten Gewerbezweigen, dem Textil- und dem Metallgewerbe, war in Deutschland im 19. Jahrhundert eine eindeutige Entwicklung weg von den traditionellen heimgewerblichen, handwerklichen Produktionsformen und hin zu einer modernen großbetrieblichen Produktionsweise zu beobachten. Dies galt im Baugewerbe nicht in gleicher Weise, sondern hier blieb bis weit ins 20. Jahrhundert der Handwerksbetrieb vorherrschend. Dennoch expandierte auch dieser Gewerbezweig im gesamten Betrachtungszeitraum beachtlich, insbesondere bedingt durch die ungeheure Bautätigkeit, die mit dem Bevölkerungswachstum und der Verstädterung im 19. Jahrhundert verbunden war.

Handwerksbetrieb vorherrschend

Beschäftigte

Das Bauhandwerk nahm bereits in der ersten Jahrhunderthälfte an Bedeutung zu, die Beschäftigtenzahl wuchs deutlich an, und die Größe der einzelnen Betriebe stieg ebenfalls. Wegen der stärkeren Verbreitung von Steinbauten wuchs nun auch die Zahl der Maurer gegenüber der der Zimmerleute überproportional, je nach Umfang der Bautätigkeit in den verschiedenen Städten und Regionen jedoch unterschiedlich. Die Maurer und die Zimmerleute sind dabei mehr und mehr zu größeren Unternehmern geworden, die als Generalunternehmer ganze Häuser auf Bestellung oder zunehmend sogar zur Spekulation errichten und widmen sich dabei auch dem Industriebau, einem gänzlich neuen Zweig des Bauhandwerks. Neben dem Textilgewerbe war deshalb vor allem auch das Bauhandwerk der Träger des Aufschwungs im gewerblichen Sektor in der ersten Hälfte des 19. Jahrhunderts. Diese frühe Entwicklung hielt auch in der zweiten Hälfte des 19. Jahrhunderts an. Auch jetzt wurde das Wachstum der Beschäftigten des Bauhandwerks ganz wesentlich durch die Expansion der Zahl der Maurer getragen und auch die Tendenz zur Vergrößerung der Betriebe hielt weiter an. Allerdings darf man nicht vergessen, daß sich hinter den Gesamtzahlen eine Tendenz zur Polarisierung verbirgt: einer zunehmenden Zahl eher proletarischer Kleinmeister stand eine kleine Anzahl kapitalistischer Bauunternehmer gegenüber.

Industriebau

Kapitalistische Bauunternehmer

Die Technik des Bauens hatte sich im 19. Jahrhundert nur wenig geändert. Maschinen, Fabrikproduktion oder verlagsmäßige

Produktionsformen spielten in diesem Sektor praktisch keine Rolle, und eine angepaßte handwerkliche Produktion konnte sich erhalten. Die Anpassung an die gestiegene Nachfrage nach Bauleistungen erfolgte vor allem durch eine Etablierung kapitalistischer Bauunternehmer zwischen den Bauherren einerseits und den verschiedenen Bauhandwerkern andererseits, die zunehmend als Generalunternehmer fungierten und die wachsende Arbeitsteilung auf den Baustellen koordinierten. Allerdings waren gerade im Bauhandwerk die Verhältnisse äußerst vielfältig, nicht nur traten regionale Unterschiede besonders deutlich hervor, sondern die in den großen Städten zahlreich auftretenden Betriebe mit 20, 30 und mehr Beschäftigten sprengten nahezu den Umfang eines Handwerkbetriebes.

3.3 Gewerberegionen

Im Vorausgehenden ist wiederholt darauf hingewiesen worden, daß die Vielfalt der gewerblichen Verhältnisse in Deutschland immer wieder auch nach einer regional differenzierenden Betrachtungsweise verlangt.

Fünf Gewerberegionen

Natürlich kann an dieser Stelle keine vollständige und ausführliche Darstellung der deutschen Gewerbelandschaften gegeben werden; möglich ist mir, die regionale Verteilung der wichtigsten Gewerbezweige und die damit verbundenen regionalen ökonomischen Schwerpunktbildungen und -verschiebungen im 19. Jahrhundert knapp zu umreißen. Wir werden uns dabei auf fünf großzügig bemessene Gewerberegionen beschränken, deren Randgebiete erwähnen und so auf eine kleinräumliche ökonomische Gliederung Deutschlands im 19. Jahrhundert verzichten.

Einer der ältesten und im 19. Jahrhundert immer noch prägenden deutschen Gewerberegionen findet sich in *Schlesien*. Dort sind zwei deutlich unterschiedliche Gewerbelandschaften nochmals zu unterscheiden: das niederschlesische Leinwandgebiet und das oberschlesische Montangebiet.

Niederschlesisches Leinwandgebiet

Das niederschlesische Leinwandgebiet konnte bis weit in das 19. Jahrhundert hinein seinen Spitzenplatz in der Leinenproduktion gegenüber den anderen deutschen Leinenregionen (Westfalen, Schwaben) behaupten. Um 1800 waren nahezu 10 v.H. der gesamten Bevölkerung Schlesiens mit der Verfertigung von Flachsgarn und Leinen befaßt. Allerdings sah sich die schlesische Leinenindustrie damals bereits einem außerordentlichen Konkurrenzdruck ausgesetzt, dem nur mit enormen Preiszugeständnissen zu begegnen war, so daß schließlich die Handspinner für einen Silbergroschen pro Tag, d.h. so gut wie umsonst gearbeitet haben. Auch die Weber, die ja im Hauptgewerbe ihrem Beruf nachgingen, erzielten zu dieser Zeit trotz eines 16-stündigen Arbeitstages allenfalls 2 1/2 bis 3 Silbergroschen pro Tag, was sicher mit zu dem gewalttätigen Weberaufstand jener Zeit (1844) beigetragen hat. Der Niedergang des Leinengewerbes in Schlesien wie anderenorts war nicht aufzuhalten, auch wenn gelegentliche Nachfrageschübe und die verlagsmäßig betriebene Heimweberei mit ihren geringen Kosten sowie die Einführung von Schutzzöllen (1878/79) das allmähliche Verschwinden dieser Branche etwas verzögerten.

Oberschlesisches Montangebiet

Demgegenüber entstand insbesondere in Oberschlesien im Verlauf des 19. Jahrhunderts eine machtvolle Schwerindustrie, die auf einer langen Tradition vormoderner Eisengewinnung und den Bodenschätzen aufbauen konnte. Hier bewährte sich zunächst und vor allem das Zusammenwirken adliger Grundherren, der sogenannten schlesischen Magnaten, mit der staatlichen Bergbau- und Hüttenverwaltung, die die Schwerindustrie an der Wende zum 19. Jahrhundert auf eine moderne Basis stellten. Nach anfänglichen Problemen nahmen sowohl die Eisenindustrie Oberschlesiens als auch der dortige Steinkohlenbergbau einen bemerkenswerten Aufschwung, so daß sich das oberschlesische Industriegebiet zu einem der bedeutendsten Montanreviere entwickelte. Jedoch bleibt festzuhalten, daß seine relative Bedeutung seit Mitte des 19. Jahrhunderts hinsichtlich der Roheisen- und Stahlproduktion bereits wieder im Abnehmen begriffen war, während bei der Steinkohlenproduktion der zweite Platz hinter dem Ruhrgebiet klar gehalten werden konnte.

Schlesien spiegelte also im kleinen das Bild, das sich im 19. Jahrhundert in Deutschland im großen zeigte: Das Textilgewerbe und insbesondere die bis dahin dominierende Leinenindustrie verloren dramatisch an Bedeutung, während neue Industrien, hier insbesondere das Eisengewerbe bzw. die Schwerindustrie und der Bergbau, an seine Stelle traten. Zugleich war damit eine regionale Verschiebung des Schwerpunktes der gewerblichen Tätigkeit verbunden, weg von den hügeligen und waldreichen Regionen der traditionellen Textil- und Eisengewerbe hin zu den Lagerstätten der neuen Rohstoffe.

Ähnliches läßt sich auch für *die rheinisch-westfälische Gewerberegion* beobachten. Diese konzentrierte sich zunehmend bei den Steinkohlenfeldern entlang von Ruhr, Emscher und Lippe und verlagerte die Schwerpunkte der gewerblichen Tätigkeit dorthin, nachdem sie im 18. und frühen 19. Jahrhundert noch in Regionen beheimatet war, die gleichsam wie ein Kranz um dieses neue Industriezentrum lagen. Das Leinengewerbe Ostwestfalens, des Münster- und Tecklenburgerlandes war ähnlich wie in Schlesien im Niedergang begriffen. Die anderen Zweige des Textilgewerbes wie die Wollindustrie in der Eifel und im Bergischen Land konnten sich jedoch bis weit ins 19. Jahrhundert hinein, z.T. wegen ihrer großen Spezialisierung, noch recht gut behaupten, während die Baumwollindustrie, die sich neben Sachsen auch im Rheinland und Westfalen ausbreitete, eine beachtliche Wachstumsphase durchlief. Zu nennen ist auch die Krefelder Seidenindustrie, die ihre Weltgeltung bis zum Ende des 19. Jahrhunderts behaupten konnte.

Konzentration entlang der Steinkohlenfelder

Die Eisenindustrie in Deutschland zeichnete sich wegen der Abhängigkeit von Wasserkraft und Holzkohle sowie wegen der verstreut vorgefundenen Erzlagerstätten durch eine breite regionale Streuung aus, so auch im Rheinland und in Westfalen, wo sich in der Eifel, im Siegerland und im Bergischen Land zahlreiche Werke fanden. Im Zuge der Modernisierung der Eisenindustrie und der Verlagerung der Rohstoffbasis auf die Steinkohle verloren die traditionellen Standorte der Eisenindustrie an Bedeutung, und die Kohlelagerstätten traten an ihre Stelle. Im Ruhrgebiet erlebte die Eisenindustrie verbunden mit dem parallel expandierenden Steinkohlenbergbau einen ungeahnten Aufschwung und machte beide Regionen binnen weniger Jahrzehnte zum industriellen Zentrum Deutschlands.

Eisenindustrie

An der *Saar* und später, nach 1871, in *Lothringen* wurde die Schwerindustrie zum gänzlich dominierenden Gewerbezweig in einer Region, die bis dahin weitgehend landwirtschaftlich geprägt war und nicht über eine ausgesprochene Gewerbetradition verfügte. Allein der Steinkohlenbergbau war bereits im 18. Jahrhundert ausgebaut worden, nachdem dieser 1750 durch den Fürsten Friedrich Heinrich von Nassau-Saarbrücken verstaatlicht worden war. Die wenigen Eisenhütten blieben in privaten Händen und wurden weiterhin in herkömmlicher Weise betrieben.

Schwerindustrie

Als nach 1815 der größte Teil der Saarregion an Preußen kam, fielen auch die Kohlegruben der Region an den preußischen Fiskus, der nach Reorganisation der Grubenverwaltung bald mit dem planmäßigen Ausbau der Gruben und der Förderung des Fernabsatzes begann. Dies führte zu einer enormen Expansion des Steinkohlenbergbaus an der Saar, der auch nach der kurzfristigen Absatzstokkung während des Krieges 1870/71 weiter anhielt. Einen ähnlichen Aufschwung erlebte die saarländische Hüttenindustrie, die zunächst von privaten Unternehmern reorganisiert und konzentriert wurde, wobei vor allem die Familie Stumm eine große Rolle spielte, dann auch durch belgisches Kapital und durch die Familie Röchling weiter ausgebaut wurde sowie nach dem Anschluß von Lothringen an das Deutsche Reich auch mittels Initiativen der Ruhrindustrie nach Lothringen ausgriff.

Waren die drei bislang genannten Gewerberegionen Deutschlands vor allem dadurch gekennzeichnet, daß sich aufgrund der in ihnen auffindbaren Rohstoffe dort in der zweiten Hälfte des 19. Jahrhunderts die bedeutsame Schwerindustrie etablierte, so entwickelten sich die beiden noch zu nennenden Gewerberegionen im 19. Jahrhundert nach einem ganz anderen Muster. *Das sächsisch-mitteldeutsche Gewerbegebiet* baute auf einer langen und vielfältigen Tradition auf und entwickelte sich auch im 19. Jahrhundert in entsprechend differenzierter Weise. In den mittleren Provinzen Preußens war seit dem 17. Jahrhundert eine Politik gezielter Wirtschaftsförderung betrieben worden, die sich den Gegebenheiten der Zeit gemäß zunächst auf die Förderung der Textilindustrie konzentrierte, deren Erfolg ganz wesentlich zum Aufstieg Berlins und seiner näheren Umgebung beigetragen hat. Von hier aus nahm dann eine Entwicklung ihren Anfang, die für die gewerbliche Struktur der Region entscheidende Bedeutung erlangen sollte, nämlich die Etablierung des Maschinenbaus, ursprünglich zum Bau von Textilmaschinen, schon bald aber ausgreifend in andere Bereiche der Metallverarbeitung und schließlich endend bei dem Zentrum der deutschen elektrotechnischen Industrie. Ähnliches läßt sich auch für Sachsen berichten, das sich ebenfalls von einer ursprünglich stark textilgewerblich geprägten Region zu einem Zentrum des Maschinenbaus und der Metallverarbeitung entwickelte. Dieses Gebiet war wiederum auch in sich stark gegliedert; die Oberlausitz war zunächst ein „Leinenland" gewesen, während um Chemnitz und im Vogtland schon früh die Baumwollindustrie Fuß fassen konnte und das Erzgebirge auch über eine beachtliche berg- und hüttenmännische Tradition verfügte. Der Durchbruch zur Industrialisierung in Sachsen erfolgte bereits zwischen 1825 und 1834 und stützte sich neben der Textilindustrie vor allem auf den Auf- und Ausbau der Metall- und Maschinenbauindustrie. Insgesamt kann daher die sächsisch-märkische Industrieregion im 19. Jahrhundert als wichtiges Zentrum der deutschen verarbeitenden Industrie angesehen werden.

Übergang Textilindustrie/Maschinenbau

Wichtigstes Zentrum: sächsisch-märkische Industrieregion

Der fränkisch-schwäbische Wirtschaftsraum erstreckt sich ebenfalls in einer Region, die sich schon seit Jahrhunderten durch eine besondere gewerbliche Aktivität auszeichnete. Hier finden sich die bedeutenden Städte Augsburg und Nürnberg, die um 1800 immer noch zu den wichtigsten Gewerbezentren Deutschlands zählten, sich gegenüber ihrer Glanzzeit im 16. Jahrhundert aber im Abschwung befanden. Im 19. Jahrhundert behielt die Metallindustrie hier jedoch ihre überragende Stellung und konnte diese sogar noch weiter ausbauen.

Schwaben war um 1800 vor allem als ein Textilproduktionszentrum bedeutend, und Augsburg verfügte darüber hinaus noch über ein bedeutendes Gold- und Silberschmiedehandwerk. In den verschiedenen textilgewerblichen Regionen vollzog sich die Anpassung an die veränderten Bedingungen im 19. Jahrhundert auf unterschiedliche Weise. Die Leinwandherstellung der Schwäbischen Alb vollzog erfolgreich den Übergang zur Baumwolle, während die Wollindustrie um Calw beim alten Rohstoff verblieb, aber durch den Übergang zur Fabrikproduktion zu überleben suchte. Neben und wohl ähnlich wie im sächsisch-mitteldeutschen Raum aufbauend auf der Textilindustrie, entwickelte sich im südwestdeutschen Raum eine allerdings weit verstreute Metallverarbeitungs- und Maschinenbauindustrie, die im fränkisch-schwäbischen Bereich eine gewisse Verdichtung erfuhr, nicht zuletzt verbunden mit der Maschinenfabrik Augsburg-Nürnberg (MAN). Diese relativ breite regionale Streuung kleingewerblicher Produzenten im südwestdeutschen Raum sollte sich im weiteren Verlauf der Industralisierung als beachtlicher Vorteil für die Entwicklung erweisen.

Maschinenfabrik Augsburg-Nürnberg

Abschließend bleibt festzuhalten, daß die gewerbliche Tätigkeit im 19. Jahrhundert nicht auf die genannten Regionen begrenzt blieb, sondern sich dort nur in spezifischer Form verdichtete. Zudem wird sichtbar, daß die Bildung dieser Regionen nur sehr schematisch, ohne Rücksicht auf genauere Binnendifferenzierung und präzise Abgrenzung nach außen erfolgte. Dem Anliegen der Veranschaulichung der regionalen Differenzierung der gewerblichen Wirtschaft mögen sie dennoch genügen.

4. Wandlungen der Gewerbestruktur im 20. Jahrhundert

4.1 Sektoraler Strukturwandel

Die strukturellen Verschiebungen im gewerblichen Sektor der Volkswirtschaft, die sich bereits im 19. Jahrhundert angedeutet hatten, setzten sich im 20. Jahrhundert unvermindert, z.T. sogar beschleunigt, fort. Dies betraf zunächst die Stellung des Gewerbes in der Volkswirtschaft insgesamt, welches sich im Laufe des 19. Jahrhunderts aus bescheidenen Anfängen einer landwirtschaftlich geprägten Wirtschaft zum neben der Landwirtschaft wichtigsten Sektor am Ende des Jahrhunderts verbessert hatte. Im 20. Jahrhundert verlor die Landwirtschaft weiterhin dramatisch an Bedeutung, so daß diese nunmehr hinsichtlich des Anteils an den Beschäftigten und an der gesamtwirtschaftlichen Wertschöpfung völlig an den Rand gedrängt wurde, während an ihrer Stelle zunächst das produzierende Gewerbe und schließlich auch der tertiäre Sektor, der in den 1970er Jahren zum bedeutendsten Sektor avancierte, gewaltig expandierte.

Stellung des Gewerbes

Vergleicht man nicht nur die Anteile der drei Hauptsektoren der Volkswirtschaft an den Beschäftigten miteinander, sondern bezieht man auch deren Produktion mit in den Vergleich ein, so kann man feststellen, daß hier die Bedeutung des gewerblichen Sektors noch stärker hervortritt. Die Ursache für diesen Sachverhalt liegt in der unterschiedlichen Arbeitsproduktivität der Sektoren begründet. Zwar verfügt die Landwirtschaft über die höchste Arbeitsproduktivität aller drei Sektoren, doch wegen ihres geringen Beschäftigtenanteils bleibt ihr Beitrag für die gesamtwirtschaftliche Produktion relativ unerheblich. Anders im gewerblichen Sektor, der die gesamtwirtschaftliche Wertschöpfung Deutschlands im 20. Jahrhundert zunehmend dominierte. Die Bundesrepublik Deutschland gehört daher zu den ausgeprägtesten Industriestaaten der Welt mit einem im internationalen Vergleich eher unterentwickelten Dienstleistungssektor, weshalb man auch gelegentlich bereits eine „Überindustrialisierung" Deutschlands am Ende des 20. Jahrhunderts konstatiert. Ähnliches galt für die ehemalige DDR, in der der Anteil der „materiellen Bruttoinlandsproduktion", so die dortige Definition, ähnlich hoch wie in der Bundesrepublik der Anteil des sekundären Sektors an der Wertschöpfung war.

Bedeutung des Gewerbes

„Überindustrialisierung"

Die Vergrößerung des Gewichts des sekundären Sektors in der Gesamtwirtschaft erscheint daher als ein säkularer Prozeß. Allerdings scheint sich auch hier in neuester Zeit eine Entwicklung anzudeuten, die in manchen anderen Industriestaaten schon früher beobachtet werden konnte, die Tatsache nämlich, daß der Beschäftigtenanteil des tertiären Sektors den des sekundären (gewerblichen) Sektors übersteigt und zunehmend größer wird als jener. Dieser Zustand wurde in den USA bereits am Ende des 19. Jahrhunderts erreicht, in Deutschland aber erst in den 1970er Jahren. Ob diese Zahlen tatsächlich den Beginn der Ablösung der „Industriegesellschaft" durch die „Dienstleistungsgesellschaft" signalisieren, kann an dieser Stelle nicht abschließend behandelt werden.

Übergang Industriegesellschaft/Dienstleistungsgesellschaft?

Unternimmt man eine erste Differenzierung in der Betrachtung der Entwicklung des gewerblichen Sektors in Deutschland im 20. Jahrhundert, so wird deutlich, daß nicht alle Branchen des Gewerbes in gleicher Weise an der geschilderten Entwicklung teilgenommen haben. Es zeigt sich vielmehr, daß es sowohl Gewinner als auch Verlierer im Expansionsprozeß des Gewerbes gegeben hat. Wachstumsträger waren vor allen Dingen die Metall-, Chemie- und elektronische Industrie, während das Textil- und Bekleidungsgewerbe sowie der Bergbau eher zu den Verlierern zu zählen sind.

Gewinner/Verlierer

Aber nicht nur in der Verteilung der gewerblichen Beschäftigten auf die einzelnen Gewerbezweige, sondern auch in der Verteilung der unterschiedlichen gewerblichen Produktionsformen zeigt sich auch im 20. Jahrhundert ein starker Strukturwandel, dessen Anfänge sich bereits im 19. Jahrhundert abzeichneten. Das heimgewerblich organisierte Verlagswesen verlor, trotz eines kurzfristigen Aufschwungs in neuen Formen zu Ende des 19. Jahrhunderts, nun endgültig an Bedeutung, während die Fabrikindustrie ungehindert und ausgreifend in neue Bereiche ihren stürmischen Siegeszug fortsetzen konnte. Das Handwerk vermochte sich demgegenüber in angepaßten Formen bis in die Gegenwart behaupten. Industrie und Handwerk bestimmten daher im Verlaufe des 20. Jahrhunderts nahezu ausschließlich die gewerbliche Entwicklung und, wegen der steigenden Bedeutung des Gewerbes insgesamt, zunächst auch zunehmend den Lauf der Gesamtwirtschaft. Zu erinnern sei jedoch daran, daß unter „Industrie" hier auch ein Teil der sogenannten „Urproduktion", nämlich der Bergbau, erfaßt worden ist.

Gewerbliche Entwicklung durch Industrie und Handwerk

4.2 Die Entwicklung des Handwerks

Das Handwerk, dessen sicherer Niedergang schon am Ende des 19. Jahrhunderts voraussehbar erschien und dessen erstaunliche

Kraft, sich zu behaupten noch zu erörtern sein wird, hat sich bis in die Gegenwart behauptet. Zur Mitte des 20. Jahrhunderts hatte das Handwerk in der Bundesrepublik Deutschland immerhin die Landwirtschaft hinsichtlich Beschäftigtenzahl und Wertschöpfung überholt und konnte bis dahin seinen Anteil an der gewerblichen Wertschöpfung bei etwa einem Fünftel stabilisieren. „Behauptung" ist jedoch ein relativer Begriff, denn es ist unzweifelhaft, daß heute nicht das Handwerk, sondern die Industrie das Gesicht der gewerblichen Wirtschaft prägt. Einige knappe Bemerkungen mögen ausreichen, die Entwicklung des Handwerks im 20. Jahrhundert zu umreißen.

Landwirtschaft: $\frac{1}{5}$ der gewerblichen Wertschöpfung

Erster Weltkrieg

Eine wichtige Beeinträchtigung der Entwicklungschancen des Handwerks im 20. Jahrhundert stellte zweifellos bereits der Erste Weltkrieg dar, der den durchschnittlichen Handwerker schwer traf. Bis Ende 1917 wurde etwa die Hälfte aller Handwerker zum Militärdienst einberufen, und etwa ein Drittel aller Handwerksbetriebe mußte schließen. Die Lage für die z.T. von den Meisterfrauen weiterbetriebenen Handwerksbetriebe war auch nicht günstig, da zahlreiche Waren und Rohstoffe der öffentlichen Bewirtschaftung unterlagen und somit die Handwerksbetriebe wichtige Teile ihres Geschäftes verloren. Es blieb daher nicht aus, daß Umsatz- und Einkommenseinbußen zu verzeichnen waren und Lehrlinge den Betrieben davonliefen, zumal die kleineren Betriebe von den Kriegsaufträgen unmittelbar nicht profitieren konnten, ja der großindustriell dominierte „Kriegsausschuß der Deutschen Industrie" aus Rationalisierungsgründen auf die Zusammen- und Stillegung der kleineren Betriebe drängte. Zwar war die Lage in einigen Bereichen des Handwerks besser, und erste Erfahrungen mit überbetrieblicher Zusammenarbeit und Selbsthilfe sowie die Tatsache, daß zahlreiche stillgelegte Handwerksbetriebe nach dem Kriege wieder eröffnet wurden, lassen sich durchaus als positive Zeichen werten, doch blieb die Situation zu Anfang des 20. Jahrhunderts weiterhin gedrückt.

Zwischenkriegszeit

Die Zwischenkriegszeit als eine Ära der permanenten Krise hat zur Besserung der Situation des deutschen Handwerks wenig beitragen können. Lediglich angesichts der unabweisbaren Behauptung des Handwerks in diesem Zeitraum wurde eine erste, moderate Änderung in der Entwicklungsprognose des Handwerks sichtbar. Die Inflation hatte erst direkte Wirkungen auf das Handwerk gezeigt, als sie zur Hyperinflation wurde und dann die Handwerker sehr unterschiedlich traf, je nachdem, ob sie Besitzer von Sach- oder Sparvermögen waren. Immerhin war mehr als die Hälfte aller selbständigen Handwerker Hausbesitzer, die sich durch die Inflation entschulden konnten. Deshalb nimmt es nicht wunder, daß nach 1924 von dieser Basis aus gelegentlich von einem „Wiedererstarken" des Handwerks gesprochen wurde, das in der bald folgenden Wirtschaftskrise (1929) jedoch sein frühes Ende fand, als große Teile der selbständigen Handwerkerschaft in schwerwiegende Bedrängnis gerieten. Von diesem Jahr an erfolgte jedoch zugleich eine begrenzte Modernisierung des Handwerks durch einen verstärkten Einsatz von Maschinen und eine stärkere Hinwendung zu Reparatur- und Installationsarbeiten, wodurch sich ein neuer Handwerkertypus in zahlreichen Branchen als Kleinbetrieb gegenüber dem technisch überlegenen Großbetrieb behaupten konnte. Dennoch blieb die Lage des Handwerks auch in der Zwischenkriegszeit prekär, auch noch, als 1934 die Forderungen der Weimarer Handwerkerbewegung nach Zwangsinnungen und dem großen Befähigungsnachweis erfüllt worden waren. Erst der nach 1936 einsetzende Rüstungsboom führte zu einer merklichen Entlastung der schwierigen ökonomischen Situation in zahlreichen Handwerksbetrieben.

Kleinbetrieb als Nische

In der Nachkriegszeit erwiesen sich die Verhältnisse für die Handwerksbetriebe zunächst weiterhin als recht schwierig. Der Rückgang der Betriebszahlen hielt an, und der Kleinbetrieb blieb die vorherrschende Betriebsform. Doch konnte das deutsche Handwerk dann bald an dem allgemeinen Wachstumsprozeß der Wirtschaft der Bundesrepublik partizipieren, so daß sich seine Situation langsam besserte: Es behauptete daher nicht nur seine Existenz, sondern nahm auch am wirtschaftlichen Wachstum teil.

Nachkriegszeit

Unterhalb dieser globalen Entwicklung ist jedoch weiterhin ein beträchtlicher Strukturwandel zu beobachten. Während die Grundhandwerke des täglichen Bedarfs (Bäcker, Fleischer etc.) sich weiterhin entsprechend der Bevölkerungszahl entwickelten, verfielen alte traditionelle Handwerkszweige (Sattler, Küfer, Seiler etc.), und gänzlich neue bildeten sich fast aus dem Nichts (Zahntechniker, Fernsehmechaniker etc.). Somit ist auch im Handwerk eine Tendenz zu beobachten, die für die gesamte Wirtschaft gilt: eine Hinwendung zur Vorproduktion und eine Abwendung vom Endverbrauch. Noch in der Zwischenkriegszeit entfielen drei Fünftel des Umsatzes der Handwerksbetriebe direkt auf den privaten Konsum, während dieser Anteil inzwischen auf ein Drittel gesunken ist; der jeweilige Rest entfiel auf die Investitionsgüterindustrie, die öffentliche Hand und den Wohnungsbau. Diese Entwicklung war verbunden mit dem

Strukturwandel

Hinwendung zur Vorproduktion

Vordringen größerer Betriebe auch im Handwerk und mit einem entsprechend angestiegenem Kapitalbedarf des einzelnen Betriebes; dies, obwohl das Handwerk aus der gewerblichen Produktion weitgehend verdrängt wurde und sich auf Handel, Reparatur und Installation zurückgezogen hat.

4.3 Die Entwicklung der Industrie

Wie die Entwicklung des Handwerks die Verhältnisse der kleingewerblichen Produktion widerspiegelt, so lassen sich die Entwicklungslinien des Großgewerbes anhand der Verhältnisse in der Industrie und ihren Zweigen nachzeichnen.

Insgesamt läßt sich hinsichtlich der Entwicklung der Betriebsgrößenstruktur der gewerblichen Wirtschaft in Deutschland im 20. Jahrhundert feststellen, daß die Bedeutung kleiner Betriebe mit bis zu zehn Beschäftigten deutlich zurückgegangen ist, während der Anteil der Großbetriebe mit über eintausend Beschäftigten zugenommen hat. Ein Trend zum industriellen Großbetrieb erscheint unübersehbar.

Industrieller Großbetrieb

Den industriellen Großbetrieben gilt hier unser Hauptinteresse, wobei festzuhalten bleibt, daß auch in deren Entwicklung keine feste Relation untereinander zu beobachten ist, sondern auch hier ein erheblicher Wandel festgestellt werden kann.

Erster Weltkrieg

Schon im Ersten Weltkrieg deuteten sich Veränderungen in der Struktur des industriellen Sektors in Deutschland an, die in den folgenden Jahrzehnten weiter an Raum gewannen. Der Bereich des Produktionsgütersektors, insbesondere der Chemie und der Metallverarbeitung, wuchs auf Kosten des Konsumgüterbereichs und des Bauwesens. Dies erscheint als eine Entwicklung, die bis in die Anfänge der Industrialisierung zurückverfolgt werden kann und die bis in die Gegenwart weiter anhält.

Korrektur auf Vorkriegsniveau

Ein Teil der kriegsbedingten Strukturverschiebungen im industriellen Sektor der Volkswirtschaft, insbesondere hinsichtlich der kriegsnotwendigen Waffenproduktion, konnte im Übergang zur Friedenswirtschaft korrigiert werden, andere Strukturmängel wurden zunächst durch die Übernachfrage im Rahmen der großen Inflation bis 1923 überdeckt und machten dann einen schmerzhaften Anpassungsprozeß notwendig, der bis in die schwierige Zeit der Weltwirtschaftskrise reichte. Hinzu traten Gebietsabtretungen infolge des Ersten Weltkrieges, die insbesondere die Produktionsgüterindustrien schwer trafen. Der Vorkriegsstand der Industrieproduktion wurde im Durchschnitt erst um 1927 wieder erreicht, in einigen Branchen bereits eher, in anderen (Bergbau) aber auch erst später.

Die Weltwirtschaftskrise hat sich auf die Produktion der Investitionsgüterindustrien sehr viel stärker ausgewirkt als auf die der Konsumgüterindustrien. Gegenüber dem Stand von 1928 verminderte sich die Produktionsgüterproduktion bis 1932 auf etwa ein Drittel, während der Index der Konsumgüterproduktion nur um etwa 25 v.H. fiel. Die Aufrüstungspolitik des NS-Systems nach 1933 führte dann zu einer Umkehr der Entwicklung. Nun wurden wiederum Produktionsgüter überproportional nachgefragt, und entsprechend veränderte sich die Struktur der deutschen Industriewirtschaft.

Aufrüstungspolitik

Während des Zweiten Weltkrieges erfolgten wiederum kriegsbedingte Anpassungen in der Industriestruktur, um den Rüstungsanforderungen des Regimes entsprechen zu können. Das Baugewerbe kam weitgehend zum Erliegen, die Konsumgüterindustrien sowie die übrigen Industrien schrumpften, während die Grundstoff- und Rüstungsproduktion gewaltig anstieg.

Der Wiederaufbau der deutschen Industriewirtschaft nach dem Zweiten Weltkrieg erfolgte relativ rasch: schon 1950 wurde das Vorkriegsniveau (1936) der Industrieproduktion überschritten. Die Rekonstruktion der deutschen Wirtschaft erfolgte zunächst in den überkommenen Strukturen mit einem bedeutenden Schwerpunkt im Bereich der Eisengewinnung und des Kohlebergbaus. Im Zuge der Eingliederung der Bundesrepublik Deutschland in die Weltwirtschaft und in den daraus resultierenden außenwirtschaftlichen Zwängen gerieten diese Branchen jedoch schon bald in die Krise und verloren an Bedeutung. An ihre Stelle traten andere bereits etablierte sowie gänzlich neue Leitsektoren, wie die chemische Industrie, die elektrotechnische Industrie, dann der Fahrzeugbau und schließlich Büromaschinen und EDV.

Überschreiten des Vorkriegsniveaus

4.3.1 Die Grundstoffindustrien: Kohle und Eisen

Die Zentren der deutschen Steinkohlenförderung konzentrierten sich zu Beginn des 20. Jahrhunderts lagerstättenbedingt auf drei deutsche Regionen: Oberschlesien, die Saarregion und das Ruhrgebiet. In allen Industrieländern kann bis in das frühe 20. Jahrhundert hinein ein ungeheurer Aufschwung der Kohleproduktion beobachtet werden, der sich dann abschwächte, z.T. in Stagnation überging und schließlich in einer Schrumpfung endete. Ursache dieser Ent-

Steinkohlenförderung

wicklung war einerseits die wegen ihrer höheren Gestehungskosten verschlechterte Wettbewerbsposition der deutschen Steinkohle gegenüber anderen internationalen Kohleproduzenten, andererseits aber auch der Rückgang des Anteils der Kohle insgesamt an der Deckung des Weltenergiebedarfs, der zunehmend von anderen Energieträgern (Erdöl, Erdgas, Kernkraft) gedeckt wurde.

Für die deutsche Steinkohleindustrie bedeuteten das Ende des Ersten Weltkriegs und die daraus resultierenden Gebietsabtretungen im Westen (Lothringen) und Osten (Oberschlesien) einen beachtlichen Verlust der Produktionskapazität, der sich auf etwa ein Zehntel der Förderkapazität von 1913 belief. Das Produktionsvolumen von 1913 wurde erst um 1937 wieder erreicht und bis 1958 nur einmalig (1943) leicht überschritten. Insgesamt folgte die Steinkohlenförderung in Deutschland dem Konjunkturverlauf der Zwischenkriegs- und Kriegszeit mit absoluten Tiefständen 1923 und 1945 und einem beachtlichen Wiederaufschwung in der unmittelbaren Nachkriegszeit. Seit der ersten Kohlenkrise von 1957 verlor dann die Steinkohle am Primärenergiemarkt kontinuierlich an Bedeutung, zunehmend wichtiger wurden Erdöl, Erdgas und die Kernenergie, und folglich sanken Produktion und Beschäftigung in der Steinkohleindustrie trotz enormer staatlicher Stützungsaufwendungen kontinuierlich weiter ab.

Sinkende Produktion und Beschäftigung

Eisenindustrie

Eine ähnliche Entwicklung läßt sich auch im zweiten, bedeutenden Teil der deutschen Grundstoffindustrien im 20. Jahrhundert beobachten, der Eisenindustrie. Auch diese bildete im 19. Jahrhundert einen Grundpfeiler der deutschen Industrialisierung und nahm im 20. Jahrhundert an Bedeutung ab. Dieser Bedeutungsverlust zeigte sich ebenfalls nicht nur in Deutschland, sondern entsprach offenbar dem Entwicklungsmuster aller Industriestaaten. Auch die Produktionskapazität der deutschen Eisenindustrie, die bis 1913 eine ständige Ausweitung erfahren hatte, erlitt durch die Gebietsabtretungen nach dem Ersten Weltkrieg Einbußen. Die Roheisenproduktion in Deutschland erreichte danach bis 1960 niemals wieder die Höhe der Rekordproduktion von 1913. Parallel zur Kohlekrise entfaltete sich in den 1960er Jahren dann auch eine Stahlkrise, die darauf zurückzuführen war, daß am Markt für Massenstahl immer neue Anbieter mit gegenüber den deutschen Produzenten günstigeren Kostenstrukturen als Anbieter auftraten. Die deutsche Eisenindustrie wurde dadurch zu Anpassungen gezwungen und verlagerte ihre Aktivitäten zunehmend in den Bereich der Spezialstähle und der Weiterverarbeitung. Der deutsche Steinkohlenbergbau be-

Stahlkrise

schäftigte 1988 nur noch 193.000 Personen und erzielte einen Umsatz von 32 Mrd. DM überwiegend am Binnenmarkt (Exportquote 10 v.H.), während die eisenschaffende Industrie mit 185.000 Beschäftigten 49 Mrd. DM Umsatz erzielte, davon 37 v.H. im Ausland.

4.3.2 Die Metallverarbeitung: Maschinen- und Fahrzeugbau

Dem Maschinenbau kommt in der heutigen industriellen Produktionsstruktur eine Schlüsselrolle zu, denn durch ihn werden überwiegend die Investitionen realisiert, die für das wirtschaftliche Wachstum von ausschlaggebender Bedeutung sind. Deshalb reagiert sein Auftragsvolumen auch überproportional auf die Ausschläge der Konjunktur.

Schlüsselposition Maschinenbau

Die beiden Weltkriege haben die Entwicklung des deutschen Maschinenbaus stark geprägt. Beide Male wurde die Produktion stark auf die Anforderungen der Rüstungsindustrie zugeschnitten, und an eine konstruktive Weiterentwicklung der normalen Maschinenbauentwicklung war nicht zu denken. Hinzu kamen Verluste von Patenten, Wettbewerbsnachteile und nach dem Zweiten Weltkrieg weitgehende Zerstörungen der Produktionskapazitäten, so daß in der zweiten Hälfte des 20. Jahrhunderts ein Neuaufbau der deutschen Maschinenbauindustrie erforderlich war. Inzwischen hat sie ihre technische und ökonomische Wettbewerbsfähigkeit international wiedererlangt und nimmt im Rahmen der deutschen Volkswirtschaft insbesondere hinsichtlich ihrer Exportfähigkeit eine bedeutende Stellung ein.

Fahrzeugbau

Nachdem bereits im 19. Jahrhundert der Bau von Eisenbahnwaggons große Bedeutung erlangt hatte, entwickelte sich im 20. Jahrhundert der Fahrzeugbau zu einem wichtigen Bereich der Metallverarbeitung. Neben dem Bau von Lokomotiven und Waggons sowie der Zweiradindustrie schob sich vor allem die Automobilindustrie in den Vordergrund. Die gegen Ende des 19. Jahrhunderts in Deutschland und Frankreich zahlreich entstehenden Motorwagenfabriken produzierten zunächst ein ausgesprochenes Luxusgut für einen sehr begrenzten Kundenkreis. Erst die durch Henry Ford eingeführte Serienproduktion ermöglichte in der Zwischenkriegszeit die Motorisierung in den USA, die dann in der Nachkriegszeit auch auf Europa übergriff und die auch hier das Automobil zu einem Massenverkehrsmittel machte. In Deutschland ist diese Entwicklung vor allem durch den legendären VW-Käfer getragen worden, dessen Produktion wegen der Binnennachfrage und aufgrund wachsender Exportchancen vor allem in die USA bis 1955 bereits auf 1.247 Stück pro Tag anwuchs und das Volkswagenwerk damit zum viertgrößten Automobilproduzenten der Welt aufrücken ließ.

Volkswagenwerk

Im Zuge der Expansion der Automobilproduktion in der Bundesrepublik wuchs die Branche in eine zentrale Position für die Gesamtwirtschaft hinein, denn Zulieferer, Reparatur- und Servicedienste beschäftigen immer mehr Menschen, so daß gegenwärtig jeder fünfte Arbeitnehmer direkt oder indirekt von der Automobilindustrie abhängig ist. Zugleich erfolgt national wie weltweit eine Bereinigung der Typenvielfalt und eine deutliche Reduktion der Anbieter, so daß in naher Zukunft nur noch wenige selbständige Produzenten, die z. T. durch internationale Kooperation noch miteinander verflochten sind, sich am Markt behaupten werden.

Zentrale Position

1988 erzielte der Maschinenbau in der Bundesrepublik Deutschland einen Umsatz von 175 Mrd. DM mit 978.000 Beschäftigten und der Straßenfahrzeugbau, d. h. weitgehend die Automobilindustrie, mit 886.000 Beschäftigten 215 Mrd. DM Umsatz. Beide Industriezweige erzielten einen hohen Teil ihres Umsatzes im Ausland, der Straßenfahrzeugbau 47,8 v. H. und der Maschinenbau 44,5 v. H.

4.3.3 Die elektrotechnische Industrie

Neben dem Maschinen- und Fahrzeugbau und der noch zu behandelnden chemischen Industrie stellt die Elektroindustrie die dritte wesentliche Säule der deutschen Industriewirtschaft dar. Ihre große Bedeutung erlangte sie bereits zum Ende des 19. Jahrhunderts, als nach Telegraphie und Beleuchtungstechnik nun auch der Elektromotor seinen Siegeszug antrat. Waren zur Jahrhundertwende etwa fünfzigtausend Personen in diesem Sektor tätig, so stieg die Beschäftigtenzahl der Elektroindustrie bis 1938 auf 413.000 und bis 1958 auf 697.000 Personen an.

Siegeszug des Elektromotors

Diese beiden Firmen Siemens und AEG prägten dann bis in die Gegenwart hinein ganz wesentlich die Expansion der Elektroindustrie in Deutschland, die neben dem Wachstum der Binnennachfrage ganz ähnlich wie im Maschinen- und Fahrzeugbau auch sehr stark durch den Export getragen wurde. Der Umsatz der bundesdeutschen elektrotechnischen Industrie belief sich 1988 auf 171 Mrd. DM und wurde mit 977.000 Beschäftigten erzielt. Die Exportquote betrug 35,8 v. H.

Siemens/AEG

In jüngster Zeit hat ein Zweig der elektrotechnischen Industrie besonders stark expandiert und ist damit zu einem neuen industriellen Leitsektor geworden: die elektronische Datenverarbeitung (EDV). Aufbauend auf dem von Leibniz schon im frühen 18. Jahrhundert entwickelten dualen Zahlensystem wurde 1946 die erste vollelektronische Rechenanlage in Betrieb genommen, die inzwischen durch die Verwendung von Halbleitern und die Mikroisierung dermaßen weiterentwickelt wurde, daß sie massenhaft produziert und abgesetzt werden kann. Die Herstellung von Rechnern/Computern (Hardware) sowie die Produktion von Programmen (Software) hat inzwischen einen solchen Aufschwung genommen, daß bereits 1980 in der Bundesrepublik Deutschland ein Umsatz von mehr als 30 Mrd. DM erzielt werden konnte.

Industrieller Leitsektor EDV

4.3.4 Die chemische Industrie

Die chemische Industrie ist hinsichtlich ihrer Produkte und Produktionsweisen eine besonders vielfältige Industriegruppe. Deshalb ist ihre Abgrenzung gegenüber anderen Industriezweigen wie auch ihre interne Untergliederung ein noch schwieriger zu lösendes Problem als bei allen anderen Industriebranchen.

Künstliche Ersatzstoffe

Ein beachtlicher Aufschwung der Branche erfolgte in Deutschland im Ersten Weltkrieg, als es wegen der Knappheit an natürlichen Rohstoffen (Salpeter, Kautschuk) gelang, für diese künstliche Ersatzstoffe (synthetische Nitrate/Buna) herzustellen. Der Aufstieg in der Bedeutung der chemischen Industrie erwies sich auch nach dem Ersten Weltkrieg als beständig, wenn auch ihre einzelnen Zweige unterschiedlich rasch expandierten. Waren es vor dem Ersten Weltkrieg vor allem die synthetischen Farbstoffe, die neben der Schwefelsäureproduktion die Weltgeltung der deutschen chemischen Industrie begründet hatten, so trugen nach dem Krieg Stickstoffverbindungen, synthetischer Kautschuk und Kunststoffe auf Mineralölbasis hauptsächlich das Wachstum und konnten überwiegend auf dem innerdeutschen Markt abgesetzt werden. Hinzu traten Produkte der Pharmachemie. Wegen der verschlechterten internationalen Wettbewerbsposition der deutschen chemischen Industrie aufgrund des Verlustes wichtiger Patente und des Aufkommens der internationalen Konkurrenz verlief das Wachstum der Chemieindustrie in der Zwischenkriegszeit in vergleichsweise moderaten Bahnen.

Pharmachemie

Vierjahresplan

Erst die Rüstungspolitik des NS-Systems gab dem Wachstum dieser Industriebranche wiederum kräftige Anstöße. Hier spielte insbesondere der „Vierjahresplan“ von 1936 eine zentrale Rolle, der wegen seiner Ausrichtung auf weitgehende Rohstoffautarkie vor allem die Produktion von Ersatzstoffen (z. B. synthetischer Kautschuk) durch die chemische Industrie fördern sollte. Die chemische Industrie wurde damit zweifellos zum Hauptgewinner im Zuge des Aufbaus einer nationalsozialistischen Wirtschaftstechnokratie in der Zwischenzone zwischen Staatsverwaltung, Wirtschaft und Parteibürokratie, und diese wurde ihr nach dem Zweiten Weltkrieg auch zum Vorwurf gemacht.

Der Neuaufbau der chemischen Industrie in der Bundesrepublik Deutschland gestaltete sich deshalb entsprechend schwierig. Die Alliierten hatten das beherrschende Großunternehmen IG-Farben zerschlagen und in einzelne Unternehmen entflochten. Drei davon, Bayer, Hoechst und BASF entwickelten sich bald sehr dynamisch, grenzten ihre Interessenbereiche weitgehend untereinander ab und erreichten so international wieder eine Führungsposition. Die chemische Industrie der Bundesrepublik Deutschland erzielte 1988 mit 575.000 Beschäftigten einen Umsatz von 180 Mrd. DM, 27 v. H. davon mit dem Ausland.

Bayer/Höchst/ BASF

4.4 Konjunkturen und Krisen, Konzentration und Kartelle

Die Entwicklung der deutschen Wirtschaft im 20. Jahrhundert war alles andere als störungsfrei. Zumindest die erste Hälfte des 19. Jahrhunderts wurde vielmehr stark durch eine Reihe von Krisen und Katastrophen geprägt. Dem Ersten Weltkrieg folgte die große Inflation, dann die Weltwirtschaftskrise und schließlich der totale Zusammenbruch durch den Zweiten Weltkrieg. Daß diese Entwicklung auch für die deutsche Industrie und ihre Zweige nicht folgenlos bleiben konnte, erscheint offensichtlich.

Erster Weltkrieg

Der Erste Weltkrieg bildete zweifellos eine Zäsur für die Entwicklung der deutschen wie auch der Weltwirtschaft; die „gute alte Zeit", wenn es sie denn je gegeben hat, ging endgültig zu Ende. Neue außenwirtschaftliche Rivalitäten zwischen und verstärkte soziale Spannungen innerhalb der Industrieländer bestimmten zunehmend die wirtschaftlichen Rahmenbedingungen. Für Deutschland hinterließ der Erste Weltkrieg, neben der kriegsbedingten Verringerung des Volkseinkommens und der Produktionskapazität, vor allem zwei schwerwiegende Hypotheken: einen enormen Inflationsdruck wegen der noch anstehenden Konsolidierung der Kriegsfinanzierung und die Forderung der Alliierten nach Reparationen für die erlittenen Kriegsschäden. Diese Hypotheken prägten dann auch den Lauf der deutschen Wirtschaft bis in die Weltwirtschaftskrise hinein.

Anstieg des Preisniveaus

Bereits während des Ersten Weltkrieges war das Preisniveau deutlich angestiegen. Dies lag einerseits an der Reduzierung des Güterangebots aufgrund der Beanspruchung großer Teile des Produktionspotentials (bis zu 50 v. H.) für die Kriegsproduktion und andererseits an der Ausweitung der Geldmenge durch die Reichsbank zur Finanzierung eben dieser Kriegsproduktion durch das Reich. Mit der deutschen Niederlage war die Basis der Kriegsfinanzierung zerstört, und nur ein Währungsschnitt hätte 1919 einen wirtschaftlichen Neuanfang ermöglicht. Dieser war aber aus innenpolitischen Gründen unmöglich, und eine „Politik des leichten Geldes" sollte die Demobilisierung und die Umstellung der Wirtschaft auf die Friedensproduktion erleichtern. Diese Politik führte zu einer „Inflationskonjunktur", die zwar kurzfristig eine Deflationskrise, wie sie in zahlreichen anderen europäischen Ländern zu beobachten war, verhinderte, langfristig aber schwere negative Wirkungen zeigte.

„Politik des leichten Geldes"

Inflation

Gewinner der Inflation waren eindeutig die Besitzer von Sachwerten, zu denen auch die gewerbliche Wirtschaft gehörte. Große Teile der Industrie profitierten vom inflationsbedingten Nachfragesog im Inland wie auch vom überproportionalen Verfall des Außenwertes der Mark, so daß deutliche Exporterfolge zu erzielen waren. Zudem konnte die Industrie sich durch den Verfall des Geldwertes weitgehend entschulden sowie mit Krediten billig Investitionen finanzieren und sich so durch eine „Flucht in die Sachwerte" vor dem Geldwertverfall sichern. Die Anpassung an einen neuen, stabilen Geldwert wurde von der Industrie schon recht früh vorgenommen (z. B. durch Rechnungsumstellung auf US-Dollar-Basis), so daß die Folgen der Geldentwertung zunehmend andere Gruppen, vor allem Arbeiter und Geldvermögensbesitzer, trafen.

Zerfall der Weltwirtschaft

Im Rahmen der Auseinandersetzungen über die Reparationen kam es 1922 u. a. zur Ruhrbesetzung und zum „Ruhrkampf", der insbesondere die dortige Schwerindustrie schwer traf. Hinzu kam, für die übrigen Bereiche der deutschen gewerblichen Wirtschaft verhängnisvoller als für die Schwerindustrie, der Zerfall der Weltwirtschaft in der Zwischenkriegszeit wegen allgemeiner Ungleichgewichte der Zahlungsbilanzen und einer schwerwiegenden Depression im Agrar- und Rohstoffbereich. Dennoch gelang der deutschen Industrie, gestützt auf weitreichende Rationalisierungen, vor allem in der Automobilindustrie und im Kohlebergbau, in einer durch das Reich unterstützten Exportoffensive Mitte der 1920er Jahre eine beachtliche Ausweitung von Produktion und Absatz. Diese Erfolge gingen mit der beginnenden Weltwirtschaftskrise jedoch schon bald wieder verloren und zahlreiche Rationalisierungen erwiesen sich als gigantische Fehlinvestitionen.

Die schwere Depression der Weltwirtschaft, die sich bereits 1929 ankündigte, traf Deutschland besonders stark und wurde hier durch den Rückgang der bis dahin vor allem aus den USA großzügig gewährten Kredite und eine Finanzkrise der öffentlichen Hand noch weiter verstärkt. Entsprechend gewaltig waren der Einbruch der Industrieproduktion und der Umfang der Arbeitslosigkeit: die Industrieproduktion verminderte sich von 1927 bis 1933 um knapp 40 v. H., und auf dem Höhepunkt der Krise waren mit über 6,5 Millionen Personen mehr als 40 v. H. aller Erwerbstätigen beschäftigungslos.

Vollbeschäftigung durch Rüstungspolitik

Auch die nationalsozialistische Krisenbekämpfung nach 1933 konnte diesen Produktions- und Beschäftigungseinbruch nicht unmittelbar beheben, und erst der forcierte Beginn der Rüstungspolitik führte 1936 wieder zu einer Vollbeschäftigung. Der sprunghafte Anstieg der Rüstungsausgaben verbesserte insbesondere die Absatzsituation der deutschen Industrie und bewirkte, daß ihre Kapazitäten, die ebenfalls ab 1936 voll ausgelastet waren, weiter ausgebaut wurden. Hier spielte vor allem der „Vierjahresplan" eine entscheidene Rolle, der u.a. durch Rohstofflenkung und Investitionskontrollen zu einer Umschichtung der volkswirtschaftlichen Produktionsstuktur beitrug. Die Produktionsgüterindustrien wuchsen daraufhin zwischen 1928 und 1939 um 156 Prozentpunkte, während die Konsumgüterindustrien im gleichen Zeitraum nur 19 Prozentpunkte zulegten.

Übernahme der Staatsgewalt

Die Kriegspolitik Deutschland und seine totale Niederlage im Zweiten Weltkrieg und die Übernahme der Staatsgewalt durch die Alliierten hatten schwerwiegende Konsequenzen für die gewerbliche Wirtschaft. Zunächst versuchten die Militärbehörden, durch eine Reihe von Industrieplänen die Produktionskapazität der deutschen Industrien zu drosseln oder gar gänzlich zu beseitigen. Mit diesen Plänen sollten drei Ziele gleichzeitg erreicht werden: erstens, eine erneute militärische Aufrüstung endgültig zu verhindern, zweitens, die deutsche Volkswirtschaft zu deindustrialisieren und drittens, aus dem deutschen Volksvermögen Entschädigungsleistungen für andere vom Krieg betroffene Länder zu gewinnen. Bald zeigte sich jedoch, daß ein deindustrialisiertes, verarmtes Deutschland mehr Probleme schaffen als lösen würde, so daß sich ein Wandel der alliierten Politik in den Westzonen andeutete. Währungsreform und Marshallplan taten dann ein Übriges, die Voraussetzungen zum

Wiederaufstieg der deutschen Wirtschaft und Industrie zu schaffen. Damit setzte in den 1950er Jahren eine Periode relativ störungsfreien Wachstums der westdeutschen Wirtschaft ein, die trotz einiger konjunktureller Verzögerungen und Rückschläge zu einem enormen Wachstum der industriellen Produktion und des individuellen Wohlstands in der Bundesrepublik Deutschland geführt hat. Der Index der Industrieproduktion stieg von 29,6 im Jahre 1949 (1962 = 100) auf 206,4 im Jahre 1989 und entsprechend das nominale pro-Kopf Bruttosozialprodukt im gleichen Zeitraum von DM 1.740,- auf DM 36.458,-.

Wiederaufstieg

Die deutsche gewerbliche Wirtschaft und insbesondere die Unternehmen der deutschen Industrie haben sich den ökonomischen und sozialen Konjunkturen und Krisen dieses Jahrhunderts jedoch nicht passiv unterworfen, sondern im Gegenteil immer wieder versucht, aktiv in das Geschehen einzugreifen. Im Rahmen eines marktwirtschaftlichen Umfeldes bilden Konzentration und Kartellierung aus Unternehmersicht die adäquaten Strategien gegenüber einer Bedrohung durch ökonomische Konjunkturen, soziale Krisen und politische Katastrophen. Ermöglicht wurde eine derartige Strategie erst, als die Unternehmen ausreichend groß und an Zahl überschaubar geworden waren, so daß es Sinn machen konnte, Maßnahmen zur Kontrolle der Marktverhältnisse zu ergreifen.

Dies war zuerst bereits Ende des 19. Jahrhunderts in der Schwerindustrie der Fall. Hier zeigten sich schon in den 1870er Jahren deutliche Konzentrationstendenzen bei den Bergbauunternehmen, um einerseits durch Konsolidation und Zusammenschluß untereinander, andererseits durch Anschluß von Hüttenunternehmen die Konkurrenzverhältnisse zu entschärfen. Darüber hinaus versuchten die selbständig verbleibenden Unternehmen, durch Absprachen die Absatzverhältnisse zu stabilisieren.

Konzentration der Bergbauunternehmen

Erster Weltkrieg und Kriegswirtschaft verstärkten diese kooperativen Tendenzen innerhalb der deutschen Industrie noch weiter. Nun traten staatliche Instanzen hinzu, die eine Koordination und Optimierung des Arbeitskräfteeinsatzes, der Rohstoffverwendung und der Produktionskapazitäten im Hinblick auf die Bedürfnisse der Armee unternahmen. Der Staat veranlaßte auf diese Weise eine Selbstorganisation der Produzenten unter seiner Aufsicht und erreichte, daß bis Kriegsende etwa 200 „Kriegsgesellschaften" bzw. „Kriegsausschüsse" geschaffen wurden. Die Tendenz zur Beschränkung der Konkurrenz innerhalb der deutschen Industrie wurde also durch den Krieg außerordentlich beschleunigt.

Kriegsgesellschaft/ Kriegsausschuß

An diese Erfahrungen konnte in den schwierigen Nachkriegsjahren nahtlos angeknüpft werden. Insbesondere während der Inflationszeit trieb die Konzentrationswelle merkwürdige Blüten. Ein Höhepunkt der vertikalen Konzentrationsbewegung dieser Zeit bildete zweifellos die Gründung der „Siemens-Rheinelbe-Schuckert-Union". Diese war hervorgegangen aus der 1873 gegründeten Gelsenkirchener Bergwerk AG, die bis 1906 als reines Bergbauunternehmen durch Übernahmen gewaltig wuchs, dann mit zwei Hüttenwerken fusionierte und 1919 mit dem Deutsch-Luxemburgischen Bergwerks- und Hüttenverein, der bis dahin eine Reihe von Bergbauunternehmen und die Dortmunder Union übernommen hatte, als „Rheinische Union" zusammenging. Diese „Elefantenhochzeit" wurde 1920 noch durch den Bochumer Verein ergänzt und schließlich mit der Einbeziehung der Siemens & Halske AG sowie der Elektrizitäts AG vorm. Schuckert abgerundet. Damit war ein Konzern entstanden, der vom Grundstoff bis zum kompliziertesten Fertigprodukt alles in einem Hause herstellen konnte. Treibende Kraft bei diesen Zusammenschlüssen war Hugo Stinnes gewesen.

Höhepunkt der Konzentrationsbewegung

Ähnlich spektakulär war die Konzentrationsbewegung in der chemischen Industrie, die seit 1925 vom Riesenkonzern der IG-Farben AG beherrscht wurde, in dem sich alle führenden Chemieunternehmen Deutschlands zusammengefunden hatten. Die chemische Industrie konnte nach dem Ersten Weltkrieg nahtlos an die während des Krieges geschaffene Zusammenarbeit anknüpfen und bei ihrem Zusammenschluß 1924, der vor allem durch Carl Bosch und von der BASF betrieben worden war, sogar den Namen des alten Kartells (Interessengemeinschaft = IG Farben) als Firmennamen übernehmen.

Konzentration der chemischen Industrie

Einen ähnlich bedeutsamen Fall der Konzentration stellte die Gründung der Vereinigten Stahlwerke 1926 dar. Schon seit Sommer 1925 wurden entsprechende Vorverhandlungen betrieben, wobei strittig war, ob die Zusammenarbeit wichtiger Konzerne der deutschen Schwerindustrie als Interessengemeinschaft oder als Trust gesucht werden sollte. Schließlich entschied man sich für eine Fusion der beteiligten Unternehmen ohne die Krupp-Gruppe, die es vorzog, weiter selbständig zu bleiben. Es entstand ein gigantischer Konzern mit einem Grundkapital von 800 Mill. RM und einer Produktionskapazität von jährlich 10 Mill t Roheisen und 37 Mill t Steinkohlen. Dieses Unternehmen stellte damit seinerzeit weltweit den größten Konzern überhaupt dar und bestand ebenso wie die IG-Farben bis zum Ende des Zweiten Weltkriegs weiter fort.

Vereinigte Stahlwerke

Die Bedeutung, die die Großkonzerne im Rahmen der Rüstungsindustrie des NS-Systems erreichten, veranlaßte die Alliierten nach dem Zweiten Weltkrieg dazu, die Entflechtung der deutschen Industrie zu einem ihrer Hauptanliegen zu machen. Neben den Großbanken waren davon insbesondere die Konzerne der chemischen sowie der Schwerindustrie betroffen. Die IG-Farben AG wurde in vier Nachfolgegesellschaften aufgespalten (Casella, BASF, Hoechst, Bayer), im Bereich von Kohle und Stahl wurden aus zwölf alten 28 neue Gesellschaften geschaffen, wobei es insbesondere darum ging, die Vereinigten Stahlwerke in kleinere Unternehmen aufzuspalten. Der Erfolg der Entflechtung blieb jedoch nur vorübergehend, und die deutsche Industrie fand sich bald wieder in neuen Formen der Kooperation zusammen.

Entflechtung durch die Alliierten

Insgesamt muß davon ausgegangen werden, daß die Konzentration der deutschen Industrie im 20. Jahrhundert beachtlich gewesen ist. Eine eindeutige Tendenz scheint jedoch nicht feststellbar, vielmehr läßt sich ein Auf und Ab im Rhythmus von Konjunktur und wirtschaftlichen Rahmenbedingungen beobachten. Angemessener erscheint es auch, den Konzentrationsgrad nicht für die gesamte Industrie, sondern für deren einzelne Branchen zu bestimmen. Dabei zeigt sich in der insgesamt eher uneinheitlichen Entwicklung eine deutliche Zunahme der Konzentration lediglich im Bereich der Schwer-, Metall- und chemischen Industrie.

Neben Konzentrationstendenzen läßt sich eine Vielzahl von Kartellen innerhalb der deutschen Industrie ebenfalls aufzeigen, deren Einfluß, so wird immer wieder behauptet, groß gewesen sein soll, sich einer präzisen Bestimmung allerdings entzieht. Der Grad der Kartellierung der deutschen Industrie war allerdings hoch und erwies sich im 20. Jahrhundert als ansteigend.

Diese Kartelle versuchten, Einfluß auf die Bezugs- und Absatzverhältnisse vor allem der großen Unternehmen zu gewinnen und zielten dabei auf eine monopolistische Beherrschung der betreffenden Märkte.

Kartellierung der Schwerindustrie

Lediglich innerhalb der deutschen Schwerindustrie gelang es, eine Anzahl effizienter Kartelle zu etablieren, die dann vor allem im Ausland das Bild der deutschen Industrie prägten, in der übrigen Industrie jedoch wenig Nachfolger fanden. 1893 wurde das „Rheinisch-Westfälische Kohlen-Syndikat" gegründet, das den Verkauf der Ruhrkohle zentral organisierte und einen bedeutenden Einfluß auf den deutschen Kohlenmarkt gewann. 1897 wurde dann auch das „Rheinisch-Westfälische Roheisen-Syndikat" geschaffen, das einen ähnlichen Versuch der Marktregulierung wie bei der Kohle nun auch für den Roheisenmarkt unternahm. Dieses Kartell war bei weitem nicht so erfolgreich wie das Kohlensyndikat, weil es auf die Zusammenarbeit mit den Stahlerzeugern in anderen deutschen Regionen angewiesen war. Die unterschiedlichen Vorstellungen der verschiedenen Roheisenproduzenten konnten auch nach der Gründung des „Roheisensyndikats" 1910 nicht vereinheitlicht werden, ebensowenig wie die der eisenverarbeitenden Industrie, die sich bereits 1904 im „Stahlwerksverband" zur Kartellierung des Marktes für Walzwerkprodukte zusammengefunden hatte.

Kaum effiziente Kartellorganisationen

Waren schon in der Schwerindustrie die Versuche der Etablierung effizienter Kartelle nur begrenzt erfolgreich gewesen, so gilt dies mit ganz wenigen Ausnahmen, wie etwa in der Kaliindustrie und bei der Alkoholverwertung, erst recht für die übrigen Industriebranchen. Den meisten Zweigen der Industrie blieb eine effiziente Kartellorganisation wegen der Vielfalt und Heterogenität ihrer Produkte verwehrt. Trotz der großen Zahl der Kartelle in der deutschen Wirtschaft gilt daher, daß, entgegen dem weitverbreiteten Eindruck, die Märkte nur sehr gering kartelliert waren und der Kohlenmarkt vor 1913 eher eine Ausnahme als die Regel darstellte. Auch das weitere Anwachsen der Zahl der Kartelle konnte an deren relativem Mißerfolg wenig ändern.

II. Grundprobleme und Tendenzen der Forschung

1. Der Durchbruch der Industriewirtschaft im frühen 19. Jahrhundert

1.1 Probleme der Periodisierung

Wendepunkte der Konjunktur

In der Datierung der Konjunkturzyklen des 19. Jahrhunderts in Deutschland besteht zwischen den verschiedenen Autoren weitgehende Übereinstimmung. Auch neuere, quantifizierende Untersuchungen haben die schon in der zeitgenössischen Diskussion ausgemachten Wendepunkte der Konjunktur erneut bestätigt. Demnach läßt sich um 1815 ein gewerblich-konjunktureller Aufschwung feststellen, der gelegentlich als erster datenbelegter Beginn der „Frühindustrialisierung" apostrophiert wird. Dieser erste, noch schwach ausgeprägte Aufschwung im Gewerbe des 19. Jahrhunderts bricht jedoch spätestens in der zweiten Hälfte der 1840er Jahre relativ abrupt ab, nachdem Agrarkrise und Revolution die wirtschaftliche Entwicklung wesentlich beeinträchtigt haben. Die Revolutionsjahre 1848/49 bilden zugleich auch den Wendepunkt zwischen der allenfalls verhaltenen Frühindustrialisierung und dem darauf folgenden eigentlichen industriellen Durchbruch in Deutschland, der dann, unterbrochen von einer „ersten" Weltwirtschaftskrise 1857–59 [305: Rosenberg, Weltwirtschaftskrise], bis in die 1870er Jahre anhält, und an den sich nach erfolgreich überstandener „Gründerkrise" die Phase der deutschen Hochindustrialisierung anschließt [353: Tilly, Konjunkturgeschichte, 19].

Industrieller Durchbruch

Weit weniger unumstritten erscheinen in der Literatur zwei andere Fragen, nämlich erstens, welcher Zeitraum nun genau als derjenige anzusetzen ist, in dem der industrielle Durchbruch, der sogenannte „Take Off", erfolgte, und zweitens, ob und wie weit dabei eine Vorlaufperiode zu berücksichtigen bleibt, in der die eigentlichen Voraussetzungen für den erfolgreichen industriellen Durchbruch erst gelegt wurden. Zahlreiche Autoren haben früh und wiederholt auf die Existenz einer längeren „Übergangsphase" zwischen vorindustrieller und industrieller Welt hingewiesen, die Werner Conze z.B. für Deutschland im Zeitraum 1775 bis 1850 ansetzt [140: CONZE, Strukturgeschichte, 26–27] und die von anderen Autoren noch weiter zurückverlegt und einen längeren Zeitraum umfassend angesehen wird [218: KAUFHOLD, Gewerbe, 9–10]. Alexander Gerschenkron hat diese Problematik mit seinem Konzept der „Vorbedingungen" methodisch auf den Begriff zu bringen versucht, als er schon früh in deutlichem Widerspruch zu allzu „revolutionären" Sichtweisen der Industrialisierung der westlichen Welt darauf hingewiesen hat, daß eine derartige Umwandlung des Produktionssystems einer Gesellschaft nur dann erfolgreich sein konnte, wenn bereits eine Reihe notwendiger Voraussetzungen erfüllt worden war. Wegen des weit verbreiteten Gebrauchs seines Konzepts und der diesem innewohnenden Variabilität und Substitutionalität der verschiedenen Elemente des Systems der Vorbedingungen sah er sich jedoch schon bald genötigt festzuhalten, daß mit seinen Vorstellungen über die Vorbedingungen der Industrialisierung keine Bedingungen im streng logischen Sinne, sondern allenfalls im Sinne einer Analogie gemeint waren. Man müsse sich vor einer „Verwechslung der logischen Bedingungen mit den historischen Vorbedingungen" hüten [173: GERSCHENKRON, Vorbedingungen, 26–27].

Vorbereitung

Zweifellos lassen sich in diesem Sinne auch in Deutschland schon im späten 18. Jahrhundert erste Ansätze beobachten, die einer „Vorbereitung" des späteren industriellen Durchbruchs dienten. 1784 wurde in Ratingen die erste mechanische Baumwollspinnerei in Betrieb genommen, 1785 folgte die erste Dampfmaschine in Hettstedt, 1796 der erste kontinuierlich arbeitende Kokshochofen des Kontinents in Oberschlesien [267: MOTTEK, Studien, 18–21]. Aber alle diese frühen Innovationen in Deutschland blieben für die gesamtwirtschaftliche Expansion noch relativ bedeutungslos und fügten sich folgenreich erst zur Mitte des 19. Jahrhunderts in die dann einsetzende Industrialisierungswelle ein. Eine wie auch immer abgelaufene „Frühindustrialisierung" in Deutschland konnte gesamtwirtschaftlich betrachtet im späten 18. und frühen 19. Jahrhundert noch keine Breitenwirkung entfalten, wenn sie möglicherweise auch für die Schaffung der Voraussetzungen für den später folgenden industriellen Durchbruch unabdingbar gewesen sein mag.

Veränderungen in der Landwirtschaft

Ganz anders waren hingegen die Verhältnisse in weiten Teilen der Landwirtschaft, wo bereits wichtige Veränderungen im Bereich der Agrarverfassung beobachtbar waren und wo auch das Gewerbe in verschiedenen Formen, sei es als Landhandwerk, sei es durch ländliches Nebengewerbe, Eingang gefunden hatte. Diesem Zusammenhang zwischen Landwirtschaft und Gewerbe gilt nun zunächst unsere Aufmerksamkeit.

1.2 „Protoindustrialisierung" als Voraussetzung der Industrialisierung?

Franklin F. Mendels hat zuerst am Beispiel Flanderns der gewerblichen Durchdringung des platten Landes seine besondere Aufmerksamkeit zugewandt und den zugrundeliegenden Wandel mit dem Begriff „Protoindustrialisierung" belegt. Hier war die traditionelle Arbeitsteilung zwischen Stadt und Land längst zerbrochen und die gewerbliche Textilproduktion weit in die ländliche Welt vorgedrungen. Diese sogenannte „erste" Phase der Industrialisierung zeichnete sich durch eine weitverbreitete Gewerbeproduktion bäuerlicher Produzenten für überregionale Märkte aus und eröffnete der Landbevölkerung bei günstigen Austauschbeziehungen Chancen zu verstärkten Familiengründungen und erhöhter Produktion, die bei verschlechterten Austauschverhältnissen zwischenzeitlich zum Stillstand kommen konnte, langfristig jedoch auf einen Kollaps dieses so verfaßten demo-ökonomischen Systems zusteuerte, da die ungebremste Expansion von Bevölkerung und Produktion an die Grenzen des Systems stoßen mußte. [263: MENDELS, Proto-Industrialization; ders. 265: Industrialization].

Erste Phase der Industrialisierung

Die ländliche Gewerbeproduktion und ihre rasche Expansion in der Frühen Neuzeit stellen nun beileibe keine Neuentdeckung dar. Im Gegenteil: Die Historische Schule der deutschen Nationalökonomie hatte bereits ausführlich auf die raumgreifende „Rustikalisierung der Industrie" in dieser Zeitspanne und die damit einhergehende Verbreitung neuer gewerblicher Produktionsformen auf dem Land hingewiesen [vgl. 260: MAGER, Protoindustrialisierung, 280–283]. Neu erscheint jedoch einerseits die Einbindung dieser Produktionsweise in die Übergangsproblematik zum Industriekapitalismus und damit die Frage nach der „Protoindustrie" als einer Vorbedingung für die Industrialisierung sowie zum anderen die explizite Berücksichtigung des Zusammenhangs der gewerblichen Expansion mit dem Bevölkerungswachstum.

Protoindustrialisierung

Ursprünglich war der Begriff der Protoindustrialisierung darauf beschränkt gewesen, die „Periode der Verdichtung des ländlichen Gewerbes bei gleichzeitiger Aufspaltung in Gebiete von Landwirtschaft für den Eigenbedarf mit Hausindustrie und von kommerzialisierter Landwirtschaft ohne Hausindustrie" [264: MENDELS, Landwirtschaft, 348] zu benennen und sie damit von der folgenden, „zweiten Phase" der Industrialisierung, in der der Aufbau einer Fabrikindustrie erfolgte, zu trennen. Dieser Wandel ließ sich in dieser Sichtweise letzten Endes auf den Bevölkerungsdruck zurückführen, der sich im Zuge des Zusammenbruchs der alten Agrarverfassung und der Kommerzialisierung der Agrarverhältnisse ergeben hatte.

Deskriptives Konzept

Dieses eher deskriptive Konzept der Protoindustrialisierung wurde von drei jüngeren deutschen Historikern aufgegriffen und entscheidend erweitert. Peter Kriedte, Hans Medick und Jürgen Schlumbohm entwickelten in ihrem vielbeachteten Band „Industrialisierung vor der Industrialisierung" ein komplexes Modell des Übergangs von der feudal geprägten Agrargesellschaft zur kapitalistischen Industriegesellschaft und bezeichneten einen wesentlichen Schritt dieses Überganges mit dem Begriff Protoindustrialisierung [243: KRIEDTE, MEDICK, SCHLUMBOHM, Industrialisierung].

Die Ursachen für die Entstehung der protoindustriellen Regionen auf dem Lande lagen ihrer Meinung nach einmal im Bereich der Landwirtschaft selber, wo saisonale Arbeitslosigkeit, schlechte Bodenqualitäten und eine hohe Bevölkerungsdichte zu einer Verarmung und sozialen Differenzierung innerhalb der bäuerlichen Bevölkerung geführt hatten und damit den Zwang zu einer Suche nach zusätzlichen Erwerbsmöglichkeiten schufen. Zugleich eröffnete die Expansion der Nachfrage nach Gewerbeprodukten im Inland, aber vor allem auf dem expandierenden Weltmarkt, [241: KRIEDTE, Spätfeudalismus, 54] Möglichkeiten zur Expansion der gewerblichen Produktion. Diese zusätzliche Produktion wurde von den landwirtschaftlich Beschäftigten während ihrer freien Zeit erstellt, wobei Frauen und Kinder und z.T. auch Knechte und Mägde mitarbeiteten. Derartige „Familienwirtschaften" handelten nach Auffassung der Autoren nach einer ganz eigentümlichen ökonomischen Logik, denn deren Ziel sei nicht individuelle Nutzenmaximierung, sondern Maximierung des Gesamtarbeitseinkommens gewesen: nicht die Netto-Erträge ihrer Arbeit, sondern die Brutto-Erträge zählten [243: KRIEDTE, MEDICK, SCHLUMBOHM, Industrialisierung, 97]. Das Konsuminteresse des Haushaltes dominierte das Arbeits- und Angebotsverhalten der Konsumenten, und auf dieser vorkapitalistischen Verhaltensdisposition beruhte die Möglichkeit der „Selbstausbeutung" der Produzenten und der Erzielung von „Differentialprofiten" für die Verleger.

Familienwirtschaft

Vorkapitalistische Verhaltensdisposition

Entscheidend für den weiteren Gang der Entwicklung blieben

nach Meinung der Autoren jedoch die Wirkungen der Familienwirtschaft auf die Bevölkerungsentwicklung, denn wegen ihrer Orientierung auf eine Maximierung des Gesamtarbeitseinkommens erschienen eine frühe Heirat und eine hohe Kinderzahl erstrebenswert, weil so das Verhältnis zwischen Reproduktionskosten und erzielbaren Gesamtarbeitskosten am günstigsten zu gestalten zu sein schien. Kurzfristig war damit das Überleben der Familie gesichert, langfristig mußte sich aber bei einem derartigen, allgemein praktiziertem Reproduktionsverhalten eine malthusianische Situation, kurz: eine „Überbevölkerung", ergeben [243: KRIEDTE, MEDICK, SCHLUMBOHM, Industrialisierung, 166–172]. Und genau dies ist in den protoindustriellen Regionen zu beobachten: eine generative Überreaktion der gewerblichen Produzenten auf die verbesserten Absatzchancen auf den internationalen Märkten.

„Industrialisierung vor dem Fabriksystem"

In diesem Kontext ergibt sich auch der entscheidende „funktionale Zusammenhang mit der Industrialisierung" [243: ebd., 272] als „Industrialisierung vor dem Fabriksystem" [351: TILLY u. TILLY, Agenda, 186], denn Protoindustrialisierung stellt dann das Durchgangsstadium auf dem Weg zur kapitalistischen Industrialisierung dar. Dies vor allem deshalb, weil bei einer weiterhin steigenden Nachfrage nach Gewerbeprodukten die vorkapitalistische Familienwirtschaft dazu neigte, ihr Arbeitsangebot zu reduzieren, bzw. weil sie nicht in der Lage war, es ausreichend auszudehnen. „Die Problemlösungsfähigkeit des proto-industriellen Systems hatte sich erschöpft" [243: KRIEDTE, MEDICK, SCHLUMBOHM, Industrialisierung, 278] und erzwang daher zur Aufrechterhaltung des Wachstums den Übergang zu Lohnarbeit und Fabrikindustrie.

Vorbehalte gegenüber der „ersten" Industrialisierungsphase

Wenn auch diese knappe Charakterisierung wesentlicher Elemente des Konzepts der „Protoindustrialisierung" nicht allen Facetten dieses komplexen Ansatzes gerecht werden kann, so sollten doch der eigentümliche familienwirtschaftliche Produktionszusammenhang und die daraus resultierenden Konsequenzen für Bevölkerungsentwicklung und Wirtschaftswachstum deutlich geworden sein. Vor allem auch an diesen Aspekten hat sich im letzten Jahrzehnt eine umfassende Diskussion entzündet, die z.T. herbe Kritik an den Annahmen und Folgerungen der Vertreter dieses Konzepts einschloß. Gegenüber dem ursprünglich von Franklin F. MENDELS vorgetragenem Ansatz der Identifikation und Deskription einer besonderen „ersten" Phase der neuzeitlichen Industrialisierung hat umlängst noch Friedrich-Wilhelm HENNING vier Vorbehalte formuliert:

1. Der Begriff „Industrialisierung“, der diesem Konzept unterliege, sei unklar und unzureichend definiert, weil zeitgleich und auch in der untersuchten Region eine ganz anders geartete „Industrialisierung“, nämlich die im Sinne der Expansion der Fabrikindustrie, stattgefunden habe.

2. Das System ländlicher Gewerbeproduktion für überregionale Märkte sei weder in Flandern noch im 17. Jahrhundert etwas Neues. In der Bodenseeregion sei dieses z.B.. schon im 13. Jahrhundert zu beobachten gewesen.

3. Für die Expansion der ländlichen Gewerbeproduktion sei die Ausweitung der überregionalen Märkte als entscheidend angesehen worden. Diese lasse sich aber ebenfalls schon im 13. und 14. Jahrhundert beobachten, als die Städte von der Ausweitung der Nachfrage nach Gewerbeprodukten profitieren, und z.T. auch bereits Leinenproduzenten auf dem Lande, d.h. außerhalb der Stadt, ansässig gewesen seien.

4. Zudem waren von diesem überregionalen Austausch nicht nur Textilien, sondern auch zahlreiche weitere Produkte betroffen, weshalb es schwerfällt, später der Textilproduktion die entscheidende Rolle zuzuschreiben.

Aus den genannten Gründen lehnt HENNING das Konzept der Protoindustrialisierung als inakzeptabel ab und verweist demgegenüber auf den Verleger und seine Tätigkeit als Organisator und Risikoträger im Rahmen der Gewerbeproduktion als das eigentlich „Neue“, das aber schon viel früher als im 17. Jahrhundert zu Tage getreten sei. Diese Kritik steht ganz in der Richtung früherer Hinweise auf die lange Tradition ländlicher Gewerbeproduktion für überregionale Märkte, die von verschiedenen Autoren gegenüber dem Anspruch der „Protoindustrialisierung“ als einer neuen Sicht dieses Sachverhaltes vorgebracht werden [318: SCHREMMER, Industrialisierung, 421; 260: MAGER, Protoindustrialisierung, 280–284].

Der umfassendere Ansatz zur Protoindustrie bei Kriedte, Medick und Schlumbohm ist wegen seiner größeren Komplexität naturgemäß einer eingehenderen Kritik unterzogen worden als der ursprüngliche, enger gefaßte von Mendels. Fast alle Autoren, die sich zu diesem Thema geäußert haben, weisen auf Schwierigkeiten hin, die sie mit dem zugrundegelegten Begriff der Industrialisierung haben. Insbesondere in Verbindung mit „Proto“ scheint ihnen dieser Begriff wenig glücklich gewählt [318: SCHREMMER, Industrialisierung, 422] und in Bezug zur folgenden Industrialisierung sogar irreführend, weil die untersuchten Tatbestände dabei allein im Sinne eines „Fortschritts" hin auf die erfolgreiche kapitalistische Industrialisierung interpretiert und andere Entwicklungen ausgeblendet werden [258: LINDE, Proto-Industrialisierung, 107].

Protoindustrialisierungsphase als Gesellschaftsformation

Den Kern der Auseinandersetzung bildet jedoch die konzeptionelle Erweiterung der Protoindustrialisierungsphase von einem Durchgangsstadium zu einer eigenständigen Gesellschaftsformation im Übergang von der feudalen Agrar- zur kapitalistischen Industriegesellschaft, wie sie von Kriedte, Medick und Schlumbohm vorgenommen wurde [318: SCHREMMER, Industrialisierung, 422–25]. Die damit verbundene inhaltliche Ausdehnung und Dynamisierung des Konzepts ist auf ihre empirische Stichhaltigkeit hin in Frage gestellt worden [258: LINDE, Proto-Industrialisierung, 105–110]. Zunächst einmal erscheint die Datierung der Übergangsperiode problematisch: Wann hat die Protoindustrialisierung begonnen und wann war sie zu Ende? Ist ihr Beginn nicht schon im hohen Mittelalter anzusetzen und hat sich tatsächlich erst im 16. und 17. Jahrhundert ein entscheidender Wandel durchgesetzt? Ist das Ende mit dem Durchbruch zur kapitalistischen Industrialisierung, in Deutschland z. B. zur Mitte des 19. Jahrhunderts, richtig bestimmt? Antworten auf diese Fragen erscheinen vor allem deshalb schwierig, weil sich in der historischen Wirklichkeit kapitalistische und feudale Verhältnisse in einem uneindeutigen Mischverhältnis zeigen und klare Zurechnungen selbst für kleinere Regionen unmöglich erscheinen [318: SCHREMMER, Industrialisierung, 426–27].

Ursachen der Protoindustrialisierung

Was nun die Ursache für das Auftreten der „Protoindustrialisierung" in verschiedenen Regionen angeht, so bezeichnet Hans Linde die angenommene Destabilisierung der feudalen Agrarverfassung als „irrige" Auffassung [258: LINDE, Proto-Industrialisierung, 111–113], und auch die Hinweise auf die Expansion der internationalen Märkte werden nicht unwidersprochen hingenommen, weil dies nur als ein möglicher Erklärungsfaktor unter anderen erscheint [318: SCHREMMER, Industrialisierung, 42–28].

Auch die behauptete ökonomische Logik im Rahmen der Familienwirtschaft und das daraus resultierende neue demographische Muster dieser Regionen scheint den Kritikern problematisch und gibt ihnen zu auch empirisch begründbaren Zweifeln Anlaß [258: LINDE, Proto-Industrialisierung, 114–17]. Insbesondere erscheint jedoch der komplexe und vielfältige Prozeß der Herausbildung ländlicher Gewerberegionen den meisten Kritikern unzureichend mit den vorausgehenden regionalen Entwicklungen verbunden und daher zu einseitig an den wenigen herangezogenen Beispielen, insbesondere an Flandern im 17. Jahrhundert, orientiert [258: LINDE, Proto-Industrialisierung, 116–24; 318: SCHREMMER, Industrialisierung, 433; 260: MAGER, Protoindustrialisierung, 298–300]. Gleichwohl bestätigen alle Kritiker dem Ansatz der Protoindustrialisierung, bei allen Vorbehalten gegenüber der Vorgehensweise im einzelnen, ein außerordentlich hohes Maß an wissenschaftlicher Produktivität und beeindruckendem Forscherfleiß [258: LINDE, ebd., 104; 318: SCHREMMER, ebd., 443, 260: MAGER, ebd., 279].

Produktivität/ Forscherfleiß

In einer ersten Rechtfertigung gegenüber der umfangreichen Kritik an ihrem Buch haben Kriedte, Medick und Schlumbohm zwar eine Reihe von Unvollkommenheiten ihres Ansatzes eingeräumt, wichtige Kritikpunkte jedoch zurückgewiesen [244: KRIEDTE, MEDICK, SCHLUMBOHM, Protoindustrialisierung]. Insbesondere erschien ihnen der von Schremmer behauptete Sachverhalt, sie böten mit ihrem Konzept eine Gesamterklärung für den Übergang vom Feudalismus zum Kapitalismus, unzutreffend, weil sie lediglich im Sinne einer „Theorie mittlerer Reichweite" *einen* wesentlichen Faktor unter Auslassung anderer untersucht hätten. Auch die von Linde behauptete unzulässige Verallgemeinerung von lokal und regional begrenzten Befunden wird vehement zurückgewiesen. Eine neue, umfassendere Entgegnung auf die Kritik am Konzept der Protoindustrialisierung liegt inzwischen vor [245: KRIEDTE, MEDICK, SCHLUMBOHM, Sozialgeschichte]. Darin wird insbesondere die umfassende Kritik von Mager [260: MAGER, Protoindustrialisierung] vehement als rein gewerbegeschichtlich orientiert, eigentümlich statisch und verengt gegenüber dem ursprünglichen Konzept der Protoindustrialisierung zurückgewiesen [245: KRIEDTE, MEDICK, SCHLUMBOHM, Sozialgeschichte, 72–73]. Zugleich werden nochmals die wesentlichsten Punkte des Ansatzes hervorgehoben und durch zahlreiche Belege aus neueren Untersuchungen veranschaulicht.

Erstens erscheint es den Autoren nochmals notwendig, auf den Kern des Neuen in ihrer Vorgehensweise hinzuweisen, die Verknüpfung zwischen demographischer und ökonomischer Entwicklung nämlich. Insbesondere daran geht nach Auffassung der Verfasser die Kritik Magers, abgesehen von einigen allgemeinen Redewendungen, gänzlich vorbei. Der Zusammenhang zwischen ländlichgewerblicher und demographischer Entwicklung erschließt sich vor allem über eine Untersuchung des Heiratsverhaltens. Dennoch erscheint den Autoren heute eine Modifizierung dieses ursprünglichen „heuristischen" Modells angebracht, so etwa hinsichtlich der Flexibilität der Arbeitsteilung in ländlichen Haushalten bzw. auch

Heiratsverhalten

der Variabilität der Haushaltsstruktur selbst. Schwerlich läßt sich daher „... ein einziges Verhaltensmuster für alle protoindustriellen Bevölkerungen zugrunde..."legen [245: KRIEDTE, MEDICK, SCHLUMBOHM, ebd., 85]. Ihnen erscheint insbesondere eine Unterscheidung zwischen Bevölkerungssystemen unter geringem oder hohem „Druck" angebracht. Insgesamt erscheint der Ansatz als ein gelungener „... Versuch, sie von Lebenslauf- und Familienstrategien der Menschen her zu betrachten ..." und geeignet die „... innere Logik dieses Handelns ..." zu erschließen [245: KRIEDTE, MEDICK, SCHLUMBOHM, ebd., 87].

Bedeutung der sozialen Strukturen

Zweitens verzichtet MAGER in seiner Kritik nach Auffassung der Autoren darauf, auf die sozialen Strukturen und die Trägergruppe der Protoindustrialisierung einzugehen. Hier werde dessen ausschließliche Orientierung auf die technische Produktion und die Rohstoffe offenbar und damit die Vernachlässigung des in erster Linie *sozialen* Zusammenhanges innerhalb der protoindustriellen Produktionsweise, der einer enormen Vielfalt in der Verflechtung zwischen den agrarischen Grundlagen und der gewerblichen Produktion Raum gibt. [245: KRIEDTE, MEDICK, SCHLUMBOHM, ebd., 231]. Aus zahlreichen Einzelstudien lasse sich mittlerweile belegen, daß Protoindustrialisierung

- nicht zwangsläufig mit einer Proletarisierung der ländlichen Unterschichten einhergehen muß. Auch hier zeigt sich ein breites Spektrum von Möglichkeiten, u.a. auch die Durchdringung bäuerlicher Haushalte,
- nicht auf einen bestimmten Typus von Regionen (karge Randzonen, „frontier") beschränkt sein muß,
- auch zu einer engeren strukturellen Verknüpfung vollkommen landloser Schichten mit der Landwirtschaft, z. B. über Saisonarbeit in intensiv genutzten Agrarregionen, führen kann.

Auch unter dem Gesichtspunkt der Einbindung der Trägerschichten der Protoindustrialisierung in Landwirtschaft und Gewerbe zeigt sich eine außerordentliche Formenvielfalt; diese lasse keine Vermutung auf eine tendenzielle Proletarisierung der ländlichen Unterschichten zu [245: KRIEDTE, MEDICK, SCHLUMBOHM, ebd., 243].

Interdependenzen Haus-/Fabrikindustrie

Drittens erscheine es wichtig, die lange Dauer eines Neben- und Gegeneinanders von Haus- und Fabrikindustrie hervorzuheben. Drei Typen der Hausindustrie ließen sich dabei unterscheiden:

(1) Hausindustrien, die sich auf protoindustrielle Entwicklungen zurückführen lassen. Doch auch dieser Typus bedarf der Diffe-

renzierung, je nachdem, ob es sich dabei um eine Hausindustrie handelt, die in kapitalistische Verwertungszusammenhänge integriert ist, wie zeitweise die Baumwollweberei, oder, ob sie den aussichtslosen Endpunkt einer Entwicklung repräsentiert, wie die Leinenweberei.

(2) Hausindustrien, die unter dem Bevölkerungsdruck des frühen 19. Jahrhunderts als „Kinder des Pauperismus" neu entstanden sind.

(3) neue Hausindustrien, die wegen ihrer Kostenvorteile vornehmlich in Großstädten seit dem späten 19. Jahrhundert entstanden sind und bis heute, jetzt im Dienstleistungsbereich bei uns oder im Gewerbe in der Dritten Welt, entstehen.

Die Existenz der Hausindustrie sei in den beiden letzten Fällen jedoch nicht mehr an protoindustrielle Produktionsformen gebunden und verliere daher für unseren Erklärungszusammenhang an Relevanz. Insgesamt gelingt es Kriedte, Medick und Schlumbohm jedoch nochmals, wichtige Elemente des Ansatzes der Protoindustrialisierung zu verdeutlichen. Daß dieser sich in der Forschung allgemein als fruchtbar erwiesen hat, zeigen eine Reihe von außerordentlich anregenden neueren Lokalstudien, die sich explizit auf dieses Konzept stützen [266: MOOSER, Ländliche Klassengesellschaft; 348: TANNER, Spulen-Weben-Stricken; 242: KRIEDTE, Haushalt], ebenso wie die Verweise auf ältere Arbeiten, deren Konzeption diesem Ansatz nahekommt [231: KISCH, Textilgewerbe; 131: BRAUN, Industrialisierung und Volksleben].

1.3 Zum „Take-Off" in Deutschland

Wenn es schon allgemein akzeptiert zu sein scheint, daß es nicht voraussetzungslos zu einer industriellen Revolution in Deutschland gekommen ist und diese Voraussetzungen nicht nur, wie oben weiter angeführt, in der Ausdehnung der Gewerbeproduktion auf dem Lande zu suchen sind, sondern zahlreiche zusätzliche Veränderungen in der „Anlaufperiode" zum industriellen Durchbruch zu berücksichtigen wären [100: BORCHARDT, Industrielle Revolution, 38–63], so bleiben der genaue Zeitpunkt des industriellen Durchbruchs sowie sein revolutionärer Charakter weiterhin umstritten. Wie dramatisch und revolutionär man den industriellen Durchbruch ansieht, hängt naturgemäß davon ab, als wie lang man den Prozeß der Schaffung der Vorbedingungen während der Anlaufperiode ansieht und für wie umfangreich man diesen Entwicklungsprozeß notwen-

Vorbedingungen

dig erachtet. Das kann so weit gehen, daß unter Hinweis auf die zuvor bestehende

- Notwendigkeit der Effizienzsteigerung in den nichtindustriellen Sektoren
- Fähigkeit, diese Ressourcen zu nutzen
- Unabdingbarkeit einer vorausgehenden Nachfragesteigerung
- Verfügbarkeit ausreichender unternehmerischer Talente

eine rapide Beschleunigung der ökonomischen Entwicklung während einer relativ kurz andauernden Durchbruchphase gänzlich in Zweifel gezogen wird. [252: KUZNETS, Wirtschaftliche Vorbedingungen, 17–34]. Einen „Take-Off" oder gar eine „Industrielle Revolution" hat es dann niemals gegeben, sondern die Industrialisierung bietet sich in dieser Sichtweise als das Ergebnis eines langsamen, auf den vorindustriellen Bedingungen aufbauenden Prozesses allmählicher ökonomischer Entwicklung dar.

Industrialisierung als Prozeß

Trotz des in dieser Position u. E. überakzentuierten, wenngleich prinzipiell gerechtfertigten Hinweises auf die Bedeutung wesentlicher Voraussetzungen für einen erfolgreichen industriellen Durchbruch erscheint es aufgrund der beobachtbaren Sachverhalte für Deutschland weiterhin gerechtfertigt, von einer Phase des „Take-Off" zu sprechen. Walther G. Hoffmann unterschied in Anlehnung an den ursprünglichen Ansatz von Walt W. Rostow drei Phasen der deutschen Industrialisierung im frühen 19. Jahrhundert [196: HOFFMANN, Wirtschaftlicher Aufstieg, 145]:

Phasen der Industrialisierung

- die Zeit vom Ende des 18. Jahrhunderts bis 1830/35, in der die „Voraussetzungen für den wirtschaftlichen Aufstieg" gelegt worden seien,
- die Phase des „Take-Off", des eigentlichen wirtschaftlichen Anstiegs zwischen 1830/35 und 1855/60,
- die „Entwicklung zur Reife", die dann nach 1855/60 eingetreten sei.

Dieser Auffassung ist eine Reihe deutscher Wirtschaftshistoriker gefolgt, auch wenn sie wegen des Mangels an präzisen gesamtwirtschaftlichen Daten eine gewisse Scheu vor einer genaueren Festlegung des Durchbruchzeitraumes zeigen. Karl Heinrich Kaufhold z. B. führt aus, daß es zwischen den „... Jahren 1835 und 1873 [gewesen sein müsse], in denen sich ... die industrielle Revolution in Deutschland durchsetzte ..." [215: KAUFHOLD, 357]. Später datiert er den Umbruch genauer auf die Zeit um 1850. Neuere Daten, insbesondere die Schätzungen von Reinhard Spree zur frühindustriellen Konjunktur [339: SPREE, Wachstumszyklen], lassen es zu, den Zeitraum des „Take-Off" einigermaßen präzise zu bestimmen.

Demnach läßt sich seit der Mitte der 1830er Jahre eine noch gebremste industrielle Entwicklung auch in Deutschland beobachten, die sich ab etwa 1845 deutlich beschleunigt, in der Krise 1847 aber eine Unterbrechung erfährt und dann nach der Überwindung der Revolutionsfolgen ab etwa 1852 zu einem deutlichen Aufschwung führt [81: WEHLER, Reformära, 613]. Demnach würde also der Beginn des „Take-Off" in Deutschland zwischen 1845 und 1852 anzusetzen sein, und Hans-Ulrich Wehler argumentiert in diesem Sinne, daß man sich bei einer Festlegung auf den Beginn der 1850er Jahre „auf sicherem Boden" befindet. Doch bedeutet dies, daß man der ebenfalls, wenn auch nicht störungsfrei beobachtbaren Expansion seit den 1830er Jahren wenig Bedeutung beimißt [196: HOFFFMANN, Wirtschaftlicher Aufstieg, 145; 267: MOTTEK, Einleitende Bemerkungen, 26]; insbesondere wird auch der zwar kurze, aber ungewöhnlich explosive Boom 1845 bis 1847/48 übergangen [81: WEHLER, Reformära, 613], weshalb ältere Autoren [338: SPIETHOFF, Wirtschaftliche Wechsellagen, 83, 114–115; 324: SCHUMPETER, Konjunkturzyklen, 313] den ersten bedeutsamen industriellen Zyklus auf die Jahre 1843/44 gelegt haben. Wehler plädiert daher „... hier für den Durchbruch der Industriellen Revolution seit 1845 ..."

Beginn des Take Off

Aufschwungphase

Die Aufschwungsphase der 1850er und 1860er Jahre ist in Deutschland empirisch am besten belegt. Nun vollzog sich die „entscheidende Wende in der deutschen Industrialisierung" durch die Investitionen bei den Eisenbahnen und in der Schwerindustrie [353: TILLY, Konjunkturgeschichte, 23]. Rostows „Take-Off"-Konzept scheint damit für Deutschland konjunkturhistorisch eindrucksvoll bestätigt, wenn er die „entscheidende Wende in der deutschen Industrialisierung" in den 1850er Jahren ansetzt [354: TILLY, Renaissance der Konjunkturgeschichte?, 257]. In diesem Sinne hatte Rostow die Phase des „Take-Off" in Deutschland ursprünglich in den Zeitraum 1850–1873 gelegt, eine Phase, die im Lichte der Spreeschen Daten als Übergangsphase von der Früh- zur Hochindustrialisierung zu bezeichnen ist. Rostow selbst hat mittlerweile ebenfalls angesichts der neuen Daten über die deutsche Entwicklung den von ihm weiterhin als „Take-Off" bezeichneten Zeitraum in seinem Beginn auf 1840 zurückverlegt [310: ROSTOW, World Economy, 401–2]. Somit läßt sich also in weitestgehender Übereinstimmung mit der neueren Literatur die Beschleunigung des industriellen Wachstumsprozesses in Deutschland in der Mitte der 40er Jahre des 19. Jahr-

Eisenbahn/Schwerindustrie

hunderts beobachten [327: SIEMANN, Gesellschaft, 115–119]. Wenn es denn je einen „Take-Off" oder eine „industrielle Revolution" in Deutschland gegeben hat, so nahm er bzw. sie den Anfang um 1845. Damit wurde der industrielle Durchbruch in Deutschland eingeleitet und eine Entwicklung in Gang gesetzt, die den Rest des 19. und 20. Jahrhunderts entscheidend prägte.

Es bleibt jedoch auf Defizite hinzuweisen, die mit einer derartigen Sicht des deutschen Industrialisierungsprozesses verbunden sind [355: TILLY, Germany, 176–178]. Die Identifikation einer „Take-Off"-Phase in Deutschland stützt sich weitgehend auf die Analyse der Leitsektoren der deutschen Wirtschaft in den 1840er Jahren; die Entwicklung der Gesamtwirtschaft und die Zeit vor 1840 spielen dabei nur eine geringe Rolle. Trotz aller Unzulänglichkeit der Daten läßt sich bei der Berücksichtigung der landwirtschaftlichen Produktion, der gesamtwirtschaftlichen Kapitalbildung und des Wirtschaftswachstums möglicherweise ein anderes Entwicklungsmuster nachzeichnen. Dabei geht es vor allen Dingen um die Erklärung der beschleunigten Expansion der Leitsektoren in der Phase des „Take-Off", denn der Ausbau des Eisenbahnsystems z. B. erfolgte ja, weil sich derartige Investitionen als rentabel erwiesen. Warum sie das in den 1840er Jahren aber zweifellos taten, müßte durch einen Rekurs auf die kumulativen Entwicklungen der vorausgehenden Dekaden erklärt werden, eine Vorgehensweise, die wiederum auf das oben genannte Problem der „Vorbedingungen" zurückweist und die die Begrenztheit aller historischen Erklärungen anschaulich verdeutlicht.

Analyse der Leitsektoren

Problem der „Vorbedingungen"

2. Niedergang und Krise des deutschen Handwerks im 19. Jahrhundert

Bis in die jüngste Gegenwart bewegt eine Reihe von Historikern die Frage, ob und wieweit die handwerkliche Produktionsweise im Zusammenhang mit der Industrialisierung an Bedeutung verloren hat und ob deshalb die Handwerker zu den Gewinnern oder den Verlierern der modernen Gesellschaft zu zählen sind [122: BLACKBOURN, Handwerker im Kaiserreich, 7–21]. Diese Frage, die sich vor allem auf die Verhältnisse im 19. Jahrhundert bezieht, ist klar von einer anderen, in der Chronologie weiter zurückweisenden These über den „Niedergang des Handwerks" zu unterscheiden, die dessen Bedeutungsverlust vom Spätmittelalter bis zu Beginn des 19. Jahrhun-

Gewinner/Verlierer der modernen Gesellschaft?

derts behauptet [107: ABEL, Neue Wege, 18–25]. Die Erwartung eines negativen Zusammenhanges zwischen der Expansion der Industrie und der Lebensfähigkeit des Handwerks wurde bereits von den Zeitgenossen des 19. Jahrhunderts formuliert.

2.1 Die Diskussion unter den Zeitgenossen

Marx/Engels

Auch hierzu haben Marx und Engels bereits eine eindeutige Tendenz wissenschaftlich begründen wollen, als sie 1848 im Kommunistischen Manifest formulierten: „Die bisherigen kleinen Mittelstände, die kleinen Industriellen, Kaufleute und Rentiers, die Handwerker und Bauern, alle diese Klassen fallen ins Proletariat hinab... dadurch, daß ihre Geschicklichkeit von neuen Produktionsweisen entwertet wird ... sie alle bekämpfen die Bourgeoisie, um ihre Existenz als Mittelstände vor dem Untergang zu sichern" [154: FISCHER, Deutsches Handwerk, 317; 219: KAUFHOLD, Das Handwerk, 104–105]. Etwa drei Jahrzehnte später kam der junge Schmoller zu einer zwar moderateren, in der Tendenz jedoch übereinstimmenden Einschätzung der Situation: „Die Krise des Handwerks ist keine Sache für sich, sie ist nur eine Folge der allgemeinen Änderung unserer gesamten wirtschaftlichen Verhältnisse. Ein totaler Umschwung der Technik und des Verkehrswesens, eine außerordentlich zunehmende Bevölkerung, eine vollständige Verlegung aller Standorte..." [313: SCHMOLLER, Kleingewerbe, 660/61] kann er zugleich als Ursache der trotz aller unbestreitbaren allgemeinen Fortschritte daraus folgenden schwerwiegenden Mißstände im Handwerk benennen. Die Gewerbefreiheit vor allem sei dafür anzuführen, die zwar einer Reihe der größeren Handwerksbetriebe Vorteile gebracht, das kleine Handwerk aber in eine Krise gestürzt habe. In fast allen Zweigen werden die kleinen Handwerksbetriebe verdrängt, und große Unternehmen mit Lohnarbeitern treten an ihre Stelle. Während einige wenige tüchtige Meister ihre Lage heben konnten, kommt die Hauptmasse der Meister über die Not des Tages nicht hinaus und verfällt ohne alle individuelle Schuld der Verarmung [313: SCHMOLLER, Kleingewerbe, 664–62]. Damit ist die klassische Verdrängungsthese formuliert, die zunächst im 19. Jahrhundert für einige Jahrzehnte die sozialwissenschaftliche Diskussion über die Lage des Handwerks bestimmte.

Moderatere Einschätzung der Situation

Verdrängungsthese

Allerdings ist schon hier festzuhalten, daß Schmoller diese These nicht apodiktisch formulierte, sondern bereits um 1870 darauf hinwies, daß die verschiedenen Bereiche des Handwerks durchaus unterschiedlich durch den allgemeinen wirtschaftlichen und sozialen Wandel betroffen wurden und daß demzufolge nicht ein gänzlicher Untergang des Handwerks, wie von Marx und Engels behauptet, zu erwarten sei, sondern ein, wenn auch als dramatisch zu bezeichnender, Bedeutungsverlust. Eine derartige Umschichtung des Handwerks sieht Schmoller allerdings erst in ihren Anfängen verwirklicht: die große Industrie bietet für das Handwerk neue Chancen der Zulieferung, der Reparatur und des überlokalen Absatzes für einen neuen Stand „kleiner Unternehmer" (z. B. in der Gerberei, Tischlerei und im Wagenbau), wobei zu fragen bleibt, ob diese Berufsgruppe dann noch den traditionellen Handwerkern zuzurechnen bleibt. Andere Handwerker entwickeln sich zu Hausindustriellen, z. B. in der Kleiderherstellung, und auch das Verkaufsgeschäft des Handwerks weitet sich aus [313: SCHMOLLER, Kleingewerbe, 196–211]. Vor allem in der Ausdehnung des Landhandwerks ließ sich zumindest mittelfristig noch ein Reservat für die handwerkliche Produktion vermuten [270: NOLL, Strukturwandel, 13].

Untergang versus Bedeutungsverlust

Die ungesicherte Lage des Handwerks in Deutschland im letzten Drittel des 19. Jahrhunderts hat dann der Verein für Socialpolitik zum Anlaß genommen, Karl Bücher mit der Durchführung einer Enquête zur Lage des Handwerks zu beauftragen, deren Ergebnisse dann Ende des Jahrhunderts in neun Bänden vorgelegt wurden [360: Untersuchungen, 1895–1897]. Darin wurden in Form von zahlreichen Einzelstudien, zumeist für nur ein oder wenige Handwerke in einem engeren regionalen Bezug, umfangreiche Informationen verfügbar gemacht. Die Untersuchung leidet darunter, daß die deutschen Regionen sehr ungleichmäßig vertreten und die einzelnen Beiträge in Umfang und Qualität sehr unterschiedlich sind und eine übergreifende Zusammenfassung fehlt. Allein Paul Voigt versucht im letzten Band einen solchen Überblick über das deutsche Handwerk anhand der Materialien der Berufszählungen 1882 und 1895 zu geben, also unter gänzlichem Verzicht auf die im Vorausgehenden mühsam zusammengetragenen Detailinformationen [362: VOIGT, Berufszählungen].

Enquête zur Lage des Handwerks

Obwohl Voigt für die Berufszählung von 1895 erst über die vorläufigen Ergebnisse verfügte, erschien ihm das zur Verfügung stehende Material ausreichend, „... einen Überblick über die Gesamtlage des deutschen Handwerks zu geben" [362: VOIGT, Berufszählungen, 634]. Die Ergebnisse widersprechen jedoch der Jahrzehnte zuvor formulierten Verdrängungsthese eindeutig. Sogar im am stärksten vom Strukturwandel betroffenen Textilgewerbe scheint es ihm bemerkenswert festzuhalten, „... wie lange die Agonie eines dem Untergang verfallenen großen Handwerks dauern kann ..." [362: VOIGT, Berufszählungen, 649]. Zwar sei auch hier das „Absterben des Kleinbetriebes" zu beobachten, doch selbst in der Spinnerei fänden sich am Ende des 19. Jahrhunderts noch nicht unerhebliche Reste von Handarbeit, von der Weberei ganz zu schweigen. Insgesamt habe sich bis 1895 die Zahl der Handwerker noch vermehrt, wobei vor allem die der Abhängigen gewachsen sei, während die der Selbständigen gesunken war. In den Landstädten hatte sich das Handwerk bis dahin am besten behauptet. Voigt verfolgt jedoch insbesondere einen Hinweis, der sich schon bei Schmoller findet und in den Detailstudien immer wieder Bestätigung findet, daß nämlich die verschiedenen Gruppen der Handwerker sehr unterschiedlich durch den Strukturwandel im Gewerbe betroffen waren. In diesem Sinne unterscheidet er hinsichtlich der zukünftigen Überlebenschancen zwischen vier Gruppen von Handwerkern [362: VOIGT, Berufszählungen, 665–667]:

Unterschiedlicher Strukturwandel

1. Solche Handwerke, die „... von der Konkurrenz des Fabrikbetriebes mit vernichtender Wucht getroffen ..." werden, wie z. B. Spinner, Weber und Nagelschmiede, deren Handwerke als „unrettbar verloren" zu gelten haben.

2. Handwerker, deren „... großindustrielle Konkurrenz jüngeren Datums ..." ist und die deshalb ihre volle Wirkung noch nicht gänzlich entfalten konnte, wie bei den Tischlern, Seilmachern und Töpfern, und die damit unter „schwerer Bedrohung" leiden.

3. Handwerke, deren Konkurrenzsituation zum Fabrikbetrieb „... nicht ganz klar erkennbar ..." ist und über deren Zukunftschancen deshalb keine Prognose abgegeben werden kann. Und schließlich

4. Handwerke, die sich „... nicht nur in der Hauptsache gehalten, sondern sich auch kräftig weiter entwickelt haben." Diesen ließe sich eine rosige Zukunft vorhersagen.

Umbildungs- und Zersetzungsprozeß

Zwar müsse konzidiert werden, daß das Handwerk einem tiefgreifenden Umbildungs- und Zersetzungsprozeß unterliege, von einer gänzlichen Verdrängung könne aber keinesfalls gesprochen werden. Der auf der ganzen Linie siegreiche Kapitalismus mache Veränderungen erforderlich, z. B. auch durch den Übergang zu handwerklicher Produktion im Rahmen der Hausindustrie. Wenn das Handwerk auch an Bedeutung verliere, so könne es sich doch in Grenzen zugleich behaupten. Karl Bücher selbst, der sich ja für die Durchführung der Enquête des „Vereins für Socialpolitik" verantwortlich zeichnete, kommt bei der Beantwortung der entscheidenden Frage nach der Lebensfähigkeit des deutschen Handwerks als Betriebsform am Ende des 19. Jahrhunderts, bei der er sich auf die ausführlichen Informationen der Untersuchung stützt, zu einer weniger positiven Sicht der Dinge [136: BÜCHER, Entstehung, 206–225]. Die Ursachen für den Anpassungsprozeß und den daraus folgenden „Niedergang des Handwerks", so der Titel des Aufsatzes, sieht er vor allem in den veränderten Nachfragebedingungen der Volkswirtschaft, im „... Bereich der volkswirtschaftlichen Bedarfsgestaltung". Hier spiele vor allem der Wunsch der Konsumenten nach vielfältigen, technisch fortgeschrittenen, massenhaft verfügbaren und bereits fertigen Produkten eine Rolle, dem das traditionelle Handwerk nicht zu entsprechen vermochte.

Nachfrageänderung

Die derart veränderten Nachfragebedingungen erzwingen einen „... Konzentrationsprozeß auf dem Gebiet der gewerblichen Produktion ...", dessen Wirkung auf das Handwerk sich in folgenden fünf Punkten umreißen läßt:

„1. Verdrängung des Handwerks durch gleichartige Fabrikproduktion;

2. Schmälerung seines Produktionsgebietes durch Fabrik oder Verlag;

3. Angliederung des Handwerks an die Großunternehmung;

4. Verarmung des Handwerks durch Bedarfsverschiebung;

5. Herabdrückung des Handwerks zu Heim- und Schwitzarbeit durch das Magazin."

Gefährdung durch kapitalistische Großproduktion

Aus diesen fünf Sachverhalten läßt sich leicht eine allgemeine Tendenz der Gefährdung des Handwerks durch die kapitalistische Großproduktion herleiten. Allenfalls Reparatur, Ladengeschäft und Zulieferung können Möglichkeiten zu neuen Tätigkeiten eröffnen, die sich am ehesten für größere Betriebe in den Städten bieten. Auf dem Lande scheint das herkömmliche Handwerk zunächst noch weniger gefährdet, seine Lage bleibt aber prekär. Eine Hilfe für das bedrohte Handwerk sei schwerlich zu erwarten, allenfalls könne die Erschließung von Marktnischen, z. B. durch eine Rückwendung zum Kunsthandwerk oder durch den Einsatz von Kleinkraftmaschinen (Elektromotor) Hilfestellungen geben. Auch Bücher geht davon aus, daß das Handwerk als Betriebsform nicht gänzlich untergehe, es werde in seiner Bedeutung jedoch entscheidend beschränkt, und sein Niedergang vollziehe sich langsam und geräuschlos [136: BÜCHER, Entstehung, 224/25].

Dieser eher pessimistischen Prognose stimmte auch Werner Sombart zu, der ebenfalls eine Zurückdrängung, nicht aber eine

Vernichtung des Handwerks in der Zukunft erwartete und diese Entwicklung durchaus differenziert sah. Einzelne Handwerkszweige schienen ihm durchaus positive Zukunftserwartungen zu rechtfertigen, während die meisten Massenhandwerke in arge Bedrängnis zu geraten drohten, insbesondere wenn Verlag und Hausindustrie ihre kapitalistische Durchdringung zuließen. Auch schienen ihm in den Städten, dies im Gegensatz zur Vermutung eines Refugiums für das Handwerk auf dem Lande, die besseren Chancen der Behauptung für gewisse Handwerkszweige zu bestehen [85: SOMBART, Deutsche Volkswirtschaft, 325–336]. Dieser Gegensatz in der Einschätzung der Entwicklungschancen des Handwerks in Stadt und Land war jedoch nur ein vordergründiger. Denn die Autoren, die auf die relativ bessere Behauptung des Handwerks auf dem Lande und in den Landstädten hinweisen, haben dabei vor allem das traditionelle Handwerk im Auge, das bis zum Ende des 19. Jahrhunderts wegen seiner engen Bindung an den lokalen Bedarf tatsächlich noch nicht in gleichem Maße dem Konkurrenzdruck der Industrie ausgesetzt war wie die ländlichen Exportgewerbe, die ja zumeist im Verlagswesen organisiert waren, und Teile des städtischen Handwerks. Werden die neuen Chancen für städtische Handwerker hervorgehoben, so denkt man dabei vor allem an Berufe, die komplementär oder ergänzend zur Industrieproduktion in Reparatur, Vertrieb, Wartung etc. tätig werden können.

Vereinzelt positive Zukunftserwartungen

Die bei den genannten Autoren vorherrschende skeptische Einschätzung der Zukunftschancen des deutschen Handwerks an der Wende zum 20. Jahrhundert war jedoch bereits unter den Zeitgenossen nicht unumstritten. Otto Thissen legte bereits 1901 eine Arbeit vor, in der er die Untersuchungen des Vereins für Socialpolitik einer deutlichen Kritik unterzog und, zurückgreifend auf statistische Materialien über das Handwerk, die seit nunmehr einhundert Jahren vorlagen, eine etwas abweichende Interpretation der Entwicklung des deutschen Handwerks in der zweiten Hälfte des 19. Jahrhunderts bot. Vor allem wies er bereits deutlich darauf hin, daß der Begriff des Handwerks im Verlauf des Jahrhunderts einen beachtlichen Bedeutungswandel erfahren habe und daß es daher nötig sei, zwischen den verschiedenen Vorstellungen zu vermitteln [349: THISSEN, Beiträge zur Geschichte des Handwerks, 1–9], ganz so wie das gerade bei der Diskussion der Chancen des Handwerks, sich in der Stadt und auf dem Lande zu behaupten, deutlich wurde.

Abweichende Einschätzung der Zukunftschancen

Die Gegenüberstellungen der Beschäftigtenzahlen im Handwerk zur Mitte und am Ende des 19. Jahrhunderts zeigten ein enormes Wachstum insgesamt, weshalb die Büchersche Prognose eines Niederganges offenbar etwas voreilig erscheint. Jedoch weisen die verschiedenen Berufe ganz unterschiedliche Entwicklungen auf: einige verlieren an Bedeutung, andere expandieren deutlich. Insgesamt hat sich in der zweiten Hälfte des 19. Jahrhunderts demnach der Umfang des Handwerks nicht vermindert, sondern ist absolut und auch relativ im Verhältnis zur Bevölkerung gewachsen. Jedoch erscheint eine differenzierte Betrachtung angemessen.

Prognose des Niedergangs ist voreilig

Es zeigt sich, daß, ähnlich wie das Schmoller schon für die erste Hälte des 19. Jahrhunderts feststellen konnte, sich auch in der zweiten Hälfte des Jahrhunderts bedrängte Handwerkszweige von solchen mit zunehmendem Wohlstand und wiederum anderen mit einer uneinheitlichen Entwicklung unterscheiden lassen. Diese aus einem Vergleich mit dem vorausgehendem Zeitraum gewonnene Erkenntnis läßt sich durchaus auch in die Zukunft extrapolieren, so daß sowohl für die Gesamtentwicklung des Handwerks als auch insbesondere für eine ganze Reihe sich ausgesprochen positiv entwikkelnde Berufe eine optimistischere Sichtweise angemessen erscheint. Diese Warnung vor einem undifferenzierten Pessimismus hinsichtlich der Überlebensfähigkeit des Handwerks wurde auch von anderen Autoren geteilt. Wilhelm Stieda, laut Fischer als Historiker seinem Lehrer Schmoller weit überlegen [154: FISCHER, Deutsches Handwerk, 319], rückte nahezu zeitgleich mit Sombarts Prognose vom Untergang des Handwerks die „Lebensfähigkeit des deutschen Handwerks" in den Vordergrund. Er glaubte annehmen zu müssen, daß im Hinblick auf Industrie und Handwerk „... ihr Nebeneinander, wie es die Gegenwart zeigt, noch auf lange hinaus die Physiognomie des gewerblichen Lebens bilden wird. Denn jede derselben [Betriebsformen] hat ihre eigenen Vorzüge, verwendet andere Arbeitskräfte, erfüllt bestimmte Anforderungen, so daß sie sich in ihren Wirkungen gegenseitig ergänzen" [345: STIEDA, Lebensfähigkeit, 4]. Trotz der, wie wir heute wissen, größeren Zukunftsmächtigkeit dieser Prognose, konnte sich in jenen Jahren die positivere Sichtweise gegenüber der pessimistischen von Bücher und Sombart noch nicht durchsetzen [219: KAUFHOLD, Handwerk, 106].

Differenzierung der Handwerkszweige

Lebensfähigkeit des Handwerks

2.2 Die Revision der zeitgenössischen Auffassungen in den 1970er Jahren

Die Frage der Überlebensfähigkeit des Handwerks schien damit im Sinne einer pessimistischen Interpretation beantwortet. Die unmittelbar anknüpfende Forschung trug zu dieser Frage so gut wie nichts bei, wobei insgesamt zu bemerken bleibt, daß gegenüber der intensiven Beschäftigung der Wissenschaft mit Fragen des Handwerks und der Handwerksgeschichte vor 1913 in der Zwischenkriegszeit bis auf wenige Ausnahmen kaum über das Handwerk gearbeitet wurde und, wenn überhaupt, vornehmlich im Bereich der Zunftgeschichte [221: KAUFHOLD, Handwerksgeschichtliche Forschung, 21/22]. Erst Wolfram Fischer rückte diese Frage Anfang der 1970er Jahre wieder in das Bewußtsein der wissenschaftlichen Öffentlichkeit, als er sich dezidiert gegen die These vom Niedergang des Handwerks im 19. Jahrhundert aussprach [154: FISCHER, Deutsches Handwerk, 316–20].

Revision der Niedergangsthese

Er verwies darauf, daß sich bereits im frühen 20. Jahrhundert eine Revision der klassischen Niedergangsthese andeutete, als Sombart 1927 angesichts der Gewerbestatistiken der 1920er Jahre zu dem für viele, zu denen er sich auch selbst zählte, erstaunlichen Ergebnis kam, daß außerhalb der Landwirtschaft beinahe noch die Hälfte aller Erwerbstätigen im Handwerk beschäftigt war [87: SOMBART, Das Wirtschaftsleben, 963]. Diese Entwicklung wurde durch eine weitere Handwerksenquête und zahlreiche Handwerkszählungen vor und nach dem Zweiten Weltkrieg eindrucksvoll bestätigt, so daß Fischer als Gesamtergebnis glaubt festhalten zu können, „daß das Handwerk sich den Bedingungen der industriellen Wirtschaft angepaßt hat, daß es zu größeren, kapitalintensiven und technisch leistungsfähigeren Betrieben tendiert, sich selbst also 'industrialisiert' hat, ohne doch den Charakter des handwerklichen, personenbestimmten, auf besonderen Fachkenntnissen beruhenden, vorwiegend individuellen Aufträgen genügenden Unternehmens abgestreift zu haben. Es ist von der Industrie zwar verwandelt, nicht aber verschluckt oder verdrängt worden“ [154: FISCHER, Deutsches Handwerk, 320].

„Selbstindustrialisierung des Handwerks“

Diese Charakterisierung des Handwerks wird wohl erst zur Mitte des 20. Jahrhunderts dem Betrachter eindeutig klar, und der Weg dorthin muß auch als dornenreich angesehen werden. „Der unbezweifelbaren Verdrängung mancher Sparten steht die Stagnation und Anpassung großer Teile und das zum Teil überraschend schnelle und große Wachstum anderer, ja die Neuentstehung ganzer Handwerkszweige gegenüber.“ Im Anschluß an Wilhelm WERNET, einen „... der besten Kenner der neueren deutschen Handwerksgeschichte ...“, unterscheidet Fischer drei Epochen der Anpassung des Handwerks an die Industriewirtschaft:

Verdrängung/Neuentstehung

Epochen der Anpassung

1. Zwischen 1780 und 1840, d.h. während der Zeit der industriellen Revolution, stagniert das Handwerk und verharrt im „Herkommen“. „Herkommen“

2. Während der Entfaltung des Industrialisierungsprozesses zwischen 1840 und 1900 verliert das Handwerk an Bedeutung und befindet sich in „Gefahr“. „Gefährdung“

3. Seit 1900 vollzieht das Handwerk seine „Anpassung“ und nimmt daher wiederum am gesamtlichen Wachstumsprozeß teil. „Anpassung“

„Herkommen“, „Gefährdung“ und „Anpassung“ erscheinen demnach als die angemessenen Begriffe zur Erfassung der Wandlungen des Handwerks in Deutschland seit dem 18. Jahrhundert. Fischer konzentriert sich in seiner Untersuchung auf den Zeitraum von 1800 bis 1870 und benutzt dabei vor allem die Aufarbeitung der zeitgenössischen Gewerbestatistiken durch Abraham [108: ABRAHAM, Strukturwandel] über die Betriebs- und Beschäftigtenzahlen im deutschen Handwerk. Demnach wuchs das Handwerk bereits seit 1800, ja diese Entwicklung setzte sich trotz der Krise von 1848/49 bis 1870 fast ungebrochen fort; ein deutlich absteigender Trend war jedenfalls nicht zu verzeichnen. Auch die durchschnittliche Betriebsgröße wuchs unaufhörlich. Zwar zeigte sich bei einer differenzierteren Betrachtung der verfügbaren Zahlen vor allem hinsichtlich der verschiedenen Regionen und der unterschiedlichen Branchen ein weitaus weniger einheitliches Bild. Diese widerspruchsvollen Ergebnisse der Gewerbestatistik werden von Fischer nun dahingehend interpretiert, daß zwischen Handwerk und Industrie ein eher komplementäres Verhältnis zu vermuten ist, daß nämlich auch das Handwerk am volkswirtschaftlichen Entwicklungsprozeß positiv und oft überproportional hat teilnehmen können und daß es dabei den Bevölkerungsanstieg absorbierte. Somit habe der industrielle Wachstumsprozeß die Lebensfähigkeit des Handwerks nicht grundsätzlich bedroht, sondern im Gegenteil sogar dessen Entwicklungschancen verbessert.

Untersuchungsbasis: Gewerbestatistik

Komplementäres Verhältnis

Adolf Noll versuchte diese Argumentation auch für die zweite Phase der Industrialisierung zu erhärten und empirisch zu untermauern. In einer Fallstudie stellte er die klassische Niedergangsthese auf den Kopf, indem er aufzeigte, daß die Industrialisierung für bestimmte handwerkliche Berufe endlich neue Chancen der Expansion und der Verbesserung der sozialen Lage schuf und im Typus eines „small businessman“ eine gänzlich neue Form der Handwerkerexistenz zu begründen ermöglichte [270: NOLL, Sozio-ökonomischer Strukturwandel; [122: BLACKBOURN, Handwerker im Kai-

Zweite Phase der Industrialisierung

Expansionschancen

serreich, 9]. Allerdings stellt sich hier sogleich die Frage nach der Kontinuität zwischen einem solcherart wirkenden gewerblichen Kleinunternehmer und dem Handwerker des frühen 19. Jahrhunderts und nach der Zuverlässigkeit eines Vergleiches zwischen beiden.

In der revisionistischen Diskussion um die Frage des Niedergangs des deutschen Handwerks im 19. Jahrhundert wurde auch eine Position vertreten, die unmittelbar an die pessimistischen Erwartungen von Bücher und Sombart anknüpfte. Hier sind vor allem die Arbeiten von Shulamit Volkov zu nennen [114: ANGEL-VOLKOV, „Decline of the German Handicrafts", 165–184; 363: VOLKOV, Rise of Popular Anti-Modernism in Germany]. Möglicherweise liegt in ihrer schwerpunktmäßigen Berücksichtigung städtischer Meisterhaushalte, in denen die traditionellen Massenhandwerke stärker vertreten waren, eine Ursache für ihr negatives Urteil. Auch geht die Argumentation dabei weit über die bloße ökonomische Situation hinaus und nimmt Dimensionen psychischer und politischer Desorientierung mit auf.

Pessimistische Erwartungen

Die Frage nach der Lebensfähigkeit und den Entwicklungschancen schien daher auch Ende der 1970er Jahre durchaus noch nicht endgültig geklärt, deshalb unternahm Kaufhold 1979 den Versuch, diese Frage angesichts der mittlerweile verfügbar gemachten Daten und unter Würdigung der umfangreichen Literatur einer Klärung ein wenig näher zu bringen [219: KAUFHOLD, Handwerk, 107–141]. Er beschränkt sich dabei auf die Situation nach 1870, eine Begrenzung, wie sie auch in der klassischen Formulierung der Niedergangsthese vorgenommen worden war. Aus der Gewerbestatistik jener Jahre ergibt sich, daß die Beschäftigtenzahlen des Handwerks stagnierten, die Bedeutung der Kleinbetriebe zurückging, der Kapitalstock sich seit 1895 jedoch beträchtlich erhöht hatte. Es bleibt festzuhalten, daß das Handwerk trotz eines merklichen Wachstums, relativ betrachtet, deutlich hinter der allgemeinen Entwicklung zurückbleibt. Dennoch zeigt sich eine beachtliche allgemeine Resistenz des Handwerks; insbesondere die Bau- und Nahrungshandwerke erscheinen deutlich gewachsen.

Zurückbleiben hinter allgemeiner Entwicklung

Kaufhold kann eine Reihe weiterer Belege für das „Mithalten" des Handwerks im gesamtwirtschaftlichen Entwicklungsprozeß anführen: So wuchsen Arbeitsproduktion und Kapitalstock beachtlich, wenn auch die Einkommen in der allgemeinen Entwicklung etwas zurückblieben. „Insgesamt scheint also die Bilanz des Handwerks in der Zeit der Hochindustrialisierung – vorsichtig formuliert

– zumindest nicht negativ gewesen zu sein." Die Verdrängungsthese scheint ihm daher eindeutig widerlegt, und als Erklärung für die beachtliche Widerstandskraft des Handwerks gegenüber der Konkurrenz der Industrie, die Kaufhold in einer gewissen Akzentverlagerung hinsichtlich der Argumentation bei Fischer über die Kompatibilität einer „dualen" Wirtschaft [122: Blackbourn, Handwerker im Kaiserreich, 9] weiterhin als gegeben ansieht, bietet Kaufhold neben dem Hinweis auf die gewerbepolitischen Erfolge der Handwerkerbewegung vor allem die Anpassungsleistung des Handwerks an die sich verändernden Gegebenheiten in der industriellen Gesellschaft. Im Bereich der Produktion habe das Handwerk Nischen der Fabrikproduktion mit neuen Produkten erobert, und auch die handwerklichen Produktionstechniken seien durch effizientere Arbeitsteilung und neue Werkzeuge, weniger durch Mechanisierung, deutlich verbessert worden. Der Bezug und Absatz des Handwerks wurden durch die Gründung von Genossenschaften verbessert, und die Ausweitung des Handels hat die Lage ebenfalls günstig beeinflußt. Gewerbeschutz und Modernisierung haben demnach das Überleben und die bemerkenswerte Resistenz des Handwerks in der Industriegesellschaft gewährleistet.

Widerlegung der Verdrängungsthese

Wie schon mehrfach angedeutet, ist es jedoch fraglich, ob ein derartig angepaßtes modernes Handwerk außer dem Begriff überhaupt noch etwas mit dem traditionellen Handwerk gemeinsam hat. Kaufhold bejaht eine solche Kontinuität, weil auch das moderne Handwerk weiterhin bestimmte handwerksspezifische Elemente bewahrt hat, als da sind:

Handwerksspezifische Elemente

- Dezentralität der Produktion in kleinen Betrieben,
- Bedeutung des personalen Elements in der Produktion,
- hierarchische Stufung der Beschäftigten: Lehrlinge, Geselle, Meister,
- starkes Gewicht einer geregelten Ausbildung,
- eine umfassende Innungsorganisation.

Der Autor kommt daher zu dem Fazit: „Dem Handwerk war es also gelungen, sich unter Wahrung der ihm wesentlichen Eigentümlichkeiten so an die wirtschaftlichen und sozialen Verhältnisse anzupassen, daß es nicht nur als eigenständige Betriebsform erhalten blieb, sondern ihm auch weiterhin ein beachtlicher Platz im gesamten Gewerbe und in der gesamten Wirtschaft zukam."

2.3 Neuere Interpretationen und Akzentverlagerungen in der Forschung

Näherung von außen

„Neuere Arbeiten zur Wirtschafts- und Sozialgeschichte des deutschen Handwerks im 19. Jahrhundert sind rar" [254: LENGER, Kleinbürgertum, 36], und deshalb müssen die Ausführungen zu diesem Gliederungspunkt sehr knapp bleiben. Die wenigen Arbeiten, die es gibt, haben sich, wie dargestellt, mit der im engeren Sinne wirtschaftshistorischen Frage nach der ökonomischen Überlebensfähigkeit des Handwerks befaßt und wegen der dabei verwandten Indikatoren wie Beschäftigtenanteile, Betriebsgrößen, Arbeitsproduktivität, Kapitalbildung u.ä. sich von außen dem Handwerk genähert. Auch wenn immer wieder auf die Notwendigkeit einer differenzierten Betrachtungsweise hingewiesen und diese z.T. auch angestrebt wurde, so beschränkt sich eine solche Differenzierung doch zumeist auf Sektor, Region oder Berufszweig.

Innensicht

Notwendig erscheint jedoch gegenüber dieser dominant ökonomischen Sichtweise eine Ergänzung, die auch die sozialen, mentalen und lebensgeschichtlichen Perspektiven des Veränderungsprozesses im deutschen Handwerk des 19. Jahrhunderts stärker akzentuiert, also eine Verschiebung der Perspektive zu einer „Innensicht" des Handwerks, weg von einer Betrachtung allein des quantitativ Materiellen, hin zu einer Analyse des qualitativ Sozialkulturellen [122: BLACKBOURN, Handwerker im Kaiserreich, 8]. Diese Akzentverlagerung liegt ganz im Trend neuerer Ansätze in den Geschichtswissenschaften.

Differenzierungen im deutschen Handwerk des 19. Jahrhunderts hinsichtlich Region, Sektor und Berufszweig erweisen sich nicht nur für die Frage nach der ökonomischen Überlebensfähigkeit des Handwerks als fruchtbar, sondern wirken für den gesamten Bereich der beruflichen und sozialen Existenz der deutschen Handwerker erhellend. Im frühen 19. Jahrhundert lassen sich die Handwerker zumeist als eine recht homogene Gruppe erfassen. Meister und Gesellen befanden sich, trotz der Unterschiede, die in der wirtschaftlichen Lage der einzelnen Handwerkszweige begründet sind,

Armselige Lebenssiutation

in einer ähnlich armseligen Lebenssituation, zeigten nur unbedeutende Einkommensunterschiede und sahen sich vor allem durch die Verbreitung des Verlagssystems bedroht [254: LENGER, Kleinbürgertum, 231–33]. Das „Verharren im Herkommen" [154: FISCHER, Deutsches Handwerk, 320] war verbunden mit Armut und Stagnation, die wenig Raum für Wohlstandsunterschiede und soziale Abgrenzung zuließen, anders als das später im Rahmen einer ökonomischen Expansion möglich war.

Auch im „Reinigungsprozeß" der 1870er Jahre konnte sich das deutsche Handwerk weiter behaupten, allerdings nicht alle Handwerke in gleicher Weise. Hinsichtlich der sozialen Existenzbedingungen deutete sich eine wachsende Binnendifferenzierung an. In einer Reihe von Handwerkszweigen waren Konzentrations- und Wachstumsprozesse unübersehbar, in anderen läßt sich eine Quasi-Proletarisierung beobachten [325: SEDATIS, Liberalismus, 157–182]. Zwar fanden sich Bereiche, in denen das Handwerk gegenüber dem Großbetrieb komparative Vorteile aufwies (Versorgung für den täglichen Bedarf, Qualitätswaren etc.) und wo sich die soziale Lage der Handwerker deutlich verbesserte, doch blieben weite Teile des Handwerks von einer solchen positiven Entwicklung ausgeschlossen und wurden zunehmend in eine marginale Position abgedrängt. Dies war mit einer weitreichenden Demoralisierung der betroffenen Handwerker verbunden, so daß in diesem Sinne durchaus von einem „Niedergang" des deutschen Handwerks im 19. Jahrhundert gesprochen werden kann [122: BLACKBOURN, Handwerker im Kaiserreich, 17].

Binnendifferenzierung

Demoralisierung

Es stellt sich somit die Frage, ob die schiere Weiterexistenz des Handwerks, und diese noch dazu gemessen an den Beschäftigten des „Kleingewerbes", weil eine eigene statistische Kategorie „Handwerk" in den Berufszählungen gar nicht auftaucht [219: KAUFHOLD, Handwerk, 107], ausreicht, mit Fug und Recht von einer „Anpassung" des Handwerks an die industrielle Welt zu sprechen. Wichtig wäre doch zu wissen, auf welche Weise sich dieser Anpassungsprozeß vollzogen hat und wie er von den Betroffenen erfahren und bewertet wurde. Daß die Anpassung zunächst eben nicht durch eine Mechanisierung des Handwerks mit Hilfe des Elektromotors erfolgte, wie das zur Jahrhundertwende z.T. behauptet wurde, hat schon KAUFHOLD [219: Handwerk, 137] dargelegt und ist unlängst eindrucksvoll bestätigt worden [366: WENGENROTH, Motoren, 177–205]. Es fällt daher schwer, den sozialen Abstieg zahlreicher Handwerksgruppen im späten 19. Jahrhundert auch und gerade wegen ihrer quantitativen Expansion als erfolgreichen Anpassungsprozeß zu interpretieren. „In diesem Sinne waren Handwerker eher Verlierer als Gewinner, indem sie sich anpaßten, oder besser: sich anpassen mußten" [122: BLACKBOURN, Handwerker im Kaiserreich, 21].

Anpassungsprozeß als sozialer Abstieg

3. Die Formierung der Produzenteninteressen im 19. und frühen 20. Jahrhundert

Herrschaft der Verbände

Seit der Mitte des 19. Jahrhunderts ist in Deutschland eine Entwicklung zu beobachten, die letztendlich zu einer Situation geführt hat, die man gemeinhin als „Herrschaft der Verbände" apostrophiert [123: Blaich, Staat, 114]. Damit ist gemeint, daß es nach der Gründung des Deutschen Reiches 1871 zu einer verstärkten Formierung bestimmter gesellschaftlicher Interessen und zu besonderen Organisationen kommt, die Einfluß auf die Gestaltung der wirtschaftlichen und politischen Bedingungen insbesondere im Rahmen der Gesetzgebung zu gewinnen suchen. Neben der Landwirtschaft war dabei vor allem auch die gewerbliche Wirtschaft besonders erfolgreich, so daß im Ergebnis festgehalten werden kann, daß es vor allem die Interessen der Produzenten waren, die sich erfolgreich organisieren konnten. Verbraucherinteressen wurden demgegenüber zumeist nur sehr schwach und erst in allerneuester Zeit ein wenig stärker repräsentiert. Nun haben Produzenten gegenüber den Verbrauchern bestimmte gemeinsame grundsätzliche Interessen, so vor allem an hohen und stabilen Preisen, die ihre Erträge und Gewinne günstig bestimmen. Dennoch wäre es falsch, allein aus dieser Grundkonstellation bereits eine Homogenität der Produzenteninteressen herleiten zu wollen. In der historischen Realität zeigen sich vielmehr zahlreiche unterschiedliche Interessenkonstellationen und -konflikte, z. B. zwischen Landwirtschaft und Gewerbe, aber auch innerhalb des Gewerbes zwischen Handwerk und Industrie, ja häufig genug sogar zwischen verschiedenen Zweigen der Industrie. Entsprechend hat sich im Laufe von mehr als einhundert Jahren ein vielfältiges System von Interessenverbänden ausdifferenziert, dessen Grundzüge kurz umrissen werden sollen. Dabei sollte sich der Hinweis erübrigen, daß innerhalb der umrissenen Konfliktfelder, wie z. B. in der Zoll- und Sozialpolitik, nicht ausschließlich Produzenteninteressen ihren Ausdruck fanden, sondern diese neben anderen, aber eben auch hier, die Entwicklung zum Teil entscheidend prägten.

Organisation der Produzenteninteressen

Grundzüge der Interessenverbände

3.1 Die Handwerkerbewegung

Zünfte

Das Handwerk, das als Produktionsform zu Beginn des 19. Jahrhunderts bereits auf eine lange Tradition zurückschauen konnte, war in seiner traditionellen Form in Zünften organisiert gewesen, die umfassend die Interessen der Handwerker zu organisieren und

Interessengegensätze zu regulieren suchten. Der Einfluß der Zünfte war am Anfang des 19. Jahrhunderts weitgehend zurückgedrängt, und das Handwerk suchte nun seine Interessen unter den veränderten Bedingungen neu in Innungen zu organisieren, die zwar nicht mehr über die Zwangsrechte der alten Zünfte verfügten, gleichwohl später staatlicherseits anerkannt und gefördert wurden [359: ULLMANN, Interessenverbände, 41]. Diese Unterstützung der Innungen wurde insbesondere in der preußischen Gewerbeordnung von 1845 und der Novellierung von 1849 deutlich, die u.a. die Ausbildung von Lehrlingen an einen „Befähigungsnachweis" knüpften.

Innungen

Das Handwerk stellte offenbar einen großen Teil der sozialen Basis der Revolution von 1848/49 [255: LENGER, Sozialgeschichte, 70]. Entsprechend deutlich wurden demgemäß auch die Forderungen der Handwerker nach Aufhebung der Gewerbefreiheit bzw. nach einer zeitgemäßen, d.h. den liberalen Forderungen entsprechenden Gestaltung der Gewerbeordnung, erhoben [254: LENGER, Kleinbürgertum, 178], die auf den Versammlungen der in vielen Orten neu geschaffenen Handwerkervereine formuliert wurden. Bald kam es auch zu überregionalen Aktivitäten der Handwerkerbewegung, beginnend mit einer ersten Versammlung des norddeutschen Handwerker- und Gewerbestandes vom 2. bis 6. Juni 1848 in Hamburg [207: JOHN, Handwerk im Spannungsfeld, 186–193] und kulminierend im Frankfurter Handwerker- und Gewerbekongreß im Juli und August des gleichen Jahres. Hier wurde ein Entwurf einer Gewerbeordnung erarbeitet, der der ebenfalls dort tagenden Nationalversammlung zugeleitet wurde. Auf diesem Handwerkerkongreß erfolgte durch den Ausschluß der Teilnahme von Gesellen zugleich eine faktische Trennung zwischen der Gesellenbewegung als Arbeitnehmerbewegung und der Handwerkerbewegung als Interessenvertretung der Produzenteninteressen der selbständigen Meister. Die Gesellen organisierten sich nun selbständig [255: LENGER, Sozialgeschichte, 74–79].

Entwurf einer Gewerbeordnung

Organisation der Gesellen

Ein enger Zusammenhang zwischen dem Entstehen der Handwerkerbewegung und der strukturellen Krise des Handwerks im frühen 19. Jahrhundert ist unübersehbar. Demgemäß richteten sich die Forderungen auch auf die Revision der Gewerbefreiheit, deren Einführung von zahlreichen Zeitgenossen als Ursache für die „Überfüllung" des Handwerks und die damit verbundene Verschlechterung der wirtschaftlichen und sozialen Lage der Handwerker angesehen wurde. Insgesamt war eine beachtliche Stärke der Handwerkerbewegung zu konstatieren, in der teilweise besonders fortschrittliche

Revision der Gewerbefreiheit

Handwerkszweige [121: BERGMANN, Handwerk in der Revolution, 341–345], teilweise auch die gefährdetsten Handwerkszweige [254: LENGER, Kleinbürgertum, 178–187] besonders hervortraten und die restaurativsten Forderungen erhoben.

In der, der Revolution folgenden, „liberalen“ Phase der Handwerkerbewegung zeigte sich, daß die nunmehr dominierenden Produzenteninteressen der bessergestellten Handwerker eher auf die Erlangung politischer Freiheitsrechte gerichtet waren und gewerbepolitische Ziele demzufolge in den Hintergrund traten. Der Landeshandwerkertag, der 1860 in Berlin stattfand, wurde offenbar von den Vorständen der lokalen Innungen beherrscht, wobei sich insgesamt eine deutliche Enttäuschung über die wiederbelebten Innungen breitmachte. Die Forderungen der Handwerkerbewegungen zielten daher zunehmend auf eine Reform der Gewerbeordnung, und im Zuge der allgemeinen Abkehr vom Liberalismus gewann im weiteren auch die Handwerkerbewegung mit ihrer Forderung nach einem rechtlichen Schutz des Handwerks an Boden. 1873 wurde mit dem „Verein selbständiger Handwerker und Gewerbetreibender“ eine erste reichseinheitliche Handwerksorganisation geschaffen, die, ab 1883 als „Allgemeiner Deutscher Handwerkerbund“ bezeichnet, zum eigentlichen Träger der deutschen Handwerkerbewegung wurde. Die Abkehr vom Liberalismus fand ihren Ausgangspunkt in der Gewerbeordnung des Norddeutschen Bundes von 1869, der mit der Wendung zur uneingeschränkten Gewerbefreiheit u.a. die Innungen in den Stand rein privatrechtlicher Organisationen zurückversetzt hatte [123: BLAICH, Staat, 24]. Dies nahmen dann letzlich auch die Handwerkerverbände zum Anlaß, sich während des Kaiserreiches als dezidierte Interessenverbände zu organisieren. Hier lassen sich verschiedene Gruppierungen beobachten, die sich in vier Hauptsträngen zusammenfanden. Eine erste Gruppierung schloß an die traditionellen Gewerbevereine des frühen 19. Jahrhunderts an, eine weitere an die Innungen, eine dritte entwickelte sich im Zusammenhang mit den später entstehenden Handwerkskammern und eine vierte bildete sich im Umfeld neu entstehender Interessenverbände. Ziel dieser „neuen“ Handwerkerbewegung [207: JOHN, Handwerk im Spannungsfeld, 285] war die Aufhebung bzw. Einschränkung der Gewerbefreiheit, und sie unterschied sich damit in bemerkenswerter Weise von der „alten“ Handwerkerbewegung, die eine aktive Beschränkung der Industrie zugunsten des Handwerks gefordert hatte [219: KAUFHOLD, Handwerk, 127]. Die Forderungen der neuen Handwerkerbewegung konkretisierten sich in drei Anliegen:

Allgemeiner deutscher Handwerkerbund

Abkehr vom Liberalismus

Neue Handwerkerbewegung

1. Innungszwang: Forderung nach dem zwangsweisen Zusammenschluß aller Handwerker auf berufsständischer Basis kraft Gesetz.

2. Befähigungsnachweis: Forderung nach der Prüfung aller Handwerker, wenn sie ihr Handwerk selbständig ausüben wollen.

3. Lehrzwang: Forderung, daß, bevor ein Handwerker seinen Beruf ausübt, dieser seine Fähigkeiten nach absolvierter Lehrzeit in einer Prüfung nachweist.

Insgesamt bedeuteten diese Forderungen, daß damit eine „... Wiederherstellung der wesentlichen Bestandteile der zünftigen Ordnung ..." [219: KAUFHOLD, 128] angestrebt wurde. Alle Versuche der Handwerker zur Beeinflussung der Gesetzgebung in diesem Sinne richteten sich auf die verschiedenen Novellierungen der Gewerbeordnung. Und diese Aktivitäten blieben nicht ohne Erfolg:

Forderung der Gewerbeordnungsnovellierung

1881: erhielten die bestehenden (freiwilligen) Innungen u.a. die Aufsicht über das Lehrlingswesen und rückten damit in den Status einer Körperschaft des öffentlichen Rechts.

1897: Das Gesetz vom 26. Juni stellte den ersten großen Erfolg der Handwerkerbewegung dar:

- Handwerkskammern wurden als öffentlich rechtliche Selbstverwaltungskörperschaften eingerichtet,
- Innungen konnten nun durch Mehrheitsbeschluß eine Zwangsmitgliedschaft beschließen, die dann behördlich sanktioniert wurde („fakultative Zwangsinnung"),
- Meisterprüfungen vor den Handwerkskammern wurden eingeführt, galten jedoch nicht als Voraussetzung für den selbständigen Betrieb.

Damit war eine Reihe wichtiger Forderungen der Handwerkerbewegung erfüllt worden: Zwangsorganisation und öffentlich rechtliche Absicherung waren zumindest in Ansätzen verwirklicht.

Zwangsorganisation/öffentlich-rechtliche Absicherung

1908: Das Gesetz vom 30. Mai setzte einen vorläufigen Schlußpunkt. Nunmehr wurde der sogen. „kleine Befähigungsnachweis" eingeführt, nach dem Lehrlinge nur noch durch geprüfte Meister ausgebildet werden durften.

„Kleiner Befähigungsnachweis"

Damit wurde die Gewerbefreiheit indirekt eingeschränkt, denn alle ungeprüften Kleingewerbetreibenden wurden dadurch von der Heranbildung des Nachwuchs ausgeschlossen und wegen der besonderen Bedeutung des Lehrlingswesens für das Handwerk in ihrer Berufsausübung eindeutig diskriminiert. Der Grundsatz der uneingeschränkten Gewerbefreiheit war erfolgreich unterlaufen worden [123: BLAICH, Staat, 26]. Mit diesen Erfolgen hatte die Handwerkerbewegung einen Gutteil ihrer Forderungen durchgesetzt, weshalb Huber den Handwerkerbund als „... mit Abstand erfolgreichsten Interessenverband des Kaiserreichs ..." bezeichnet [201: HUBER, Deutsche Verfassungsgeschichte, 1011]. Diese Erfolge ließen sich in der Weimarer Republik nicht in gleicher Weise fortsetzen. Der Entwurf einer Reichshandwerkerordnung durch den Reichsverband des deutschen Handwerks von 1921 scheiterte an Widerständen der Industrie, der Gewerkschaften und an Einsprüchen des Reichsfinanzministeriums [371: WINKLER, Mittelstand, 88–99; 207: JOHN, Handwerk im Spannungsfeld, 386–396]. Die Novellierung der Reichsgewerbeordnung vom 1. April 1929 bewirkte lediglich eine Erweiterung des Zuständigkeitsbereichs der Innungen und Handwerkskammern [123: BLAICH, Staat, 64–66; 359: ULLMANN, Interessenverbände, 159–61].

Weimarer Republik

Novellierung der Reichsgewerbeordnung

„Großer Befähigungsnachweis"/ Innungszwang

Erst 1934, also bereits im NS-System, konnte die Handwerkerbewegung ihren letzten großen Erfolg erringen. Der „große Befähigungsnachweis", der die selbständige Führung eines Handwerksbetriebes an die erfolgreiche Absolvierung der Meisterprüfung band, sowie der Innungszwang wurden gesetzlich verankert. Die gleichgeschaltete Handwerkerbewegung hatte damit alles erreicht, was seit Einführung der Gewerbefreiheit immer wieder gefordert worden war. Dennoch konnte sie über diesen Erfolg nicht glücklich sein, weil er verbunden war mit einem Verlust der Möglichkeit der Selbstorganisation und einem faktischen Zurückdrängen der Interessen des gewerblichen Mittelstandes gegenüber denen der Großindustrie im Zuge des nun verstärkt einsetzenden Rüstungsprogramms [359: ULLMANN, Interessenverbände, 210–18].

Zentralverband des deutschen Handwerks

Nach 1945 konnten die traditionellen Interessenorganisationen der Handwerker in den drei Westzonen trotz unterschiedlicher Vorstellungen über die Stellung der Gewerbefreiheit auf der Basis einer zoneneinheitlichen Handwerksordnung schon bald wieder einheitlich gebildet werden. Neben den Handwerkskammern nimmt nunmehr der „Zentralverband des deutschen Handwerks" die entscheidende Stellung ein und wacht über die Sonderstellung des Handwerks im Bereich der gewerblichen Wirtschaft der Bundesrepublik Deutschland [359: ULLMANN, Interessenverbände, 255–64].

3.2 Die Vertretung industrieller Interessen

Die Produzenteninteressen der Handwerker richteten sich vor allem gegen die aufstrebende Industrie und hatten insoweit einen defensiven Charakter: Schutz des Handwerks gegen eine übermächtige Industrie. Daß die Selbstbehauptung des Handwerks als gewerbliche Produktionsform nicht allein dem „Handwerkerschutz" zu verdanken war, sondern umfassende und schmerzliche Anpassungsleistungen seitens des Handwerks erforderlich machte, wurde bereits im Teil I dargelegt. Aber der scheinbar so unaufhaltsame Siegeszug der Industrie begünstigte nicht alle Industriellen zu allen Zeiten in gleicher Weise. Auch hier zeigten sich beachtliche Unterschiede zwischen den Branchen, die für die verschiedenen Gruppen von Industriellen mit sehr unterschiedlichem Erfolg verbunden waren und die demgemäß in sehr unterschiedliche Interessenkonstellationen mündeten. Es wird nun davon zu berichten sein, wie sich im Bereich der Industrie selbst sehr verschiedenartige Interessen formierten und zu entsprechenden Verbandsgründungen Anlaß gaben. Dabei ist festzuhalten, daß es zwar schon unmittelbar mit dem Durchbruch der Industrialisierung in Deutschland zu ersten Verbandsgründungen gekommen war [321: SCHULZ, Entstehung, 137–45; 208: JÜNGST, Festschrift]; erst mit der Gründung des Kaiserreichs setzte jedoch eine organisatorische Formierung „freier" Interessen in großem Stil ein [306: ROSENBERG, Große Depression, 159; 123: BLAICH, Staat, 5]. Damit ist gemeint, daß sich nun Interessenverbände frei von staatlicher Aufsicht und Bevormundung bilden konnten, und das nicht nur in der Industrie, sondern, wie gesehen, auch im Handwerk und darüber hinaus ebenfalls in der Landwirtschaft und im Handel.

Handwerkerschutz versus Anpassungsleistungen

Industrielle Interessenformation

3.2.1 Die Zollfrage: Freihandel oder Schutzzoll

Im Bereich der Industrie übernahm schon relativ früh die Schwerindustrie die Initiative bei der Formierung der Interessen der gewerblichen Produzenten. Bereits 1858 entstand der „Verein für die bergbaulichen Interessen im Oberbergamtsbezirk Dortmund" (kurz: Bergbauverein), bald darauf bildeten sich (1860) der „Verein deutscher Eisenhüttenleute" und der „Oberschlesische Berg- und Hüttenmännische Verein" (1861), und damit gab es jene Kristallisationspunkte, um die sich in der Folgezeit die machtvollen Interessenverbände der deutschen Schwerindustrie gruppierten. Anlaß zu den genannten Gründungen gab zweifellos der tiefe konjunkturelle Einbruch, der der ersten Gründerperiode in der deutschen Schwerindustrie in den Jahren 1852–1858 folgte. Die große Absatzkrise, die sowohl die Eisenindustrie als auch die Bergbauunternehmen in den 1860er Jahren hinnehmen mußten [305: ROSENBERG, Weltwirt-

Schwerindustrie: Bergbauverein

Gegner freihändlerischer Tendenzen

schaftskrise; 278: PIERENKEMPER, Westfälische Schwerindustrielle, 92–98, 104–07], wurde daher von den Schwerindustriellen dazu benutzt, schon früh eindeutig gegen die in den 1860er Jahren in Deutschland Raum greifenden freihändlerischen Tendenzen Stellung zu nehmen. Die Schwerindustrie setzte sich von Anfang an für die Beibehaltung des Zollschutzes ein und wandte sich deshalb vehement gegen die Abschaffung der Eisenzölle. Dem Ansinnen, auch auf Kohle einen Einfuhrzoll zu erheben, widersetzte sich der Bergbau-Verein nach kontroverser Diskussion jedoch. Vor allem der Ausbau des Eisenbahnnetzes und die Vereinheitlichung des Tarifwesens stellten für den Bergbau-Verein zunächst weitaus wichtigere Anliegen dar [285: PIERENKEMPER, Trade Associations, 240–241].

Interessenverbände der verarbeitenden Industrie

Ebenfalls an der Frage des Zollschutzes formierten sich auch die ersten Interessenverbände der verarbeitenden Industrie. Im Zusammenhang mit der Einverleibung Elsaß-Lothringens in das Deutsche Reich sahen sich die süddeutschen Textilindustriellen durch die Konkurrenz der elsässischen Baumwollindustrie bedroht. Sie gründeten daher 1870 den „Verein süddeutscher Baumwollindustrieller“, der sich für die Beibehaltung der bisherigen Zölle auf Gespinste und Gewebe für die elsässischen Produzenten aussprach und sich damit in die Front der Freihandelsgegner einreihte. Hier fand er vor allem beim „Verein Deutscher Eisen- und Stahlindustrieller“ (VDSI) einen Partner, der 1874 unmittelbar als Folge der schweren Krise der Eisen- und Stahlindustrie gegründet worden war [233: KLEIN, Geschichte] und der seine Hauptaktivitäten von Anfang an dem „Kampf um die Eisenzölle“ widmete.

Aufhebung der Eisenzölle

Als am 7. Dezember 1875 im Reichstag die Entscheidung gegen die Fortdauer der Eisenzölle gefallen war, begann der VDSI mit seiner Agitation gegen die Schutzzölle und veröffentlichte eine Denkschrift mit dem Titel „Die gegenwärtige Lage der deutschen Eisen- und Stahlindustrie“. In mehreren Petitionen wandte sich der Verband an die Regierungen und die gesetzgebenden Körperschaften, um so eindringlich auf die Schwierigkeiten der deutschen Eisen- und Stahlindustrie hinzuweisen. Unterstützung in der Frage des Zollschutzes fand die Schwerindustrie bei den süddeutschen Textilindustriellen, die u.a. auch den bis dahin freihändlerisch orientierten „Volkswirtschaftlichen Kongreß“ zu einer handelspolitischen Kursänderung veranlassen und damit die Front der Schutzzöllner erweitern konnten [123: BLAICH, Staat, 8]. Auch der „Verein zur Wahrung der gemeinsamen Interessen in Rheinland und Westfalen“ (Langnamverein) fügte sich, obwohl ursprünglich viel stärker mit Fragen der Eisenbahnpolitik befaßt, in diese Front mit ein.

Die vielfältigen Aktivitäten auf zahlreichen Ebenen für die Wiedereinführung der Eisenzölle machte den beteiligten Vereinigungen schon bald das Bedürfnis nach einer einheitlichen Interessenvertretung klar. Unter dem Einfluß der konsequenten Schutzzöllner kommt es daher 1876 zur Gründung eines industriellen Spitzenverbandes, dem „Centralverband Deutscher Industrieller" (CVDI) [133: Bueck, Der CVDI 1876–1901; 134: Bueck, Der CVDI und seine 30jährige Arbeit von 1876–1906; 210: Kaelble, Interessenpolitik], in dem zunächst der Langnamverein und der Verein süddeutscher Baumwollindustrieller dominierten, der aber nach Beitritt des VDSI 1877 ganz eindeutig in den Einflußbereich der deutschen Montanindustrie geriet [123: Blaich, Staat, 9; 359: Ullmann, Interessenverbände, 79]. In der Agitation um die Wiedereinführung der Eisenzölle fand man den CVDI in den nächsten Jahren an prominenter Stelle.

„Centralverband deutscher Industrieller"

Erfolg war diesem Bemühen beschieden, als es gelang, die wegen ihrer Agrarexporte besorgten Großagrarier auf die Seite der Schwerindustrie zu ziehen und die Reichstagswahlen von 1878 u.a. auch wegen der Frage der „Sozialistengesetze" zu veränderten Mehrheiten geführt hatten: Am 12. Juli 1879 beschloß der Reichstag die Wiedereinführung der Eisenzölle.

Wiedereinführung der Eisenzölle

Mit diesem Sieg der Schutzzöllner fanden die Auseinandersetzungen um die deutsche Außenwirtschaftspolitik aber längst noch nicht ihr Ende, denn nachdem Bismarck 1890 von der politischen Bühne abgetreten war, wurde es offensichtlich, daß die neue Reichsregierung den Interessen der weiterhin wachsenden gewerblichen Wirtschaft weitaus stärker zugeneigt war, als der bis dahin dominierenden Landwirtschaft. Der Abschluß eines Handelsvertrages mit Österreich-Ungarn, der eine moderate Senkung der Agrarzölle einschloß und dem eine Reihe weiterer Verträge folgten, entfachte den Konflikt erneut. Eine solche Zollsenkung und ein Sinken der Agrarpreise lagen ganz im Interesse der Industrie, weil damit geringere Lebenshaltungskosten und Lohnforderungen der Arbeiter verbunden waren. Hier trafen sich die Interessen der Schwerindustrie auch mit denen der weiterverarbeitenden Industrie, die sich durch Handelsverträge und Zollsenkungen eine Offenhaltung der Auslandsmärkte und bessere Exportchancen versprach [123: Blaich, Staat, 20–22, 29]. Dennoch waren damit die internen Auseinandersetzungen innerhalb der Industrie noch nicht überwunden, und die „Zollfrage" schwelte

Senkung der Agrarzölle

Interessengegensatz

weiter. Die Interessengegensätze zwischen Schwerindustrie und Fertigindustrie bestanden fort, weil einerseits industrielle Schutzzölle Rohstoffe und Halbfabrikate verteuerten, zumal in Deutschland wegen der gleichzeitigen Kartellierung der Schwerindustrie die internen Preise durch den Zollsatz über das Weltmarktniveau hinaus angehoben werden konnten, andererseits Agrarzölle die Reproduktionskosten der Arbeiter erhöhten und daher eine lohnsteigernde Tendenz zeigten, die die lohnintensiven Fertigindustrien besonders traf, und schließlich seitens des Auslandes der exportorientierten Fertigindustrie darüber hinaus Vergeltungszölle drohten. Die Agitation um die Eisenzölle hatte bereits neue Konfliktlinien innerhalb der deutschen Industrie offengelegt und weiter verstärkt, die in der Folgezeit noch an Bedeutung gewinnen sollten. Zunächst hatte sich bereits der VDSI einem Beitritt zum CVDI widersetzt, weil in ihm auch starke freihändlerische Interessenten vertreten waren, die erst nach ihrem Austritt aus dem Verband den Weg des VDSI in das Lager der Schutzzöllner freimachten. Es gab demzufolge offenbar auch in der Zollfrage divergierende Interessen in der deutschen Industrie.

Dies erscheint auch nicht verwunderlich, waren es doch die Zweige der verarbeitenden Industrie, die am Ende des 19. Jahrhunderts zunehmend das Wachstum der deutschen Industrie und damit das Wachstum der deutschen Wirtschaft insgesamt trugen. Die deutsche Industrie spaltete sich daher mindestens in zwei Lager mit einer grundsätzlich unterschiedlichen Interessenlage [359: Ullmann, Interessenverbände, 80]. Auf der einen Seite befanden sich die Rohstoffproduzenten, die überwiegend Massenprodukte für den heimischen Markt herstellten, und auf der anderen Seite standen die verarbeitenden Branchen, die Spezialprodukte für zunehmend internationale Märkte produzierten. Aus dieser Interessenkonstellation resultierte zwangsläufig ein Dissens in der Zollpolitik, es entstanden aber auch Interessenunterschiede auf einer Reihe anderer wirtschaftspolitischer Felder.

Dissens in der Zollpolitik

Nachdem wegen dieser wirtschaftspolitischen Interessendifferenzen der „Verein zur Wahrung der chemischen Interessen Deutschlands" (Chemieverein) bereits 1889 aus dem CVDI ausgetreten war, wurde auf dessen Anregung 1895 der „Bund der Industriellen" (BDI) als Sammelpunkt der verarbeitenden Industrie gegenüber dem schwerindustriell dominierten CVDI gegründet [358: Ullmann, Bund].

„Bund der Industriellen"

Der BDI versuchte nun zunächst, die Interessen der verarbeitenden Industrie auf der Grundlage von Einzelmitgliedschaften als

Massenorganisation zu organisieren. Später wurden dann auch Fachverbände als Mitglieder aufgenommen, so daß schließlich der BDI, ähnlich wie der CVDI, als Spitzenorganisation von Verbänden fungierte. Im Unterschied zu diesem gelang es dem BDI jedoch nur, die angeschlossenen Verbände nur locker an sich zu binden, was zu hoher Fluktuation der Mitgliedsverbände und zu schwerwiegenden Mängeln bei der Koordination ihrer Interessen führte. Von einer einheitlichen Strategie des Verbandes kann daher keine Rede sein.

Die innerverbandlichen Flügelkämpfe innerhalb des BDI zeigten sich auch in der Kontroverse um den zukünftigen Kurs der deutschen Handelspolitik. Die süddeutschen Mitglieder des Verbandes zeigten darin eine eher freihändlerische, die mitteldeutschen und sächsischen eine eher schutzzöllnerische Position. Gegenüber den Forderungen der Schwerindustrie, die sich erneut mit den Agrariern geeinigt hatte, konnten sich die Interessen der verarbeitenden Industrie, die sich vorwiegend durch den BDI vertreten sahen, nicht behaupten, und mit der Tarifreform von 1902 wurde eine deutliche Rückkehr zum Protektionismus vollzogen, der in der Ära der Handelsvertragspolitik bereits überwunden schien [123: BLAICH, Staat, 37–41]. Auf dem Felde der industriellen Interessenpolitik blieb der Einfluß des BDI daher begrenzt und deutlich hinter dem des CVDI zurück.

3.2.2 Staatliche Sozialpolitik und industrielle Arbeitsbeziehungen

Weitere Konfliktfelder

Aber nicht nur in der Frage der Zollpolitik, sondern auch noch in einer Reihe weiterer Fragen der Wirtschaftspolitik eröffneten sich inner-industrielle Konfliktfelder. Hier ist vor allem der Bereich der staatlichen Sozialpolitik und der der industriellen Arbeitsbeziehungen zu nennen. Auf dem Feld der staatlichen Sozialpolitik tat sich nach 1880 wegen deren branchenüberschreitender Wirkung der einzige damals existierende Spitzenverband, der CVDI, hervor, der sich nach dem „Sieg" in der Schutzzollfrage 1879 sogleich der industriellen Interessenvertretung in der nun anstehenden gesetzlichen Regelung der „Arbeiterverhältnisse" widmen konnte.

Staatliche Sozialpolitik

Dies war auch daher von Belang, weil die staatliche Sozialpolitik in Deutschland sich in diesen Jahren gerade in der Phase einer Neuorientierung befand: Weg von den zunächst geforderten gesetzlichen Arbeiterschutzmaßnahmen und hin zu einem staatlich organisiertem Sozialversicherungswesen [284: PIERENKEMPER, Arbeitsmarkt und Angestellte, 266–273].

Sozialversicherungswesen

Die Haltung der industriellen Unternehmerschaft gegenüber diesen staatlichen Initiativen war von Beginn an uneinheitlich und unterlag im Verlauf der Sozialgesetzgebung deutlichen Wandlungen. Besonders die Schwerindustrie und mit ihr der CDVI zeigten zu Beginn der 1880er Jahre ein hohes Interesse und gingen mit zahlreichen Initiativen voran. Bereits 1878 hatte der Schwerindustrielle Stumm den Entwurf für eine staatliche Alters- und Invalidenversicherung mit Zwangsbeitritt vorgelegt, und 1880 formulierte Louis Baare vom Bochumer Verein den Entwurf zum Unfallversicherungsgesetz [361: VOGEL, Bismarcks Arbeitsversicherung, 39]. Auch die Befürworter der staatlichen Unfallversicherung rekrutierten sich zunächst aus der Schwerindustrie, vor allem wohl deshalb, weil diese Branche an der Spitze der Unfallstatistik lag und von daher ein hohes Interesse an einer zufriedenstellenden Regelung hatte. Allerdings sollten dabei zwei Grundforderungen beachtet werden: erstens sollten die finanziellen Lasten für die einzelnen Unternehmen möglichst gering bleiben, und zweitens sollte keine wie auch immer geartete den Unternehmern gegenüberstehende Organisation von Arbeitern geschaffen werden. Die erste Forderung schien relativ leicht zu verwirklichen, da es dem CVDI gelang, die Regierung von den Grenzen der Belastbarkeit der Industrie zu überzeugen [123: BLAICH, Staat, 15–17]. Die Einrichtung einer Reichsanstalt als Organisation der Unfallversicherung, wie von den Schwerindustriellen gefordert, gelang jedoch nicht, und gegen ihren Willen wurden durch den Reichstag Berufsgenossenschaften zur Abwicklung der Unfallschäden eingerichtet. Auch die Prämien mußten gänzlich von den Unternehmern aufgebracht werden. Im Unfallversicherungsgesetz konnten sich die Interessen der Industrie, vorgetragen vor allem durch Schwerindustrie und CVDI, jedenfalls nicht durchsetzen, und da auch in den übrigen Industriezweigen die Gegner der Sozialversicherung weit zahlreicher als ihre Befürworter waren, läßt sich die industrielle Interessenpolitik in diesem wichtigen Bereich als Fehlschlag bezeichnen.

Gegenforderungen der Unternehmen

Berufsgenossenschaften

Fehlschlag der industriellen Interessenpolitik

Ähnliches gilt auch für die Krankenversicherung, bei deren Beratung im Reichstag die Vertreter des Langnamvereins erbittert feststellen mußten, daß der Reichstag alle Vorschläge der Verbände und die Bedenken der Industrie einfach überging. Aus diesen Erfahrungen heraus wurden die Beratungen über die Sozialversicherungsgesetze mit steigendem Mißtrauen betrachtet. Auch auf die Ausgestaltung der gesetzlichen Alters- und Invalidenversicherung, den vorläufigen Schlußstein der Bismarckschen Sozialversicherung, wurde versucht, Einfluß zu gewinnen. Wiederum wurde auf die ungeheuren finanziellen Lasten hingewiesen, die eine solche Regelung der Industrie auferlegen würde; wiederum vergeblich.

„Arbeiterfrage"

Wesentlich zentraler für die industrielle Interessenpolitik war die Regelung der industriellen Arbeitsbeziehungen in den einzelnen Unternehmen selbst. Nicht nur im Ruhrbergbau, aber hier in verschärfter Form, trat gegen Ende des 19. Jahrhundert die „Arbeiterfrage" zunehmend in den Mittelpunkt der Interessen und wird damit auch zu einem Kernpunkt der industriellen Interessenpolitik. Im Umkreis der Schwerindustrie behauptete sich in dieser Frage schon bald ein kompromißloser „Herr-im-Haus-Standpunkt", während die Unternehmen und Verbände der verarbeitenden Industrie hier eine weitaus kompromißbereitere Position vertraten [84: RITTER u. TENFELDE, Lohnarbeit, 417].

Antigewerkschaftliche Haltung

Schon im ersten großen Bergarbeiterstreik von 1872 zeichnete sich der Bergbau-Verein durch eine kompromißlose Gegnerschaft gegenüber den Arbeiterorganisationen aus und vermochte es auch, diese Position gegenüber den streikenden Bergleuten durchzusetzen. Aus diesen Erfahrungen heraus zielten in der Folgezeit die Bemühungen des Bergbau-Vereins auf eine erneute Einschränkung der erst 1869 errungenen Koalitionsfreiheit und auf gesetzliche Regelungen für einen größeren Schutz der Arbeitswilligen beim Streik.

Auch der zweite große Streik im Ruhrbergbau 1889 konnte trotz des Eingreifens des Kaisers und Zugeständnissen beim Lohn und bei der Schichtdauer von den Ruhrindustriellen nochmals erfolgreich bekämpft werden. Die starre antigewerkschaftliche Haltung des Bergbau-Vereins wurde davon nicht berührt, und als 1905 ein dritter großer Bergarbeiterstreik an der Ruhr ausbrach, erschien der Verein deshalb in der Arbeitgeberschaft weitgehend isoliert, und seine Haltung setzte ihn in der Öffentlichkeit scharfer Kritik aus [174a: GLOVKA-SPENCER, Management and Labor, 98–113, 124–127]. Die Erfahrungen der Bergbauunternehmer mit dem Streik 1889 führten dazu, den bereits 1890 gegründeten Ausstands-Versicherungs-Verein nun fester zu fügen und ihn 1908 in einen straff antigewerkschaftlichen Arbeitgeber-Verband, den Zechen-Verband, zu überführen. Die harte Haltung der Bergbauunternehmer gegenüber den Forderungen der Arbeiter und ihrer Gewerkschaften bestätigte sich erneut im großen Streik des Jahres 1912, als die Zechenbesitzer sogar so weit gingen, bewaffnete Hilfspolizisten aus den Reihen zuverlässiger Arbeitnehmer auf ihren Schachtanlagen einzusetzen.

Es zeigt sich also insgesamt, daß die Bergwerksunternehmer

Konfliktstrategie

mit dem Bergbau-Verein an der Ruhr eine scharfe Konfliktstrategie vertraten, die von ihren Kollegen in Oberschlesien und an der Saar durchaus geteilt wurde. Die Forderungen der Arbeiter wurden von ihnen zumeist als gänzlich unbegründet verworfen und ihre alleinige Verantwortung und Entscheidungsbefugnis kompromißlos reklamiert. Es störte sie auch nicht, daß sie mit dieser Haltung unter starke öffentliche Kritik und sogar in Differenzen mit den staatlichen Bergbaubehörden gerieten. Mit dieser kompromißlosen Politik stand der Bergbau-Verein keineswegs allein. Auch der Langnamverein teilte konsequent diesen Standpunkt in der Auseinandersetzung mit der Arbeiterschaft in den verschiedenen Streiks seit 1872. 1904 waren beide Vereine führend bei der Gründung des einflußreichsten regionalen Arbeitgeberverbandes „Arbeitnordwest" beteiligt, und der von allen diesen Verbänden kompromißlos vertretene „Herr-im-Haus-Standpunkt" kann daher als durchaus repräsentativ für die deutsche Schwerindustrie angesehen werden.

Arbeitgeberverband „Arbeitnordwest"

Natürlich blieb diese Haltung auch nicht folgenlos für die sozialpolitischen Stellungnahmen des CVDI, der sich in den 1880er Jahren zunehmend den Problemen der „Arbeiterverhältnisse" zuwandte und dabei eine Doppelstrategie begrenzter und zögernder Zugeständnisse, gekoppelt mit repressiven Maßnahmen gegenüber der Arbeiterschaft, vertrat [342: STEGMANN, Repression, 353]. Kern der sozialpolitischen Haltung der Verbandes bildete die Vorstellung einer patriarchalischen Fürsorge für den folgsamen Arbeiter unter strikter Ablehnung aller Eigenständigkeitsbestrebungen der Arbeiter selbst und aller staatlichen Eingriffe in die Wirtschaftsverhältnisse der Unternehmer. Dieses Ideal einer ständisch-autoritär organisierten Wirtschaft und Gesellschaft wurde jedoch durch die ständig wachsende Bedeutung der Interessenvertretungen der Arbeitnehmer verstärkt in Frage gestellt. Daher zeigten sich auch im CVDI langfristig Veränderungen in der Strategie gegenüber der Arbeitnehmerschaft. Der Verband akzeptierte zunehmend seine Stellung als Arbeitsmarktpartei in der Auseinandersetzung mit den Gewerkschaften und beteiligte sich entsprechend an den Bestrebungen zur Gründung von Arbeitgeberverbänden.

Arbeitsmarktpartei CVDI

Auch hier, bei der Formierung der Arbeitgeberinteressen am Arbeitsmarkt, zeigten sich erneut deutliche Interessenunterschiede innerhalb der deutschen Industrie. Wiederum standen die Interessen der Schwerindustrie im Widerspruch zu denen der Fertigungsindustrie, und die beiden Spitzenverbände CVDI und BDI bezogen unterschiedliche Positionen. Es kam sogar zur Gründung zweier

Konkurrierende Arbeitgeberorganisationen

konkurrierender zentraler Arbeitgeberorganisationen, der „Hauptstelle Deutscher Arbeitgeberorganisationen", die ihre Mitgliederverbände vor allem in der Schwerindustrie fand, und dem ;„Verein Deutscher Arbeitgeberverbände", der sich entsprechend auf die Fertigindustrie konzentrierte [284: PIERENKEMPER, Arbeitsmarkt und Angestellte, 255–256]. In der grundsätzlichen Orientierung einer „Streikabwehr" waren sich beide Vereinigungen zwar einig, doch hinsichtlich der Beziehungen zur organisierten Arbeiterbewegung waren die Fertigindustrie und mit ihr der „Verein" zu Zugeständnissen bereit. Hier spielte die qualifizierte Facharbeiterschaft unter den Beschäftigten eine weitaus bedeutendere Rolle als in der Schwerindustrie, wo weniger qualifizierte Tätigkeiten überwogen. Facharbeiter waren jedoch knapper, teurer und besser organisiert als unqualifizierte Arbeitskräfte, und dadurch wurden die Unternehmer der Fertigungsindustrie auf eine moderatere Linie in der „Arbeiterfrage" gebracht [359: ULLMANN, Interessenverbände, 81].

Moderatere Linie

4. „Sektorentheorie" und sektorales Wachstum

Als ein wesentliches Element der wirtschaftlichen Entwicklung Deutschlands im 19. und 20. Jahrhundert hat sich ein gravierender Strukturwandel zwischen den volkswirtschaftlichen Hauptsektoren gezeigt: Die Landwirtschaft verlor an Bedeutung, demgegenüber gewann zunächst das Gewerbe und dann auch der Dienstleistungssektor entsprechend hinzu. Dieser Beobachtung liegt die Vorstellung zugrunde, daß man die Vielfalt der ökonomischen Produkte einer Volkswirtschaft eindeutig bestimmten Produktionsbereichen zuordnen kann. Eine weitere Annahme ist es, daß in den drei unterschiedenen Produktionsbereichen gemäß dieser Unterscheidung auch spezifische Bedingungen der Produktion vorherrschen. Diese lassen sich nach Colin Clark [139: CLARK, Conditions of Economic, 490–492] folgendermaßen beschreiben:

Strukturwandel der Hauptsektoren

Bedingungen der Produktion

Im Bereich der Agrikultur, dem *primären* Sektor, erfolgt eine direkte Nutzung der natürlichen Ressourcen, von denen seit langem, und bedingt bis in die Gegenwart, angenommen wird [287: PIERENKEMPER, Wachstum, 122–129], daß sie in ihrer Entfaltung gleichsam durch natürliche Produktionsbarrieren gehemmt sind. Daher erscheinen hier die Möglichkeiten technologischer Innovation gering und langfristig das sektorale Wachstum durch abnehmende Skalenerträge geprägt.

Die Industrie hingegen, besser der gewerbliche, *sekundäre* Sektor, produziert demgegenüber in großem und wachsendem Umfang Güter, wobei Material und Produkte transportfähig sind und umfangreiche Kapitalinvestitionen und organisatorische Anstrengungen ihre Produktion zunehmend effizienter gestalten. Das Wachstum des gewerblichen Sektors ist demnach durch zunehmende Skalenerträge charakterisiert.

Schließlich gibt es noch einen dritten, *tertiären* Sektor, dessen Produktion weder der Agrikultur noch dem Gewerbe zugeordnet werden kann; er bringt einerseits Dienstleistungen hervor, die direkt konsumiert werden, andererseits gibt er Hilfestellungen (z.B. Transporte) für die übrigen Sektoren.

Verdeutlichung/Erklärung des Strukturwandels

Ein solches Schema der Klassifikation für eine Volkswirtschaft, das sich an den eigentümlichen Produktionsbedingungen der unterschiedenen Sektoren orientiert, hat in den Wirtschaftswissenschaften und auch in der Wirtschaftsgeschichte eine große Karriere gemacht, weil es sich nicht nur gut dazu eignet, den Strukturwandel in zahlreichen Volkswirtschaften während ihres industriellen Wachstums aufzuzeigen, sondern darüber hinaus zugleich auch die Basis für eine Erklärung dieser Entwicklung bietet.

4.1 Der Wandel der Beschäftigungsstruktur und des Endverbrauchs

Sektoraler Wandel

Der sektorale Wandel der deutschen Wirtschaft im 19. und 20. Jahrhundert läßt sich sehr gut durch die jeweiligen Anteile der Hauptsektoren an der Zahl der Beschäftigten veranschaulichen.

Beschäftigtenanteile

Das Bild scheint eindeutig: Im primären Sektor sanken die Beschäftigtenanteile kontinuierlich; dies, obwohl die absolute Zahl der in der Landwirtschaft Beschäftigten zunächst noch weiter zunahm. Im sekundären Sektor stieg die relative Beschäftigung demgegenüber kontinuierlich an, und erst in allerjüngster Zeit deutete sich hier eine Tendenz zur Stagnation bzw. zu einem leichten Rückgang des Beschäftigungsanteils dieses Sektors an. Etwa ein Jahrhundert lang war der gewerbliche Sektor in Deutschland gemessen an den Beschäftigungsanteilen demnach zweifelsfrei der bedeutendste Sektor und für die Wirtschaft prägend. Aber auch der tertiäre Sektor zeigte insgesamt eine wachsende Tendenz, die bis in die Gegenwart ungebrochen erscheint und inzwischen dazu geführt hat, daß der Dienstleistungssektor den gewerblichen Sektor in seiner Bedeutung für die gesamtwirtschaftliche Beschäftigung deutlich übertroffen hat.

Dieser eigentümliche Strukturwandel erweist sich durchaus nicht nur für die Entwicklung der deutschen Wirtschaft eigentümlich, sondern gilt im Gegenteil für zahlreiche Autoren als ein europaweites, wenn nicht gar weltweites Phänomen [111: AMBROSIUS u. HUBBARD, Wirtschaftsgeschichte Europas, 59; 160: FISCHER, Wirtschaft, 125]. Erstmals ließ sich diese Entwicklung in Großbritannien beobachten, wo bereits 1801 nur noch 35,9 v. H. der Beschäftigten im Agrarbereich tätig waren, hingegen schon 29,7 v. H. im gewerblichen Sektor. Der Anteil der landwirtschaftlichen Beschäftigten im Agrarbereich fiel dort bis 1951 auf 5 v. H., während der entsprechende gewerbliche Anteil auf 49,1 v. H. anstieg; eine der nachfolgenden deutschen Entwicklung also völlig analoge Situation [142: DEANE u. COLE, British Economic Growth, 142]. Für die Verteilung der Einkommen zwischen den Sektoren galt eine entsprechende Entwicklung. Auch hier zeigte sich in der sektoralen Verteilung des Volkseinkommens auf die Sektoren eine Anpassung an die Beschäftigungsrelationen.

Entwicklung in Großbritannien

Die Verteilung der sektoralen Anteile des Sozialprodukts zeigt das Vordringen des Industriesektors im internationalen Rahmen noch deutlicher als diejenige der Anteile in der Beschäftigtenstruktur [160: FISCHER, Wirtschaft, 128–32]. Hier wurde offenbar, daß der sektorale Strukturwandel ganz wesentlich durch die Entwicklung der Arbeitsproduktivität in den Sektoren bestimmt wurde. Große Produktivitätssteigerungen konnten vor allem in der Industrie erzielt werden, wo zunächst in der Textilproduktion, im Bergbau und bei der Roheisengewinnung enorme Leistungssteigerungen pro Arbeitskraft und Arbeitsstunde erzielt werden konnten; später ergaben sich solche Möglichkeiten zunehmend auch im Maschinenbau, in der elektrotechnischen und chemischen Industrie. Aber auch in der Landwirtschaft ließen sich beachtliche Steigerungen der Arbeitsproduktivität beobachten, die sich jedoch wegen des im 20. Jahrhunderts dort zumeist sinkenden gesamtwirtschaftlichen Arbeitseinsatzes nicht in gleicher Weise wie in der Industrie in einem steigenden Anteil an der Wertschöpfung niederschlagen konnten. Im Dienstleistungssektor war die Produktivitätsentwicklung eher uneinheitlich. Während die Zugewinne im Versorgungs- und Kommunikationssektor hoch waren, blieben sie im Bereich der persönlichen Dienstleistungen gering.

Sozialprodukt nach sektoralen Anteilen

Arbeitsproduktivität ist maßgeblich

Die Höhe der sektoralen Produktivitäten erscheint abhängig von der Höhe des Kapitalstocks, der in den verschiedenen Sektoren vorhanden war, und das Wachstum beider Größen wird bestimmt

Höhe des Kapitalstocks

vom Umfang der Investitionen. Diese flossen in den vorindustriellen Gesellschaften vor allem in Gebäude und in die Landwirtschaft, während sie in den industriellen Gesellschaften zunehmend in die Infrastruktur und in den industriellen Sektor umgeleitet wurden. Hierin liegt letztendlich die Ursache für das unterschiedliche Wachstum der Sektoren und ihrer Beschäftigten begründet.

Dieses Bild einer eindeutigen Entwicklung von der Agrargesellschaft zur Industriegesellschaft muß jedoch auf der Basis empirischer Befunde im außereuropäischen Bereich hinterfragt werden [212: Kaelble, Sozialgeschichte Westeuropas, 25–30]. Es zeigt sich nämlich, daß der überproportionale Anteil der Beschäftigten des industriellen Sektors allenfalls ein typisch europäisches und durchaus kein weltweites Phänomen war. Nur hier ließ sich eine ungewöhnlich stark ausgeprägte industrielle Beschäftigung aufzeigen, die in keinem außereuropäischen Land des gleichen wirtschaftlichen Entwicklungsstandes ihresgleichen findet. Dies gilt sowohl für die von Europäern besiedelten Industriestaaten als auch für die inzwischen industrialisierten asiatischen Nationen, z. B. für Japan. Dort ging die Agrargesellschaft überall unmittelbar und ohne den Zwischentakt einer Industriegesellschaft in eine eher als Dienstleistungsgesellschaft zu bezeichnende Produktionsweise über. Die Ursachen für die besondere europäische und weltweit eher untypische Konzentration auf industriegewerbliche Beschäftigung finden sich nach Kaelble erstens in der hohen Bevölkerungsdichte Europas, die zahlreiche Dienstleistungsfunktionen entbehrlich machte, zweitens in der starken Exportorientierung der europäischen Industrien, drittens im bedeutenden Gewicht der handwerklichen Arbeit in Europa und schließlich viertens im hohen Anteil weiblicher Erwerbsarbeit in Europa.

Europäisches Phänomen

Ursachen

Modell ohne Allgemeingültigkeit

Es bleibt daher festzuhalten, daß die Vorstellung eines gesetzmäßigen gesellschaftlichen Wandels von der Agrar- über die Industrie- zur Dienstleistungsgesellschaft als ein generelles Modell keinen Anspruch auf allgemeine Gültigkeit beanspruchen kann. Dieser Entwicklungsverlauf läßt sich allenfalls in Europa beobachten [212: Kaelble, Sozialgeschichte Westeuropas, 66–85].

Aber selbst in Europa, und hier sogar für das klassische Beispiel Großbritannien, ist die langfristige empirische Gültigkeit eines gesellschaftlichen Wandels hin zur Dienstleistungsgesellschaft in Frage gestellt worden. Entgegen der Behauptung einer zunehmenden Bedeutung der Produktion von Dienstleistungen für die „nachindustrielle Gesellschaft“ [120: Bell, Nachindustrielle Gesellschaft,

32–33] wurde für den britischen Fall behauptet, daß dies nicht der Fall sei, sondern die Bedeutung der Dienstleistungsproduktion sogar zurückgegangen sei [173a: GERSHUNY, Ökonomie, 86–110].

Die These einer zunehmenden Bedeutung der Dienstleistungen stützt sich allein auf die Beobachtung einer zunehmenden Beschäftigung im Dienstleistungssektor. Selbst wenn diese Beobachtung zutreffen sollte, was für nichteuropäische Gesellschaften bezweifelt werden kann, so bedeutet das nicht, daß damit zugleich auch überproportional mehr Dienstleistungen produziert und konsumiert werden. Hier wäre die Zusammensetzung des Endverbrauchs der privaten Wirtschaft zu betrachten, denn die Käufe der privaten Haushalte entscheiden letztendlich darüber, welche gesellschaftlichen Bedürfnisse befriedigt werden und welche nicht, d.h. ob Dienstleistungen tatsächlich zunehmend in das Zentrum der gesellschaftlichen Bedürfnisse treten.

Von den wachsenden Beschäftigtenanteilen des Dienstleistungssektors unmittelbar auf einen wachsenden Endverbrauch von Dienstleistungen zu schließen enthält einen Irrtum, weil viele Dienstleistungen nur als Zwischenprodukte zur Bereitstellung des Endverbrauchs dienen: Zahlreiche Dienstleistungsarbeiter sind dadurch mittelbar an der Produktion materieller Güter beteiligt. Darüber hinaus enthält die These von der Dienstleistungsgesellschaft noch einen zweiten Fehlschluß, weil sie unterstellt, daß bestimmte Bedürfnisse nur durch Dienstleistungen zu befriedigen seien [173a: GERSHUNY, Ökonomie, 105]. Der Konsum klassischer Musik ist jedoch z.B. sowohl durch Dienstleistungen (Konzertbesuch) als auch durch materielle Güter (Plattenspieler) zu befriedigen. Es existieren offenbar alternative Arrangements zur Befriedigung gesellschaftlicher Bedürfnisse; sie lassen sich sowohl durch Dienstleistungen als auch durch materielle Güter befriedigen.

Nimmt man den Endverbrauch der privaten Haushalte zum Maßstab, um dadurch die Entwicklung der Produktion von Gütern und Dienstleistungen in ihrem Verhältnis zueinander zu bestimmen, so zeigt sich für den Fall Großbritannien, daß die Struktur der Haushaltsausgaben zwischen 1954 und 1974 relativ konstant blieb. Bei einigen Positionen zeigte sich jedoch eine Substitution von Dienstleistungen durch Güter, so etwa bei den Ausgaben für Transport, wo der Anteil der Ausgaben für Transportdienste (Kosten für Bus- und Bahnfahrten) 1954 genau so hoch wie der für Transportgüter (Automobile) war, während das Verhältnis zwischen beiden 1974 nur noch 18:82 betrug. Transportleistungen wurden demnach von den privaten Haushalten zunehmend eher selbst unter Zuhilfenahme eines PKWs produziert. Ähnliche Entwicklungen lassen sich in den Bereichen von „Kino und Theater“, „Haushaltshilfen und Wäschereien“ sowie „Reparaturen“ beobachten.

Der Realkonsum von derartigen Dienstleistungen wurde in Großbritannien im Untersuchungszeitraum offenbar durch den Kauf von dauerhaften Konsumgütern deutlich eingeschränkt. Allein bei den Käufen des Staates stiegen die Ausgaben für den Kauf von Dienstleistungen deutlich an. Diese umfaßten jedoch nur einen Bruchteil der privaten Käufe und konnten daher allein von ihrem schieren Umfang her kaum dazu beitragen, die moderne Gesellschaft zutreffend als Dienstleistungsgesellschaft zu bezeichnen. Darüber hinaus diente z. B. diese Form der staatlichen Kapitalbildung zugleich indirekt auch der Förderung der privaten Güterproduktion – und ebenso die Expansion des Bildungs- und Gesundheitssektors, der beiden einzigen Sektoren, in denen eine deutliche Steigerung der Ausgaben des Staates für die Bereitstellung von Dienstleistungen zu beobachten war, sie diente mehr der indirekten Effizienzsteigerung der Güterpropduktion und weniger der Bereitstellung von Dienstleistungen für den Endverbrauch.

Moderne Gesellschaft ist ungleich Dienstleistungsgesellschaft

Selbstbedienungswirtschaft

Die britischen Erfahrungen widersprechen daher der Auffassung einer aufkommenden Dienstleistungsgesellschaft, legen vielmehr das Bild einer „Selbstbedienungswirtschaft“ nahe. Die weit verbreitete Vorstellung von der immer weiter wachsenden Bedeutung von Dienstleistungen für die moderne Gesellschaft muß also kritisch auf ihren empirischen Gehalt überprüft werden.

4.2 Die „Drei-Sektoren-Theorie“

Allgemeines „Gesetz“

In weitgehender Unkenntnis des erwähnten spezifischen sektoralen Musters der europäischen Industrialisierung hatte eine Reihe von Autoren den Versuch unternommen, aus der Beobachtung des sektoralen Strukturwandels der Wirtschaft im Zuge der Industrialisierung die sogenannte „Drei-Sektoren-Theorie“ als ein allgemeines „Gesetz“ zu formulieren. Mit dieser Theorie soll der zwangsläufige Übergang von der Agrar- zur Industriegesellschaft und schließlich zur postindustriellen Dienstleistungsgesellschaft aus der inneren Logik des modernen Wirtschaftssystems begründet werden [111: AMBROSIUS u. HUBBARD, Sozial- und Wirtschaftsgeschichte, 60].

Im Verlauf des wirtschaftlichen Wachstumprozesses und angesichts der damit steigenden Einkommen entwickelt sich im Sinne dieser Theorie die Nachfrage nach den Produkten der drei volkswirtschaftlichen Hauptsektoren sehr unterschiedlich. Wegen der geringen Einkommenselastizität der Nachfrage nach Produktion des Agrarsektors vermindert sich relativ die Nachfrage nach Lebensmitteln u. ä. Die Bedarfsstrukturen der Haushalte weisen Sättigungstendenzen in diesem Bereich auf, wie schon das berühmte Engelssche Gesetz Mitte des 19. Jahrhunderts aufzuzeigen suchte, und mit ihnen zeigt sich eine Verlagerung der Nachfrage der privaten Haushalte nach Industriegütern und Dienstleistungen [311: SAALFELD, Bedeutungs- und Strukturwandel]. Zunächst werden demnach überproportional die Güter der gewerblichen Wirtschaft nachgefragt, bis auch hier erste Sättigungserscheinungen offenbar werden und auch die Nachfrage relativ zu sinken beginnt, um sich dann mehr und mehr auf Dienstleistungen zu konzentrieren. Daneben wirkt auch die Mechanisierung und Zentralisierung der Industrieproduktion selbst zunehmend in eine Richtung, die eine vermehrte Bereitstellung von Dienstleistungen als Vorprodukt voraussetzt, so daß auch von dieser Seite eine steigende Nachfrage nach Gütern und Diensten des tertiären Sektors zu erwarten ist.

Engelsches Gesetz

Neben die Wirkung der Nachfrageverschiebungen nach Gütern der drei Sektoren tritt die Wirkung des technischen Fortschritts, der sich wegen der eigentümlichen Produktionsbedingungen in den einzelnen Sektoren in jeweils unerschiedlicher Weise auswirkt. Die Arbeitsproduktivität im Industriesektor wächst gemäß den Annahmen dieser Theorie stärker als in den beiden anderen Sektoren. Die arbeitssparende Wirkung dieser Entwicklung hinsichtlich der Beschäftigung kann im Industriesektor solange aufgefangen werden, wie dort die Nachfrage nach gewerblichen Produkten überproportional steigt; läßt diese Steigerung aber nach, so muß die gewerbliche Beschäftigung sinken. Schon ein Wachstum der Nachfrage nach Industrieprodukten im Gleichschritt mit dem Wachstum der Nachfrage nach den Produkten der anderen Sektoren würde wegen der überdurchschnittlichen Produktivitätsentwicklung in der Industrie zu einem relativen Rückgang der gewerblichen Beschäftigten führen. Da jedoch, so die Annahme der Drei-Sektoren-Theorie, in einem späteren Zeitpunkt der Entwicklung wegen der genannten Veränderungen in der Bedarfsstruktur der privaten Haushalte die Nachfrage nach Industriegütern nur noch unterproportional steigt, erscheinen deutliche Einbußen in den Beschäftigungsmöglichkeiten der gewerblichen Wirtschaft langfristig unvermeidlich [139: CLARK, Conditions of Economic, 492–495].

Wirkung des technischen Fortschritts

Noch dramatischer muß nach den Annahmen dieser Theorie der Beschäftigungsrückgang in der Landwirtschaft sein, da auch dort eine zunehmende Arbeitsproduktivität bei schon früh und deutlich sinkender relativer Nachfrage nach Agrarprodukten zu verzeichnen ist. Umgekehrt stellt sich der Sachverhalt im tertiären Dienstleistungssektor dar. Hier geht man davon aus, daß insbesondere im Bereich der persönlichen Dienstleistungen nur sehr begrenzte Produktivitätsfortschritte zu realisieren sind und daß, auch wenn in anderen Dienstleistungsbereichen die Steigerungsmöglichkeiten der Arbeitsproduktivität höher erscheinen mögen, insgesamt die überproportional steigende Nachfrage nach Gütern und Diensten dieses Sektors zu einer beachtlichen Beschäftigungsexpansion führen muß.

Zusammenwirkung von Faktoren

Demnach ist es also das Zusammenwirken von Faktoren der gesamtwirtschaftlichen Nachfrage- und der sektoralen Produktivitätsentwicklung, das den Strukturwandel des Beschäftigungssystems im Sinne der „Drei-Sektoren-Theorie" bewirkt. Als Antrieb, der die Wanderung der Beschäftigten zwischen den Sektoren sicherstellt, wirkt die unterschiedliche Lohnhöhe innerhalb der drei Sektoren, wobei der langfristige Strukturwandel überwiegend als intergenerationeller Berufswechsel und weniger durch intragenerationelle Mobilität, d.h. durch die Berufswahl der jeweils folgenden Generation zustande zu kommen scheint [232: Kleber, Sektoraler und sozialer Wandel, 199–200].

Die so kurz charakterisierte „Drei-Sektoren-Theorie" wurde, ganz abgesehen von der oben diskutierten Frage einer empirischen Bestätigung des darin behaupteten Sachverhalts außerhalb Europas, einer vielfältigen Kritik unterzogen. Natürlich fällt es schon unter der Annahme der Richtigkeit einer derartigen Berufsklassifikation schwer, aus dem historischen Material, insbesondere den Berufs- und Gewerbezählungen, die zutreffenden sektoralen Zuordnungen vorzunehmen und zu einer zufriedenstellenden Definition der Sektoren und der Erfassung der darin beschäftigten Personen zu gelangen. Wie erfaßt man z.B. Nebenerwerbslandwirte, die gleichzeitig in zwei unterschiedlichen Sektoren tätig waren, oder in welchem Umfang müssen mithelfende Familienangehörige mit berücksichtigt werden, die ja nur zum Teil als Beschäftigte gelten konnten [160: Fischer, Wirtschaft, 127].

Sektorale Zuordnung

Übertragung auf Berufe

Viel grundsätzlicher erscheint allerdings die Kritik an der „Drei-Sektoren-Theorie", die eine ursprünglich an den eigentümlichen Produktionsbedingungen der drei volkswirtschaftlichen

Hauptsektoren Landwirtschaft, Gewerbe und Tertiärproduktion orientierte Klassifikation ohne weiteres auf die in diesen Sektoren beschäftigten Personen überträgt. Damit wird eine an sich schon problematische, anhand von Produktionsweisen bzw. Produkten ausgerichtete Klassifikation unreflektiert auf Arbeitsverichtungen bzw. Berufe übertragen [164: FOURASTIÉ, Hoffnung, 111]. Die Beschäftigten und ihre beruflichen Tätigkeiten können dabei allenfalls als Indikatoren für die unterstellten produktionstypischen Eigenarten der Sektoren dienen, sofern sie eben als „gültig“ in diesem Sinne gelten können. Dies ist aber stark zu bezweifeln [291: POHL, Kritik, 315].

Funktionale Beschäftigungsstruktur

Eine Klassifikation der Beschäftigten und eine Untersuchung des Wandels der Beschäftigtenstruktur erscheint aber anhand der Tätigkeiten dieser Personen sinnvoller als anhand des Produktionsbereiches, in dem sie tätig sind. Es geht dabei um eine funktionale und nicht um eine sektorale Bestimmung der Beschäftigungsstruktur, um eine Klassifikation der Beschäftigten durch die Konkretisierung der Qualifikationsanforderungen ihrer beruflichen Tätigkeit [127: BODENHÖFER, Arbeitskräftebedarfsschätzung, 156–157; 128: BODENHÖFER, Wandel, 109–10].

Neue Qualifikationsanforderungen

Die Veränderungen in der funktionalen Beschäftigtenstruktur zeigen sich nicht primär durch Wirkungen des sektoralen Wandels der Wirtschaft, sondern vor allem durch Veränderungen in den Qualifikationsanforderungen an die verschiedenen Berufe. Diese Entwicklung wurde gelegentlich in einer kulturkritischen Attitüde als „Verfall der Berufe“ apostrophiert, jedoch zeigten sich bei genauerem Hinsehen zugleich neue Qualifikationsanforderungen hinsichtlich der Geschwindigkeit, Genauigkeit und Exaktheit der Arbeitsverrichtung und hinsichtlich der Flexibilität der beruflichen Tätigkeiten [170b: FRIEDMANN, Grenzen, 12–14]. Dies gilt auch für die Industriearbeit, die häufig klagend als Beispiel für die Zersplitterung der Arbeitsaufgaben und die Entwertung der Berufsausbildung angeführt wird. Für die „Zukunft der Arbeit“ [170a: FRIEDMANN, Zukunft, 265–271] gilt es daher als Tendenz festzuhalten, daß einerseits die klassisch ganzheitlichen Berufe (Handwerker) an Bedeutung verlieren, andererseits aber zugleich eine Reihe neuer Fachberufe entsteht, die z.T. beachtliche Anforderungen an die Beschäftigten stellen. Für diese Entwicklung sind vor allem eine zunehmende Differenzierung und Vertiefung der Produktionsstruktur und eine entsprechend wachsende berufliche Arbeitsteilung, die wachsende Produktion von immateriellen Wissen und sein zunehmender Eingang in die unmittelbare Produktion und schließlich die Ausweitung planender, verwaltender und organisatorischer Funktionen entscheidend [127: BODENHÖFER, Arbeitskräftebedarfsschätzung, 155–57]. Diese Entwicklungen verändern das Beschäftigungssystem der modernen Gesellschaft weit mehr als das unterschiedliche Wachstum der volkswirtschaftlichen Hauptsektoren. Entscheidend für die Qualifikationsanforderungen beruflicher Tätigkeit erscheint daher die Nähe oder Ferne der Arbeit zur unmittelbaren materiellen Produktion. In diesem Sinne läßt sich anstelle einer sektoralen Zuordnung besser differenzieren zwischen der *primären Arbeit*, die unmittelbar mit der Produktion von Gütern und Diensten für die Endnachfrage befaßt ist, der *sekundären Arbeit*, die sich der Veränderung und Vervollkommung der Bedingungen der unmittelbaren Produktion in Forschung und Entwicklung widmet, und der *tertiären Arbeit*, die sich der Zusammenfassung von arbeitsteiligen und spezialisierten Teilprozessen zuwendet [128: BODENHÖFER, Wandel, 117–119].

Kriterium der Stellung zur Produktion

Ein derartiger Vorschlag sowie die damit verbundene Kritik an einer sektoralen Definition der Beschäftigten enthält einen zutreffenden Kern, denn es erscheint nicht im geringsten schlüssig, daß die sektoralen Produktionsbedingungen ein entscheidendes Klassifikationskriterium für die Beschäftigten darstellen sollen. Genauso wenig einleuchtend ist es jedoch, daß die Stellung zur unmittelbaren Produktion dafür entscheidend wäre. Praktisch führte ein solches Vorgehen nur zu einer Umgruppierung der Berufsgruppen der amtlichen Berufsstatistik und stellte damit weder theoretisch noch praktisch einen Fortschritt gegenüber der so vehement kritisierten „Drei-Sektoren-Theorie" dar [127: BODENHÖFER, Arbeitskräftebedarfsschätzung, 159–162].

Umgruppierung der Berufe

Die Bestimmung und Klassifikation der unterschiedlichen Beschäftigten bleibt deshalb bis heute eine komplexe und schwierige Aufgabe, die sich einer Lösung in einfachen Formen, wie z. B. auch der Unterscheidung von „Produktions-" versus „Dienstleistungsarbeit" entzieht. Ganz sicher geht diese Aufgabe auch weit über das hinaus, was mittels der „Drei-Sektoren-Theorie" in diesem Zusammenhang geleistet werden kann. Diese Theorie geht von einem spezifischen Produktionszusammenhang aus und wurde unzulässigerweise als ein Instrument der Klassifikation von Beschäftigten benutzt [291: POHL, Kritik, 325].

4.3 Sektorales Wachstum und Führungssektoren

Wenn es auch nicht eindeutig zu klären ist, ob die Analyse der wirtschaftlichen Entwicklung auf der Basis der drei volkswirtschaftlichen Hauptsektoren tatsächlich sehr viel zum weitergehenden Verständnis des komplexen Phänomens der sektoralen Entwicklung einer Volkswirtschaft beitragen kann, weil eine solche Vorgehensweise mit gravierenden konzeptionellen und empirischen Mängeln behaftet ist, so bleibt es doch unzweifelhaft, daß gerade auch eine sektorale Disaggregation des Wachstumsprozesses nötig und nützlich ist. Nur erscheint eine solche sektorale Differenzierung des Wachstumsprozesses im Sinne der oben beschriebenen Entwicklung von „Branchen" oder „Wirtschaftszweigen" adäquater als durch die Unterscheidung zwischen einem primären, einem sekundären und einem tertiären Sektor, weil die Produktions- und Absatzbedingungen innerhalb derart eng definierter Branchen weitaus homogener erscheinen als in den (zu) weit definierten Hauptsektoren.

„Theorie der wirtschaftlichen Entwicklung"

Schon sehr früh wurde bei der dynamischen Analyse der wirtschaftlichen Entwicklung auf derartige sektorale Besonderheiten Bezug genommen. Joseph A. Schumpeter ging innerhalb seiner „Theorie der wirtschaftlichen Entwicklung" [1912] ausführlich auf die Bedeutung technologischer Innovationen für die Beschleunigung des wirtschaftlichen Wachstums ein und sah die Wirkung von Basis-Innovationen vor allem auch in der Begründung „neuer" Produktionssektoren. Diese technisch-innovativen Sektoren hatten nach seiner Einschätzung dann einen bedeutenden Effekt für die Generierung und Beschleunigung des gesamtwirtschaftlichen Wachstums [323: SCHUMPETER, Theorie].

Sektorale Differenzierungen haben gelegentlich auch Eingang in Entwicklungstheorien gefunden, wie sie angesichts der Entwicklungsprobleme der Länder der „Dritten Welt" erstmals in den 1950er und 1960er Jahren formuliert wurden. Typisch für derartige Ansätze war eine sektorale Disaggregation des Entwicklungsprozesses mit einer Unterscheidung zwischen wenigen Leitsektoren, die „das Wachstum machten" und den übrigen Sektoren der Wirtschaft, die aus diesem Wachstum anregende Impulse erfuhren. Basis dieses Ansatzes war die Vorstellung, daß wirtschaftliches Wachstum sich immer ungleichgewichtig, d.h. in manchen Sektoren stärker, in anderen weniger und in wiederum anderen gar nicht ausprägte [192: HIRSCHMANN, Strategie, 6, 25, 34, 38, 58; 194: HOFFMANN, Stadien,

Konzept der Führungssektoren

15]. Walt W. Rostow hat diese Vorstellungen in seinem Konzept der Führungssektoren auf den Punkt gebracht [307: ROSTOW, Stadien, 70–76].

Rostow unterscheidet innerhalb seiner umfassenden Analyse der wirtschaftlichen und sozialen Entwicklung sich industrialisierender Länder hinsichtlich der sektoralen Disaggragation des wirtschaftlichen Wachstumsprozesses zwischen „Führungssektoren", „sekundären Wachstumssektoren" und „abhängigen Wachstumssektoren". Abhängige Wachstumssektoren sind im Unterschied zu den eigentlichen Leitsektoren solche, in denen das Wachstum in etwa der Zunahme des Volkseinkommens, der Bevölkerung oder der Industrieproduktion entspricht. Ihr Wachstum stützt sich im wesentlichen auf eine Ausweitung der Nachfrage, während das Wachstum der Führungssektoren auf veränderte Angebotsbedingungen zurückzuführen ist. Dies ist in begrenztem Maße auch bei den sekundären Wachstumssektoren der Fall; auch hier gibt es Verbesserungen in den Produktionsbedingungen und eine überdurchschnittliche Wachstumsrate.

Als wesentliche Kennzeichen eines Führungssektors lassen sich insgesamt fünf Merkmale aufführen [307: ROSTOW, Stadien, 76; 308: ROSTOW, Process, 265; 309: ROSTOW, Economics, 4]:

Merkmale

1. eine neue Produktionsfunktion im technischen Sinne bewirkt eine neue Form der Produktion, verbunden mit einem deutlichen Anstieg der Produktivität des Sektors;

2. große Investitionen erweitern die Kapazität des betreffenden Produktionszweiges und erhöhen sein Angebot durch weitere technische Verbesserungen und das Hineinwachsen in optimale Betriebsgrößen;

3. der Führungssektor erlangt gemessen an seiner Wertschöpfung und seiner Beschäftigtenzahl ein bedeutendes Gewicht innerhalb der Gesamtwirtschaft;

4. vom Führungssektor ausgehend wirken starke Ausbreitungseffekte auf die übrige Wirtschaft ein, einmal durch die Nachfrage nach Gütern der übrigen Sektoren, die dem Führungssektor als Impuls für seine neue Produktion dienen (Rückwärtskopplungseffekte), dann durch die Bereitstellung von Leistungen des Führungssektors für andere Bereiche der Volkswirtschaft (Vorwärtskopplungs-Effekte), sei es durch die Bereitstellung neuer und/oder billiger Impulse, durch die Beseitigung von Versorgungsengpässen oder durch die Bewirkung externer Effekte für diese Sektoren und schließlich durch die allgemeine Verbesserung der Industrialisie-

rungsbedingungen (Begleit-Effekte), z.B. durch Verstädterung, Alphabetisierung etc.;

5. die großen Investitionen im Führungssektor zeigen tendenziell eine Neigung zum Aufbau von Überkapazitäten, die während ihres Aufbaus Wachstumsimpulse für andere Sektoren geben und später durch erzwungene Preiszugeständnisse pekuniäre-externe Effekte verursachen.

Innere Dynamik des Industrialisierungsprozesses

Ein derartiges sektorales Wachstumskonzept kann viel zum Verständnis der inneren Dynamik des Industralisierungsprozesses beitragen, wie das eine Reihe von Untersuchungen über die deutsche Industrialisierung im 19. Jahrundert gezeigt hat. Die Baumwollindustrie war in Großbritannien im späten 18. und frühen 19. Jahrhundert zweifellos der bedeutendste Führungssektor innerhalb der dortigen industriellen Revolution gewesen. Günther Kirchhain ging deshalb für Deutschland der Frage nach, ob dieser Sektor auch in Deutschland eine derartige Rolle gespielt habe [229: KIRCHHAIN, Wachstum] und kommt zu dem Schluß, daß dieses nicht der Fall war, weil die gesamtwirtschaftliche Bedeutung der Textilindustrie in Deutschland zu gering gewesen sei. Eine ähnlich angelegte Studie über den Steinkohlenbergbau an der Ruhr kommt zu dem Ergebnis, daß für diesen Sektor die Kriterien, die Rostow für einen Führungssektor definierte, zwar vollständig erfüllt waren, wegen seiner engen Verknüpfung mit der Eisenindustrie und dem Eisenbahnwesen dieser Sektor jedoch nicht allein betrachtet werden dürfe. Bei den genannten Produktionsbereichen handele es sich vielmehr um ein System eng verknüpfter Leitsektoren, von denen am ehesten dem Eisenbahnbau eine gewisse Priorität einzuräumen sei [198: HOLTFRERICH, Quantitative Wirtschaftsgeschichte, 165–68]. Mit dieser Einschätzung unterstützt Holtfrerich eindeutig die Argumentation von Rainer Fremdling, der in seiner Analyse des deutschen Eisenbahnbaus zu dem Ergebnis gelangt, daß hier der eigentliche Führungssektor der deutschen Industrialisierung zu vermuten ist [166: FREMDLING, Eisenbahnen, 83–85]. Gleichwohl weist auch er auf eine enge Verkopplung dieses Sektors mit dem Wachstum der Schwerindustrie insgesamt hin [166: FREMDLING, Eisenbahnen, 201–27].

Eine sektorale Disaggregation des Wachstumsprozesses in der deutschen Industrialisierung hat sich demnach als außerordentlich fruchtbar erwiesen und kann für weitere Untersuchungen gesamtwirtschaftlicher Wachstums- und Strukturwandlungsprozesse keinesfalls außer acht gelassen werden.

5. Regionale Differenzen in der gewerblichen Entwicklung in Deutschland im 19. und 20. Jahrhundert

Diffundierender Industrialisierungsprozeß

Daß sich Volkswirtschaften nicht global an allen Standorten gleichzeitig entwickeln, sondern dies zunächst nur in einigen wenigen Kernregionen, von denen aus dann der Industrialisierungsprozeß im günstigsten Falle in zahlreiche weitere Regionen diffundiert, ist eine Sichtweise, der häufig nur sehr wenig Beachtung geschenkt wird. Es sind doch zumeist eng begrenzte Regionen, die zunächst industrialisiert werden, manche mehr, manche weniger und manche andere gar nicht, und nicht ganze Volkswirtschaften. Diese Perspektive einer regionalen Differenzierung wirtschaftlichen Wachstums und gesellschaftlicher Entwicklung hat sich in der wirtschaftshistorischen Diskussion der letzten zwanzig Jahre als besonders fruchtbar erwiesen.

5.1 Zur Theorie der regionalen Industrialisierung

Standorttheorie

Den Ausgangspunkt einer wissenschaftlichen Beschäftigung mit Raumstrukturen bildet die Standortlehre der landwirtschaftlichen Produktion, deren Begründer Johann Heinrich von Thünen bereits Anfang des 19. Jahrhunderts ein „reines“, d.h. nicht empirisch fundiertes Modell einer kreisförmigen Anordnung der verschiedenen Bereiche der landwirschaftlichen Produktion um die Nachfragekerne (Thünensche Ringe) gemäß ihrer relativen Transportkosten formulierte. Auf dieser Basis, als Transportkostentheorie, wurde diese Sichtweise zu Beginn des 20. Jahrhunderts dann zu einer industriellen Standorttheorie ausgebaut. Eine Erweiterung dieser Standorttheorie zu einer umfassenderen Raumwirtschaftstheorie gelang erst nach einer deutlichen Erweiterung des Analysezusammenhangs durch die Aufnahme weiterer Erklärungsvariablen. Die Modelle zeichnen sich jedoch durch ein hohes Abstraktionsniveau aus, das ihre Anwendung für empirische, insbesonders aber historische Analysen erschwert, sowie auch daurch, daß sie zumeist statisch konzipiert sind und den hier besonders interessierenden Aspekt des ökonomischen Wachstums vernachlässigen [165: FFREMDLING, PIERENKEMPER, TILLY, Regionale Differenzierung, 11–15].

Raumwirtschaftstheorie

Für eine empirisch-historische Analyse ökonomischer Raumstrukturen wurden daher schon zeitig eigene Ansätze entwickelt, die wegen der Komplexität der regionalen Verhältnisse und der zahlreichen Einflußfaktoren auf diese recht vielfältig erscheinen. Bereits vor Jahrzehnten wurde darauf hingewiesen, daß wirtschaftliche Entwicklung sich nicht an politischen Grenzen orientiert und eigenen Gesetzen folgt, so daß eine Bewertung der Industrialisierung als ein Produkt politischer Entscheidung in die Irre führt. Industrialisierung erscheint vielmehr als ein regionales Phänomen, dessen Ausbreitung nicht an den nationalen Grenzen haltmacht, innerhalb der Nationalstaaten aber nicht alle Regionen in gleicher Weise erfaßt.

Regionales Phänomen

In diesem Sinne hat William Parker frühzeitig die Neigung der Wirtschaftshistoriker, Nationalstaaten als Untersuchungseinheiten zu benutzen, beißend kritisiert [273: PARKER, Old Wine, 101]. Diese frühen Überlegungen und Anregungen sind dann von Sidney Pollard vertieft worden [293: POLLARD, Industrialization, 336–337; 296: POLLARD, Peaceful Conquest]. Hier wird der Gedanke einer regionalen Differenzierung des Industrialisierungsprozesses dahingehend präzisiert, daß es eigentlich eng begrenzte Regionen sind, die als Träger des Entwicklungsprozesses anzusehen und deshalb genauer zu untersuchen sind. Industrialisierung breitet sich danach nicht anders aus als durch die Übertragung von Entwicklungsimpulsen von einer Region auf eine andere. Die Chronologie der Industrialisierung eines Landes wird deshalb wesentlich geprägt durch die Stellung der Regionen innerhalb der Gesamtentwicklung einerseits und im Rahmen einer europäischen Ökonomie über die Staatsgrenzen hinweg andererseits. Diese Sichtweise enthält damit eine fundamentale Kritik an einer nationalstaatlichen Betrachtungsweise im Sinne einer Nationalwirtschaft, die entgegen ihrer vielfältigen Verwendung in der Literatur als regionaler Bezug zur Analyse des Industrialisierungsprozesses als problematisch erscheint.

Übertragung von Entwicklungsimpulsen

Nationalstaat

Das Konzept einer Nationalwirtschaft erweist sich in dieser Hinsicht einerseits als zu weit, weil Industrialisierung sich von Anfang an zwar auch innerhalb nationalstaatlicher Grenzen vollzog, dort jedoch nicht flächendeckend, sondern in einigen wenigen Regionen. Nicht „Preußen" oder gar ganz „Deutschland" industrialisierte sich zur Mitte des 19. Jahrhunderts, sondern nur wenige kleine Regionen, vor allem Sachsen, Oberschlesien, Brandenburg, das Rheinland und Westfalen. Daher bildet nicht der Nationalstaat, den es in Deutschland noch gar nicht gab, sondern die Region die „wesentliche operative territoriale Einheit für die Industrialisierung" [296: Pollard].

Andererseits erweist sich häufig das Konzept des Nationalstaates zur Analyse von Industrialisierungsprozessen als zu eng, denn

Industrialisierung vollzog sich schon sehr früh als ein grenzüberschreitender, internationaler Prozeß. Der Aufschwung der englischen Eisenindustrie im 18. Jahrhundert erfolgte z.B. im wesentlichen als Prozeß der Importsubstitution russischen und schwedischen Eisens und strahlte dann auf die Entwicklung der schwerindustriellen Zentren des Kontinents, zunächst in Belgien, dann in Preußen und Frankreich aus. Hier waren es wiederum einzelne Regionen, nicht die gesamten Staaten, die mit den englischen Eisenzentren in spezifischer Weise verbunden waren. Der Nationalstaat fand allenfalls in Form einer nationalen Zollpolitik als intervenierende Variable Eingang in diesen komplexen Prozeß des internationalen Austausches zwischen Regionen. Nicht Nationalstaaten, sondern die „europäische Ökonomie" bestimmte bereits die Bedingungen der Industrialisierung des 19. Jahrhunderts.

Importsubstitution

Orientierungspunkte einer regionalen Analyse

Die wichtigsten methodischen Orientierungspunkte einer regionalen Analyse des Industrialisierungsprozesses lassen sich kurz wie folgt umreißen [295: POLLARD, Region, 12–13]:

1. Regionen sind in der Phase der Industrialisierung „funktional" zu betrachten, d.h. im Hinblick auf ihre externen Agglomerationsvorteile für die Gesamtwirtschaft wie auch im Hinblick auf die wachsenden Differenzen zur Entwicklung anderer Regionen. Beide Effekte neigen dazu, sich kumulativ zu entwickeln und haben deshalb gravierende Folgen für die Gesamtentwicklung.

2. Die Beziehungen der Regionen zum Um- und Hinterland sind wichtig, da sie für ihre Entwicklung auf die regionalen Märkte zum Bezug von Arbeitskräften, Lebensmitteln und Rohstoffen angewiesen sind.

3. Der Austausch der Regionen mit anderen Entwicklungsregionen ist von entscheidender Bedeutung, da nur so internationale Märkte entfaltet werden und Kopplungseffekte zwischen den verschiedenen Industrie-Regionen zum Tragen kommen können.

Bei der konkreten Umsetzung eines derartigen Forschungsansatzes tritt eine Reihe von Problemen auf, deren Lösung ganz entscheidend den Ertrag der Bemühungen bestimmt [165: FREMDLING, PIERENKEMPER, TILLY, Regionale Differenzierung, 17–21; 225: KIESEWETTER, Erklärungshypothesen, 307–313].

Untersuchungsregion

Ein Grundproblem stellt sich hinsichtlich einer sachgerechten Abgrenzung von Regionen. Für die empirische Arbeit ist man auf Verwaltungsregionen verwiesen, denn nur für diese, und im 19. Jahrhundert auch dafür nur sehr begrenzt, stehen empirische Informationen zur Verfügung. Da sich nun aber Verwaltungsregionen in den seltensten Fällen mit ökonomisch relevanten Regionen decken, findet sich der Forscher in einem Dilemma, das er pragmatisch durch Um- und Neugruppierung möglichst kleiner Verwaltungsregionen zu überwinden suchen kann, um so zu einer, unter seiner Fragestellung, einigermaßen homogenen Region zu gelangen.

Entwicklungsindikator

Da aber gerade aus dem 19. Jahrhundert ökonomisch relevante Daten gar nicht erhoben wurden oder nur bruchstückhaft überliefert sind, erscheint als ein zweites Hauptproblem die Wahl eines geeigneten Indikators zur Messung des Grades der regionalen Industrialisierung. Da entsprechende ökonomische Kerngrößen wie z. B. Pro-Kopf-Einkommen, Wertschöpfung etc. für die einzelnen Regionen nicht zur Verfügung stehen, ist man auf die Verwendung von Hilfsgrößen angewiesen. Prinzipiell bietet sich dabei eine enorme Vielzahl von Möglichkeiten, die von den einzelnen Forschern in z.T. origineller Weise genutzt wurden. Diese Hilfsgrößen können sich entweder am regionalen Output oder am Input orientieren, und als häufigste Datengruppe treten dabei Lohnsätze, Ausgaben für bestimmte Güter und Dienste, Beschäftigungsvolumina und Kapitalbildung auf. Über die Qualität und Zuverlässigkeit derartiger Hilfsindikatoren kann keine generelle Aussage gemacht werden, denn diese müssen sich in der praktischen Arbeit des Forschers erst bewähren.

Ursachenidentifikation

Noch schwieriger aber für den Gewinn eines regionalen Ansatzes, bedeutender als die adäquate Definition der Untersuchungsregion und die sachgerechte Wahl eines Entwicklungsindikators erscheint die Identifikation der Ursachen für die Unterschiede von regionalen Entwicklungen. Hier gibt es noch die größten Forschungsdefizite. Bis auf den Versuch, die Entwicklungschancen von Regionen auf deren „Exportbasis", d.h. die Möglichkeiten mit anderen Regionen in Austausch zu treten, oder auf die unterschiedlichen regionalen Produktivitätsentwicklungen im Sinne der „Drei-Sektoren-Theorie" zurückzuführen, läßt sich in der Literatur wenig finden [165: Fremdling, Pierenkemper, Tilly, Regionale Differenzierung, 15–17]. Aber auch diese Erklärungsansätze lassen mehr Fragen offen als sie beantworten, weshalb konkrete Untersuchungen zur regionalen Industrialisierung sehr häufig auf ad-hoc-Hypothesen zurückgreifen müssen [225: Kiesewetter, Erklärungshypothesen, 314–30].

Im Rahmen ökonomischer Erklärungsversuche wird dann zumeist auf die Wirkungen unterschiedlichen Bevölkerungswachstums hingewiesen, das sowohl als Input- wie der Nachfragefaktor die

Wirtschaftstätigkeit beleben kann. Häufig wird auch der Modernisierung des Agrarsektors eine Schlüsselrolle zugewiesen, ebenso wie den gewerblichen und den landwirtschaftlichen Exportmöglichkeiten von Regionen. Gleiches gilt für die Verbreitung von Führungssektoren oder für den Zugang zum Kapitalmarkt. Aber nicht nur autonome Faktoren aus dem Bereich der Wirtschaft werden als ad-hoc-Erklärungen regionaler Industrialisierung angeführt, sondern häufig auch staatliche Maßnahmen wie administrative Gewerbeförderung, staatliche Investitionen in Bildung und Infrastruktur, so daß auf diese Weise indirekt auch der Nationalstaat Zugang in den Erklärungszusammenhang regionaler Industrialisierung bekommt.

Regionale Ungleichheit

Letztlich bleibt ein weiteres Problem bislang ungelöst, nämlich die Klärung der langfristigen Richtung der Entwicklung von regionaler Ungleichheit. Handelt es sich dabei um einen kumulativen Prozeß, der die Tendenzen regionaler Ungleichheit immer weiter verschärft, wie Gunnar Myrdal vermutet hat, oder setzten sich auch hier die Marktkräfte dergestalt durch, daß sie auf eine Ausgleichung der Entwicklungsunterschiede hinwirkten. Für beide Vermutungen lassen sich aus der Geschichte der Industrialisierung Beispiele anführen, wobei es methodisch wichtig erscheint, den Betrachtungszeitraum solcher Vergleiche zu begrenzen. Möglicherweise verändert die Dynamik der industriellen Entwicklung die Wachstumschancen von Regionen immer wieder, so daß regionale Vorteile zu Nachteilen werden können und umgekehrt [297: Pollard, Betrachtungen, 305–322; 296: Pollard, Peaceful Conquest, 8–33].

5.2 Regionales Wachstum in Deutschland

In der deutschen wirtschaftshistorischen Forschung ist der im Konzept der regionalen Industrialisierung so stark betonte Aspekt internationaler Vergleiche zwischen Industrieregionen deutlich unterbelichtet geblieben; hier sind überwiegend Untersuchungen deutscher Entwicklungsregionen und Studien über regionale Differenzen im Entwicklungsmuster insgesamt betrieben worden. Diese Arbeiten haben zwei unterschiedliche Forschungsrichtungen begründet. Zum einen finden sich Versuche, die Deutschland bzw. Preußen im 19. Jahrhundert als Ganzes in seiner regionalen ökonomischen Vielfalt untersuchen wollen. Es handelt sich also um eine globale Sichtweise, die anhand einiger weniger Indikatoren die regionalen ökonomischen Strukturen größerer Gebiete aufzeigen will. Bei diesen Ansätzen treten zwei methodische Grundprobleme der Analyse re-

Globale Sichtweise

gionaler Differenzen besonders deutlich hervor, nämlich einerseits die Wahl eines vernünftigen Indikators und andererseits die Abgrenzung ökonomisch sinnvoller Regionen. Daneben finden sich Forschungsansätze, die im Forschungsdesign entscheidend von den bislang geschilderten, global orientierten Arbeiten abweichen und sich bewußt auf die Untersuchung von Teilregionen beschränken; sie arbeiten deren Besonderheiten anhand zahlreicher ökonomisch relevanter Parameter heraus und suchen dadurch, wenn möglich, typische regionale Entwicklungsmuster zu veranschaulichen.

Teilregionen

5.2.1 Globale Betrachtungen regionaler Wachstumsmuster

In einer allgemeinen Betrachtung ökonomischer Entwicklungsunterschiede in Preußen im 19. Jahrhundert hat Knut Borchardt bereits 1965 die These genauer untersucht, daß sich im Zuge der Industrialisierung auch in Deutschland ein regionales Wohlstandsgefälle gebildet bzw. das alte Gefälle im Königreich Preußen verstärkt habe. Wegen des Mangels an regionalen Pro-Kopf-Einkommensdaten benutzt Borchardt in seinem Ansatz als Ersatzindikatoren für den Wohlstand in den verschiedenen Regionen die Arztdichte und die Anzahl der höheren Schüler in den einzelnen preußischen Provinzen, die er für das Jahr 1913 eng mit der Höhe des Einkommens korreliert sieht. Als Ergebnis zeichnet sich ein seit 1825 stabiles und sogar wachsendes West-Ost-Gefälle zwischen den preußischen Provinzen ab, dessen Ursache in der unterschiedlichen Verteilung des Gewerbes in Preußen vermutet wird [129: BORCHARDT, Wachstumsdifferenzierung].

Hilfsgrößen für Einkommensdifferenzen

Arztdichte

Nicht nur für Preußen, sondern für Deutschland insgesamt versucht Thomas J. Orsagh vom Ende des 19. bis zur Mitte des 20. Jahrhunderts die regionalen Einkommensunterschiede zu bestimmen. Als Untersuchungseinheiten definiert er dabei für das Kaiserreich zehn bzw. fünfzig Regionen aus der Zusammenführung benachbarter mittlerer Verwaltungseinheiten (z.B. preußische Regierungsbezirke, sächsische Kreishauptmannschaften, württembergische Kreise) und benutzt wegen des Fehlens entsprechender regionaler Einkommensdaten sektorale Beschäftigtenanteile, die er aus den Berufszählungen von 1882, 1895 und 1907 gewinnt. Für die Bundesrepublik Deutschland werden dann für 1950 und 1963 zusätzlich noch Bundesländer hinzugenommen, für die auch die Daten von vor 1913 umgerechnet werden. Als Ergebnis kann festgehalten werden, daß insgesamt eine beachtliche ökonomische Differenzierung in Deutschland zu beobachten war und daß die Schwerpunkte der

Sektorale Beschäftigungsstruktur

frühen deutschen Industrialisierung in den mittleren und südlichen Gebieten gelegen haben, von wo aus sich regionale Strukturverschiebungen zugunsten des Ruhrgebiets und des Berliner Raums ergeben haben. Ursache dieses regionalen Differenzierungsprozesses bildete wiederum die Verschiedenartigkeit der gewerblichen Entwicklung in den Regionen [272: ORSAGH, Geographical Distribution].

Regional disaggregierte Einkommensdaten

Eine Untersuchung von Helmut Hesse knüpft unmittelbar an die vorausgehenden Arbeiten an und versucht erstmals durch die Verwendung regional disaggregierter Einkommensdaten den Umfang der regionalen ökonomischen Differenzierung in Preußen im 19. Jahrhundert zu bestimmen. Er verwendet dabei die ungewogenen Einkommen verschiedener Beschäftigtengruppen (Volksschullehrer, Waldarbeiter, Maurer) und bestimmt deren regionale Streuung zwischen den preußischen Provinzen durch die Berechnung eines Variationskoeffizienten. Die Entwicklung der verschiedenen Variationskoeffizienten läßt vermuten, daß im Verlauf der deutschen Industrialisierung das regionale Entwicklungsgefälle, wie auch bei Borchardt festgestellt, zunächst wuchs, während dann nach 1880 eine Umkehr der Tendenz hin zu einer zunehmenden Konvergenz zu beobachten gewesen sei. Die Ursache dieser später auftretenden Annäherung der regionalen Entwicklungsniveaus wird dabei in einer zunehmenden Konkurrenz der Regionen um die knappen Produktionsfaktoren gesehen, die durch den Ausbau des Verkehrssystems seit der Mitte des 19. Jahrhunderts erst ermöglicht wurde [190: HESSE, Entwicklung].

Berufliche Spezialisierung

In einer größeren Arbeit bestätigt schließlich Frank B. Tipton die weitgehend bereits zuvor formulierten Thesen über die regionale Verteilung der deutschen Industrialisierung im 19. Jahrhundert. Er benutzt dazu als Maß den Grad der Spezialisierung der Beschäftigten auf industrielle Berufe und unterscheidet insgesamt 32 Regionen (preußische Provinzen, deutsche Einzelstaaten) im Deutschen Reich und sieht als Ursache der ab 1860 verstärkt beobachtbaren Unterschiede die Verteilung des Gewerbes im Raum an [356: TIPTON, Regional Variations].

Wellenförmige Entwicklung

In einer auch den europäischen Vergleich mit einschließenden resümierenden Betrachtung regionaler Disparitäten in der Erwerbsstruktur in Deutschland seit dem späten 19. Jahrhundert kommen Kaelble und Hohls, wiederum auf der Basis der sektoralen Erwerbstätigkeit in den verschiedenen Regierungsbezirken, zu dem Schluß, daß im Zeitverlauf der Industrialisierung offenbar eine wellenförmige Entwicklung der regionalen ökonomischen Differenzen zu beobachten sei [213: KAELBLE u. HOHLS, Wandel, 288–413]. In der Phase der Industrialisierung setzte sich dabei eine Tendenz der ja auch schon in der traditionellen Wirtschaft vorhandenen, hier häufig im Stadt-Land-Unterschied besonders stark ausgeprägten regionalen Differenzen [216: KAUFHOLD, Metallgewerbe, 324–326] zu einer Verschärfung der Unterschiede durch. Bis in das erste Viertel des 20. Jahrhunderts zeigt sich daher in Deutschland eine eigentümliche regionale Prägung der Wirtschaftsstruktur und des Beschäftigungssystems. Im Vergleich zum Westen blieb der Osten des Reiches stark durch die Landwirtschaft geprägt. Im Westen und auch in der Mitte vollzog sich demgegenüber eine deutliche und anhaltende Verdichtung der gewerblichen Tätigkeiten, eine Entwicklung, an die der Süden erst nach 1920 ebenfalls Anschluß gewann. Die Beschäftigten des tertiären Bereichs verteilten sich in einem leicht abweichenden Muster und fanden ihre größte Häufung nicht in den Industriezentren [277: PETZINA, Materialien, 318–20].

Zwischen 1895 und 1925 haben sich die Eigenarten der regionalen Erwerbsstruktur in Deutschland ganz erheblich verstärkt. In den rückständigen Agrarregionen hat sich in dieser Zeit die absolute Höhe der landwirtschaftlich Beschäftigten sogar noch erhöht, so daß man mit gutem Recht z.T. von einer Reagrarisierung der rückständigen Gebiete sprechen kann. Verschärft haben sich auch die regionalen Disparitäten im gewerblichen Sektor: So läßt sich beobachten, daß die gewerbliche Beschäftigung sich in einigen stark industrialisierten Gebieten abschwächte (Deindustrialisierung), doch blieben diese Tendenzen innerhalb des gewerblichen Sektors insgesamt sehr moderat. Nicht verschärft haben sich hingegen in Deutschland während dieser Zeit die regionalen Differenzen im Dienstleistungssektor [213: KAELBLE u. HOHLS, Wandel, 297–301].

Reagrarisierung

Deindustrialisierung

In den 1920er Jahren setzt sich dann in Deutschland offenbar eine Trendwende in der Entwicklung der regionalen Disparitäten durch, und ihr Rückgang erscheint nicht weniger markant als ihr vorausgehender Anstieg. Vor allem im Bereich der industriellen Tätigkeiten ist eine deutliche Angleichung zu beobachten, weil die zuvor stark agrarisch geprägten Regionen nun im Bereich der Industriearbeit kräftig zulegen und die landwirtschaftliche Beschäftigung immer mehr in eine marginale Position gedrängt wurde. Abgemildert wurden die regionalen Disparitäten auch im Dienstleistungsbereich, wobei festzuhalten ist, daß gerade dieser Sektor insgesamt als Hauptmotor der Abmilderung der regionalen Disparitäten in

Trendwende

Deutschland zu bezeichnen ist [213: KAELBLE u. HOHLS, Wandel, 327–330].

Alle vorgestellten globalen Ergebnisse über die regionale Differenzierung der Industrialisierung in Deutschland in 19. Jahrhundert erscheinen sowohl hinsichtlich der Struktur als auch hinsichtlich der Entwicklung der regionalen Differenzen recht widerspruchsfrei und können als gesichert angesehen werden. Die Probleme einer derartigen Vorgehensweise in den genannten Arbeiten sind jedoch ebenfalls offenbar geworden.

Unzureichende Regionenbildung

Eine derart globale Betrachtungsweise, die das gesamte Reichsgebiet bzw. das Preußens oder der Bundesrepublik Deutschland in Hinblick auf die regionale ökonomische Strukturierung zu erfassen sucht, führt zwangsläufig zu einer völlig unzureichenden Regionenbildung, die insgesamt viel zu grobschlächtig erscheint und für interne Differenzierungen keinen Raum läßt – zum Beispiel wenn, wie bei Tipton geschehen, ganz Bayern (ohne die Rheinpfalz) mit der „Ruhr", definiert als Reg. Bez. Düsseldorf und Reg. Bez. Arnsberg, als zwei solche „Regionen" angesehen werden. Diese Definition der „Ruhr"-Region berücksichtigt z. B. wichtige Industriebereiche des rheinisch-westfälischen Industriegebiets nicht, die im Reg.-Bez. Münster liegen, erfaßt aber ganz anders strukturierte Regionen am Niederrhein und im Bergischen Land. Ähnlich inhomogen erscheint eine Wirtschaftsregion „Bayern".

Die vorgestellten Daten offenbaren darüber hinaus einen schwerwiegenden Mangel an quantitativen empirischen Daten, die es ermöglichen würden, Differenzen der Industrialisierung auf eine oder wenige Variable zu begrenzen. Häufig ist man daher gezwungen, Hilfsgrößen wie z. B. „Arztdichte" (BORCHARDT), „sektorale Beschäftigungsstruktur" (ORSAGH) oder „berufliche Spezialisierung", für das eigentlich Gemeinte, nämlich Einkommensdifferenzen, zu verwenden. Dies erscheint um so problematischer, als doch verschiedene Arbeiten [213: KAELBLE u. HOHLS, Wandel, 291] ausdrücklich darauf hinweisen, daß Erwerbsstrukturen nicht ohne weiteres das Wohlstandsniveau widerspiegeln. Die Verwendung zusätzlicher, auch qualitativer Daten verbietet schlichtweg der Umfang der Daten, der bei einer solcherart weitgreifenden Analyse erforderlich wäre.

Ursachenanalyse

Als das wesentlichste Defizit dieser Forschungsansätze erscheint es jedoch, daß die Ursachen der regionalen Differenzen nicht zum eigentliche Thema erhoben werden, sondern daß ihre Existenz lediglich konstatiert und mehr oder weniger hinreichend beschrieben wird. Eine Analyse der Ursachen, die über die Auflistung einer Reihe zwar wichtiger, aber in der globalen Betrachtung notwendig unzureichend bleibender Ursachenkomplexe hinausgeht [213: KAELBLE u. HOHLS, Wandel, 337–342], scheint im Rahmen eines solchen globalen Ansatzes gar nicht möglich und erfordert unseres Erachtens eine wesentlich detailliertere und kleinräumigere Vorgehensweise.

5.2.2 Spezielle Betrachtungen regionaler Wachstumsmuster

Anknüpfend an Ansätze und Arbeiten der traditionellen Landesgeschichte gibt es eine Reihe von Arbeiten, die ganz gezielt die ökonomischen Verhältnisse kleinerer Regionen untersuchen und sich durch diese Begrenzung die Möglichkeit eröffnen, sowohl eine Vielzahl ökonomischer Variablen mit in den Untersuchungszusammenhang einzubeziehen als auch detailliert Ursachenanalysen betreiben zu können. Von der landesgeschichtlichen Forschung unterscheidet sich ein derartiger Ansatz vor allem dadurch, daß darin nicht die Totalität landestypischer Merkwürdigkeiten erfaßt werden soll, sondern, ausgehend von einem stringenten Konzept der Industrialisierung, spezifische ökonomische Sachverhalte zum Gegenstand der Untersuchung gemacht werden. Gleichwohl lassen sich dabei, wie neuere landeskundliche Arbeiten zeigen [149: FISCHER, Wirtschaftliche Strukturen, 1–7], zahlreiche Ergebnisse dieser weitverzweigten Forschungen hier nutzbringend verwenden, dies um so mehr, weil auch dort neuerdings stärker systematische Bezugspunkte für die Deskription gesucht werden [290: POHL, Einführung, 11]. Auf der Basis des reichen Bestandes an Studien über einzelne Regionen und regionale Gewerbe ist Karl Heinrich Kaufhold beispielsweise in der Lage, für die Frühe Neuzeit im deutschen Raum immerhin neununddreißig verschiedene Gewerbelandschaften zu identifizieren und ihre Eigentümlichkeiten knapp zu umreißen [222: KAUFHOLD, Gewerbelandschaften, 171–73].

Spezifische ökonomische Sachverhalte

Zahlreich sind hingegen Arbeiten, die sich der detaillierten Analyse begrenzter Regionen und/oder ihrer Gewerbezweige widmen, so z. B. 1885 Alfred Zimmermann mit seiner klassischen Untersuchung über „Blüthe und Verfall des Leinengewerbes in Schlesien" oder in jüngerer Zeit Eckart Schremmer mit seiner Studie über „Die Wirtschaft Bayerns" [373: ZIMMERMANN; 317: SCHREMMER,], um nur zwei wichtige Werke dieses Genres zu nennen. Arbeiten, die sich im eng begrenzten Rahmen nur einer Region explizit auf die Analyse des dortigen regionalen Industrialisierungsprozesses bezie-

Analyse regionaler Industrialisierungsprozesse

hen, sind bis heute relativ selten geblieben. Bereits vor mehr als fünfzehn Jahren hat Gerd Hohorst versucht, durch die kleinräumliche Analyse der Entwicklung des Kreises Hagen den Problemen der inadäquaten Regionenbildung auf der Basis größerer administrativer Einheiten zu entgehen und andererseits zugleich den Erklärungszusammenhang regionaler Entwicklungsprozesse durch die Berücksichtigung zusätzlicher Variabler zu vervollständigen [197: Hohorst, Wirtschaftswachstum, 213–227]. Hubert Kiesewetter hat diesen Ansatz in seiner Arbeit über das Königreich Sachsen auf einer weit ausgreifenden Quellenbasis wesentlich erweitert [227: Kiesewetter, Industrialisierung] und hat darüber hinaus den regionalen Aspekt der Industrialisierung sogar als eines der strukturierenden Prinzipien für sein neues Lehrbuch verwandt [105: Kiesewetter, Industrielle Revolution].

Komparativ-regionale Studien

Arbeiten, die sich lediglich auf die Untersuchung einer solchen Region und ihrer spezifischen Entwicklungsbedingungen beschränken, verzichten noch auf den produktivsten und zukunftsweisendsten Schritt dieses Forschungsansatzes, nämlich auf den Vergleich ähnlich strukturierter Regionen. Diesen Schritt hat Herbert Kisch schon früh vollzogen, als er aufbauend auf seine Untersuchungen zum rheinischen Textilgewerbe [231: Kisch, Die hausindustriellen Textilgewerbe] die Textilindustrie des Rheinlandes mit der Schlesiens verglich [230: Kisch, Textilgewerbe]. Auch Wolfram Fischer hatte bereits früh einen ähnlichen Versuch unternommen, als er, angelehnt an die Hoffmannsche Konzeption der Stadien und Typen der Industrialisierung, Sachsen mit Rheinland-Westfalen verglich, um mit dieser Analyse den Ursachen der Industrialisierung besser auf die Spur zu kommen [156: Fischer, Stadien]. In den letzten Jahren haben solche komparativen regionalen Industrialisierungsstudien größere Verbreitung gefunden [228: Kiesewetter u. Fremdling, Staat; 295: Pollard, Region], die u.a. in einigen Sammelbänden publiziert wurden. In einem detaillierten Vergleich zwischen zwei oder mehreren wohldefinierten und ähnlich strukturierten Regionen läßt sich erst die Reichhaltigkeit des regionalen Ansatzes für die Geschichte der Industrialisierung voll erschließen. Dabei kann man zunächst durchaus vom Vergleich weniger zentraler Wirtschaftsbereiche ausgehen, um dann schrittweise weitere Sachverhalte und Erklärungszusammenhänge mit in die Betrachtung einzubeziehen.

Beispielhaft kann auf einen Versuch verwiesen werden, bei dem die regionale Industrialisierung der Ruhrregion mit der zeitlich leicht versetzten Industrialisierung Oberschlesiens verglichen werden kann, und der um den Vergleich mit weiteren, ähnlich strukturierten Regionen wie z. B. der Saarregion noch ergänzt werden kann. Als erstes Ergebnis eines derartigen Vergleiches läßt sich festhalten, daß die Industrialisierung in den drei genannten Regionen jeweils einem ganz eigentümlichen Muster folgte.

Vergleich Ruhrregion/ Oberschlesien

Oberschlesien hatte den Schritt in die Industriewirtschaft, aufbauend auf einer alten Eisentechnologie, schon früher als das Ruhrgebiet gemacht und hatte deshalb im rapiden technischen Wandel nach der Mitte des 19. Jahrhunderts mit den Nachteilen der technischen Rückständigkeit des Vorreiters gegenüber der Ruhr zu kämpfen. Zwar war zunächst die Finanzierung der schwerindustriellen Unternehmen in Oberschlesien problemloser möglich, weil die beteiligten adeligen Großgrundbesitzer dabei auf ihr Feudalvermögen zurückgreifen konnten, doch erwies sich diese Besitzstruktur später als Nachteil, als die privaten Vermögen zur Finanzierung nicht mehr ausreichten und die neuen Finanzierungsformen anders als bei der Konkurrenz an der Ruhr nur zögernd adaptiert wurden.

Technische Rückständigkeit des Vorreiters

Wegen der stärkeren Bindung der oberschlesischen Industrie an die Eisentechnologie, die auch staatlicherseits dort sehr forciert worden war, hatten die oberschlesischen Industriellen aufgrund der größeren Inhomogenität von Eisenprodukten später weitaus mehr Schwierigkeiten, in problematischen Konjunktursituationen eine Absatzstabilisierung durch Kartellbildung zu bewerkstelligen, als das für die Ruhrindustriellen der Fall war, deren Produktionsschwerpunkt im Steinkohlenbergbau angesiedelt war. Auch die geographische Lage der beiden Industriezentren hatte bedeutende Konsequenzen für den jeweiligen Verlauf des Industrialisierungsprozesses. Oberschlesien lag verkehrsungünstig „am Ende des Reichs" (Goethe) und hatte stark mit Absatz- und Rohstoffbezugsproblemen zu kämpfen, während die Ruhrregion verkehrsgünstig nahe den Verbrauchszentren gelegen war. Es nimmt also nicht wunder, daß die jeweilige regionale Situation an beiden Standorten entscheidenden Einfluß auf deren regionale Industrialisierung nahm und zur Ausprägung spezifischer Industrialisierungsmuster beitrug [279: PIERENKEMPER, Struktur, 1–28].

Absatzstabilisierung durch Kartellbildung

Geographische Lage

Derartige Unterschiede lassen sich auch innerhalb der Struktur der Unternehmerschaft nachweisen. In Oberschlesien waren angestellte Unternehmer weit weniger stark verbreitet als an der Ruhr, wo Kapitalgesellschaften das Bild bestimmten. In Oberschlesien überwogen demgegenüber Magnaten und Beamte; Beamte deshalb,

Unternehmensstruktur

weil ein beachtlicher Teil der Schwerindustrie in staatlicher Regie betrieben wurde. In beiden Regionen war die Unternehmerschaft sehr bodenständig, in Oberschlesien noch mehr als an der Ruhr, wo auch ein merklicher Zugang von außerhalb, z.T. sogar aus dem Ausland, zu beobachten war. Sozial waren die Unternehmer in beiden Regionen den oberen Gesellschaftsschichten zuzuordnen, wobei in Oberschlesien ein beachtliches adeliges Element zu berücksichtigen bleibt. Beide Gruppen waren gut ausgebildet und betätigten sich auch im öffentlichen Leben; die oberschlesischen Industriellen z.T. stärker im Verbandswesen [280: PIERENKEMPER, Entrepreneurs, 65–78]. Zwischen den jeweiligen Besonderheiten der sozialen Struktur der Unternehmerschaft und den spezifischen industriellen Entwicklungsmustern lassen sich unschwer auch Zusammenhänge konstruieren.

Postskriptum 2007

19. Jahrhundert

Die Industrie- und Gewerbegeschichte des 19. Jahrhunderts war in der vergangenen Dekade kein Schwerpunkt der wirtschaftshistorischen Forschung, die sich vielmehr verstärkt dem 20. Jahrhundert, insbesondere der nationalsozialistischen Periode und einzelwirtschaftlichen Betrachtungen zugewendet hat. Die Analyse des gewerblichen und industriellen Wachstumsprozesses und des anhaltenden Strukturwandels von Industrie und Gewerbe ist dahinter deutlich zurück getreten. Generell scheint sich die Diskussion auch in der Gewerbegeschichte von den Strukturen zum Individuellen zu verschieben bzw. zu einer mikroökonomisch basierten Analyse des wirtschaftlichen Entwicklungsprozesses.

Regionalstudien

Für das 19. Jahrhundert sind auf der Basis der veröffentlichten Quellen vor allem mit neuen Fragen grundlegend neue Erkenntnisse zu erzielen (z.B. regionale Vergleiche, Branchenvergleiche), die über die gewiss wichtige Vertiefung der Kenntnisse zu einzelnen Regionen [394: DETER, Handwerk] hinausgehen. Die Erschließung neuen Datenmaterials ist allerdings mit einem hohen Arbeitsaufwand verbunden [393: DENZEL, Statistik]. Der Ertrag wächst, wenn die industrie- und gewerbegeschichtliche Forschung das ausgehende 18. Jahrhundert in die Analyse einbezieht und über Preußen hinaus ausdehnt [392: DENZEL, Professionen; 382: ALBRECHT, Gewerbe]. Viel versprechend sind vor allem unternehmensbezogene Analysen, die neue Einsichten über die wirtschaftlichen Handlungsmöglichkeiten und -zusammenhänge liefern [403: GORISSEN, Handelshaus]. Dabei wird auch deutlich, wie eng gerade in der früheren Zeit die gewerbliche Tätigkeit mit dem Handel verknüpft war [442: STREMMEL/WEISE, Unternehmer]. Eine strenge Trennung zwischen den Sektoren Gewerbe und Dienstleistung/Handel ist also in dieser frühen Zeit, ebenso wie heute, kaum strikt aufrecht zu erhalten.

Gewerbliche Führungsschichten

Lokale und regionale Studien, die sich mit dem Handeln der gewerblichen Führungsschichten, der Kaufleute und Unternehmer beschäftigen [413: KOLLMER VON OHEIM-LOUP, Innovation; 427: REININGHAUS, Iserlohn; 446: WISCHERMANN, Staat] liefern neue Informationen über die gewerbliche Entwicklung; auch sie berücksichtigen zunehmend das 18. Jahrhundert, in dem wichtige Voraussetzungen für den gewerblich-industriellen Aufschwung geschaffen wurden [395: DÜNKEL, Hasenclever]. Diese Arbeiten verbinden die Forschungen zur protoindustriellen Entwicklung, die gelegentlich auch eine anregende international vergleichende Perspektive einnehmen [391: CERMAN/OGILVIE, Protoindustrialisierung; 396: EBELING/MAGER, Protoindustrie], mit unternehmensbezogenen Konzepten [403: GORISSEN, Handelshaus]. Eine andere Entwicklungsrichtung sind regional und sektoral orientierte Studien, die zwar einzelwirtschaftliche Prozesse untersuchen, durch ihre regionale Perspektive allgemeine ökonomische Entwicklungsprozesse vielleicht aber besser in der Lage sind abzubilden [388: BOLDORF, Leinenregionen; 435: SKIBICKI, Pless], sowie Untersuchungen, die umfassend den langfristigen sektoralen Strukturwandel analysieren [383: BANKEN, Saarregion] und eine Folie liefern für regional vergleichende Ansätze [423: PIERENKEMPER, Montanregionen]. Auch die landesgeschichtliche Forschung hat die Kenntnis über regionale Produktionsstrukturen und Entwicklungen erheblich erweitert und das Bild der gewerblichen Entwicklung in Deutschland deutlich geschärft [381: ADELMANN, Baumwollgewerbe; 431: SCHNEIDER, Industrialisierung; 389: BROSOWSKI, Grundzüge; 402: GESSNER, Anfänge; 407: HESS, Wirtschaft; 422: PADBERG, Wirtschaftsgeschichte]; generell fügen sich ihre Befunde gut in die Interpretation regionaler Entwicklungsprozesse ein.

Unternehmensforschung

Die stärkere Hinwendung zu Personen und Unternehmen ist gewiss auch ein Ergebnis der Bürgertumsforschungen in Bielefeld und Frankfurt, sie ist aber auch Ausdruck einer zeitweise starken kulturellen Orientierung der Wirtschaftsgeschichte [412: KÖLLMANN u. a., Bürgerlichkeit; 387: BOCH, Wachstum]. Viele dieser Studien sind für die Industrie- und Gewerbegeschichte von großer Bedeutung, zumal wenn es sich um zentrale Unternehmen wichtiger Branchen [378: Abelshauser, BASF] handelt oder um wichtige Unternehmerpersönlichkeiten [399: Feldman, Stinnes]. Die Perspektive auf kleine und mittlere, aber dennoch für die regionale Entwicklung in der Regel keineswegs bedeutungslose Unternehmen und Unternehmer [386: Berghoff, Kleinstadt; 406: Hecht, Württembergische Metallwarenfabrik] erweitert diesen Befund. Diese einzelwirtschaftlichen Perspektiven tragen entscheidend zu einem Mosaik der gewerblich industriellen Entwicklung bei.

20. Jahrhundert

Großindustrien

Für die ersten Jahrzehnte des 20. Jahrhunderts liegen die Schwerpunkte der neueren Untersuchungen in den „großen" Industrien und deren Konzentrationsprozessen [426: Reckendrees, „Stahltrust"-Projekt; 424: Plumpe, I.G. Farbenindustrie]. Vor allem die Forschungen zur Geschichte der Eisen- und Stahlindustrie haben eine erhebliche Breite und Tiefe erzielt [410: Kleinschmidt, Rationalisierung; 446: Welskopp, Arbeit; 400: Gall, Krupp; 426: Reckendrees, „Stahltrust"-Projekt; 444: van de Kerkhof, Unternehmensstrategien]. Doch auch für den Kohlenbergbau insbesondere an der Ruhr [377: Abelshauser, Ruhrkohlenbergbau; 420: Nonn, Ruhrbergbaukrise; 425: Plumpe, Mitbestimmung; 448: Wisotzki, Bergbau] und für die Chemieindustrie [378: Abelshauser, BASF; 429: Rupieper, Chemieindustrie; 424: Plumpe, I.G. Farbenindustrie] sowie für die bislang kaum beachtete Mineralölproduktion [439: Stokes, Opting; 409: Karlsch/Stokes, Faktor Öl; 411: Kockel, Ölpolitik] ist die Forschung weit vorangeschritten. Darüber hinaus rücken auch weniger dominante, z.T. schrumpfende Branchen in den Fokus der wirtschafts- und unternehmenshistorischen Forschung [390: Budrass, Flugzeugindustrie; 414: Lindner, Faden].

NS-Zeit

Besondere Aufmerksamkeit hat jedoch die Epoche der NS-Zeit erfahren. Hier steht nach wie vor die Frage nach spezifischen Steuerungsmodellen des NS-Systems einerseits und unternehmerischen Handlungs- und Entscheidungsräumen andererseits im Mittelpunkt, d.h. die Frage, ob das NS-System als eine zentral organisierte Kommandowirtschaft betrachtet werden kann, wie ältere Arbeiten behaupten, oder ob es nach wie vor Freiraum für unternehmerische Entscheidungen unter privatkapitalistischen Bedingungen gab. Dieses Problem ist für die langfristige Entwicklung der gewerblichen Wirtschaft vor allem deshalb von Bedeutung, weil der letztere Fall es gestattet hätte, unternehmerische Ziele zu verfolgen, die über die NS-Zeit und den Zweiten Weltkrieg hinausweisen und der nachhaltigen Entwicklung der gewerblichen Wirtschaft in Deutschland gedient haben könnten. Zu denken ist vor allem an die technologische Entwicklung, für die sich private Unternehmer nicht durch politische Vorgaben auf Verfahren festlegen lassen wollten, die unter Konkurrenzbedingungen nicht zukunftsträchtig waren und an Investitionen, die den Schutz von Anlagen vor Kriegszerstörungen und den Aufbau von Reservekapazitäten zum Ziele hatten. Beide Faktoren ermöglichten den schnellen Wiederaufbau der deutschen Industrie nach dem II. Weltkrieg mit einem erstaunlich umfangreichen und modernen Kapitalstock [380: ABELSHAUSER, Wirtschaftsgeschichte]. Die NS-Industrie- und Rüstungspolitik erhält daher besondere Aufmerksamkeit [401: GEHRING, Rüstungspolitik; 419: MOMMSEN/GRIEGER, Volkswagenwerk; 416: LORENTZ/ERKER, Chemie; 404: GREGOR, Stern; 415: LORENZ, Industrieelite] und ebenso deren Funktion für den langfristigen Erfolg der gewerblichen Unternehmen in Deutschland [436: SPOERER, Scheingewinne;398: ERKER/PIERENKEMPER, Unternehmer; 384: BANKEN, Boom].

Industrie- und Rüstungspolitik

Welche Rolle dabei einzelwirtschaftliche Handlungsspielräume hatten, oder ob vielleicht sogar die Kriegswirtschaft des NS-Staates eine Basis für die Wirtschaftsentwicklung der Bundesrepublik Deutschland [421: OVERY, War] und damit Kontinuitäten geschaffen hat [428: RITSCHL, Fluch], die zur Verfestigung eines eigentümlichen deutschen Produktionsregimes [379: ABELSHAUSER, Kulturkampf] beigetragen haben, bleibt umstritten [443: TILLY, Modell]. Doch zweifellos gab es selbst in der Kriegswirtschaft noch Freiheitsgrade für die unternehmerische Investitionspolitik, die eine bis zu einem gewissen Grad eigenständige Wachstumsstrategie gegenüber den Zumutungen des NS-Systems zu verfolgen erlaubten [430: SCHERNER, Rücksicht]. Und gerade wegen der umfangreichen Investitionen im Rüstungsboom blieb Westdeutschland nach 1945 auf seinem Weg in die Industriegesellschaft mittelfristig mit einer Hypothek belastet, die in einer gewissen „Überindustrialisierung" der Bundesrepublik und entsprechenden Anpassungskrisen resultierte, u.a. weil in der Rekonstruktionsphase nach 1950 wegen des reichlich verfügbaren Arbeitspotentials und des Zustroms qualifizierter Arbeitskräfte aus der DDR an diesem arbeitsintensiven, relativ kapitalsparenden Produktionssystem festgehalten wurde. Mit Blick auf Europa und den Weltmarkt entfiel damit zunächst der Zwang zu arbeitssparenden Rationalisierungen.

Bundesrepublikanische Nachkriegszeit

Schaut man auf die Entwicklung der Beschäftigungsstruktur der Bundesrepublik so fällt auf, dass im Wirtschaftsaufschwung nach 1948/50 zunächst die Beschäftigungsanteile des gewerblichen

Strukturwandel in Gewerbe und Industrie ab den 1970er Jahren

Sektors weiter gewachsen sind. Im internationalen Vergleich haben die Beschäftigtenzahlen des tertiären Sektors erst relativ spät in den 1970/80er Jahren diejenigen des sekundären Sektors übertroffen. Der zögerliche Strukturwandel wurde einerseits durch die außerordentliche Bedeutung der Industriewirtschaft in Deutschland bedingt, die zunächst im herrschenden Produktionsregime höchst erfolgreich zum Wachstum und insbesondere zum außerordentlichen Exportboom der westdeutschen Wirtschaft beitrug [445: Wellhöner, Wirtschaftswunder], dann aber schmerzliche Anpassungen erzwang und den Staat zur Abfederung der sozialen Konsequenzen zu strukturerhaltenden Subventionen veranlasste [434: Sinn, Deutschland; 432: Siebert, Jenseits]. In einzelnen Bereichen der gewerblichen Wirtschaft stellte sich dieser Strukturwandel sogar als eine existenzbedrohende Krise dar, so z.B. im Ruhrbergbau [377: Abelshauser, Ruhrkohlenbergbau] mit der Folge einer lang anhaltenden staatlichen Subventionierung, oder in der Textilindustrie [414: Lindner, Faden], wo die erheblich geringere staatliche Unterstützung zu einer Anpassung der Beschäftigtenzahl und zu einem allmählichen Bedeutungsverlust dieser Branche führte. Andere Beispiele für den Bedeutungsverlust ehemals wichtiger Industriebranchen stellen beispielsweise die Fotoindustrie und die Unterhaltungselektronik dar; Arbeiten zu diesem jüngeren sektoralen Strukturwandel sind ebenso Desiderate, wie eine seit langem dringend erforderliche Branchengeschichte der bundesdeutschen Automobilwirtschaft. Solche Arbeiten über wandlungs- und anpassungsfähige Branchen, auch für aufstrebende neue Branchen wie die Software-Industrie, könnten vielleicht zeigen, dass sektoraler Strukturwandel auch im Gewerbe keine Einbahnstraße darstellt, sondern dass dieser Wandel zugleich Erneuerung bedeutet. Die wachsende Tendenz zur Erforschung der

Erforschung der Innovationsprozesse

1970er Jahre greift diese Fragen hoffentlich auf. Für die neuen Unternehmen und Branchen spielen ebenso wie für die erfolgreiche Anpassung an veränderte Marktbedingungen und die Erschließung neuer Möglichkeiten [378: Abelshauser, BASF] vor allem Forschung und Innovation eine ausschlaggebende Rolle [397: Erker, Verwissenschaftlichung]. Daher gilt es auch in der Gewerbegeschichte, das Interesse auf Innovationsprozesse zu lenken und deren Beitrag für den Erfolg bestimmter Industriebranchen mit in die Betrachtung einzubeziehen [441: Streb, Technologiepolitik]. Dabei wird deutlich werden, dass Innovationen nicht „ex machina" generiert, sondern durch Forschungspolitik wesentlich mitgestaltet werden und häufig auch scheitern [385: Bauer, Gescheiterte Innovationen]. Für eine über Fallstudien hinausreichende Beurteilung der Wirkung von Innovationen ist es unablässig, die wirtschaftlichen Impulse von Innovationsprozessen abschätzen und vielleicht sogar quantifizieren zu können. Neue systematisierende Ansätze zur Bildung von Zeitreihen, die verschiedene Innovationsindikatoren berücksichtigen, bieten hier gute Ausgangsüberlegungen an [418: METZ/WATTELER, Innovationsindikatoren].

Gewerbliche Entwicklung in der DDR

Eine fehlgeleitete Innovationspolitik wird auch als ein Grund für das ökonomische Scheitern der DDR angeführt [440: STOKES, Constructing]. Auch deren Beitritt zur Bundesrepublik am Ende des 20. Jahrhunderts bringt gravierende Folgen für die gewerbliche Wirtschaft Gesamtdeutschlands mit sich. Deshalb sollte auch die Entwicklung des Gewerbes der DDR bei einer Betrachtung der deutschen Entwicklung in der zweiten Hälfte des 20. Jahrhunderts mit in den Blick genommen werden. Über die gewerbliche Entwicklung gibt es inzwischen eine breite Literatur, z.T. handbuchartigen Charakters [432: SCHWARZER, Zentralplanwirtschaft; 437: STEINER, Plan; 438: DERS. Überholen], die deren Struktur und Unzulänglichkeiten deutlich macht. Sie wird ergänzt durch spezielle Untersuchungen zum Arbeitsmarkt und Beschäftigungssystem sowie zur Konsumentwicklung [405: GRÜNERT, Beschäftigungssystem; 408: KAMINSKY, Wohlstand; 417: MERKEL, Utopie]. Wie auch in anderen historischen Fächern scheinen aufgrund der bundesdeutschen Forschungspolitik und der archivischen Möglichkeiten die Kenntnisse über die Wirtschaftsgeschichte der DDR in den 1970er und 1980er Jahren inzwischen größer als für die Bundesrepublik.

III. Quellen und Literatur

Die Abkürzungen für Zeitschriften entsprechen denjenigen der Historischen Zeitschrift.

A. Quellen

1. Gewerbestatistik

Eine wesentliche Quellengattung zur Darstellung und Analyse der gewerblichen Verhältnisse in Deutschland im 19. Jahrhundert bietet die zeitgenössische Statistik, die sich ausgehend von privaten Initiativen an der Wende zum 19. Jahrhundert auch in Deutschland auf zunehmend breiterer Basis entfaltete. Darüber hinaus gibt es eine Reihe von Arbeiten, die sich schon im 19. Jahrhundert ausführlich mit dem Entstehen der Statistik und auch im besonderen mit der Gewerbestatistik, vornehmlich allerdings in Preußen, beschäftigt haben.

1. E. Engel, Zur Geschichte des Kgl. Preußischen Statistischen Bureaus, in: Zeitschrift des Kgl. Preußischen Statistischen Bureaus. 1. Jg. 1861.
2. R. Boeckh, Die geschichtliche Entwicklung der amtlichen Statistik des preussischen Staates. Berlin 1863.
3. H. Klinckmüller, Die amtliche Statistik Preussens im vorigen Jahrhundert. Jena 1880.
4. O. Behre, Geschichte der Statistik in Brandenburg-Preussen bis zur Gründung des Königlichen Statistischen Bureaus. Berlin 1905.
5. E. Blenck (Hrsg.), Das Königlich Preußische Statistische Bureau im ersten Jahrhundert seines Bestehens 1805–1905. Berlin 1905.
6. A. Hesse, Gewerbestatistik. Jena 1909.

Eine knappe Übersicht bei:

7. K. H. Kaufhold, Inhalt und Probleme einer preußischen Gewerbestatistik vor 1860, in: I. Bog u.a. (Hrsg.), Wirtschaftliche

und soziale Strukturen im säkularen Wandel. Festschrift für Wilhelm Abel zum 70. Geburtstag. Hannover 1974, Bd. 3, 707–719.

Auch für andere deutsche Staaten liegen entsprechende Arbeiten vor:

8. R. Boeckh, Allgemeine Übersicht der Veröffentlichungen aus der administrativen Statistik der verschiedenen Staaten. Berlin 1856.
9. A. Günther, Geschichte der älteren bayerischen Statistik. München 1910.
10. K. Rasp/F. Zahn (Hrsg.), Geschichte und Einrichtung der amtlichen Statistik im Königreich Bayern. Hrsg. v. Königlichen Statistischen Bureau. München 1895.

Die preußische Statistik bildet die Basis, auf die Aussagen über die gewerbliche Entwicklung in Deutschland bis zur Mitte des 19. Jahrhunderts gestützt werden, da Preußen den Großteil des späteren Deutschen Reiches ausmachte. Erst zur Jahrhundertmitte finden sich dann verschiedene Arbeiten vergleichender Art und erste übergreifende amtliche Werke, die auch die Verhältnisse in anderen Staaten mit erfassen. Die verschiedenen statistischen Arbeiten über die deutschen Einzelstaaten bieten ebenfalls wichtige Einblicke in die jeweilige Gewerbestruktur; sie können aber wegen des begrenzten räumlichen Bezugs nur zu auf den jeweiligen Geltungsbereich begrenzten Analysen herangezogen werden.

Die wichtigsten frühen preußischen Untersuchungen sind:

11. L. Krug, Abriss der neuesten Statistik des preussischen Staates. 2. Aufl. Halle 1805.
12. L. Krug, Betrachtungen über den Nationalreichtum des preußischen Staates und über den Wohlstand seiner Bewohner. 2 Bde. Berlin 1805 (Neudruck Aalen 1970).
13. L. Krug/A. A. Mützell (Hrsg.), Neues topographisch-statistisch-geographisches Wörterbuch des preussischen Staates. 6 Bde. Halle 1821 bis 1826, insbes. Bd 6: Eine tabellarische Übersicht der wichtigsten statistischen Verhältnisse der 172 großen und Mittelstädte, sowie 335 landräthlichen Kreisen des Staates usw.
14. C. F. W. Dieterici, Der Volkswohlstand im preußischen Staate. In Vergleichung aus den Jahren 1806 und von 1828 bis 1832, so wie aus der neuesten Zeit, nach den statistischen Ermittelungen und dem Gange der Gesetzgebung aus amtlichen Quellen dargestellt. Berlin 1846.

15. F. W. v. REDEN, Erwerbs- und Verkehrsstatistik des Königstaates Preußen. In vergleichender Darstellung. 3 Bde. Darmstadt 1853.

Auch in dieser frühen Zeit finden sich für Preußen Arbeiten, die kleinere Regionen des Königreichs zum Gegenstand haben und den Statistiken über die deutschen Einzelstaaten vergleichbar sind; u. a.:

16. F. W. A. BRATRING, Statistisch-topographische Beschreibung der gesamten Mark Brandenburg. 3 Bde. Berlin 1804 bis 1809 (Neudruck Berlin 1968).
17. L. W. BRÜGGEMANN, Beschreibung des gegenwärtigen Zustandes der Herzogthümer Vor- und Hinterpommern. 2 Bde. Stettin 1779 und 1784.
18. P. F. WEDDIGEN (Hrsg.), Historisch-geographisch-statistische Beschreibung der Grafschaft Ravensberg in Westphalen aus beglaubten Urkunden. 2 Bde. Leipzig 1790.
19. P. F. WEDDIGEN, Historisch-geographisch-statistische Beiträge zur näheren Kenntniß Westphalens. 2 Bde. Elberfeld 1805.
20. M. F. v. BASSEWITZ, Die Kurmark Brandenburg, ihr Zustand und ihre Verwaltung unmittelbar vor dem Ausbruche des französischen Krieges im Oktober 1806. Leipzig 1847.

Zur Mitte des Jahrhunderts hin weitet sich der regionale Bezug der Statistiken über die wirtschaftlichen Zustände in Deutschland, nicht zuletzt bedingt durch die Gründung und das Zusammenwachsen des Zollvereins, deutlich aus, so bei:

21. G. v. GÜLICH, Geschichtliche Darstellung des Handels, der Gewerbe und des Ackerbaus der bedeutendsten handeltreibenden Staaten unserer Zeit. Bde. 1–5. Jena 1830 und 1842 bis 1845.
22. G. v. VIEBAHN, Statistik des zollvereinten und nördlichen Deutschlands. 3 Teile. Berlin 1858 bis 1868.

... und erste Ansätze zu regelmäßigen Publikationen sind beobachtbar, beginnend mit:

23. C. F. W. DIETERICI (Hrsg.), Mittheilungen des statistischen Bureau's in Berlin. 1. Jg. (1848) bis 13. Jg. (1860).

... und, aufbauend auf den seit Anfang des Jahrhunderts in Preußen (1816) in dreijährigem Rhythmus intern zusammengestellten Gewerbetabellen, die ab 1845 in zwei Teilen: „Handwerkstabellen" und „Fabrikentabellen" erschienen, so zunächst bei:

24. C. F. W. DIETERICI, Die statistischen Tabellen des preußischen Staats nach der amtlichen Aufnahme des Jahres 1843. Berlin 1845.

Diese Zusammenstellungen werden dann in der Folge regelmäßig vom preußischen Statistischen Bureau publiziert als:

25. Tabellen und amtliche Nachrichten über den Preussischen Staat für das Jahr 1849.

V. Bd.: Die Gewerbe-Tabelle enthaltend: Die mechanischen Künstler und Handwerker, bei denen die Meister mit Gehülfen arbeiten, die Anstalten und Unternehmungen zum literarischen Verkehr gehörig, die Handelsgewerbe, die Schiffahrt, das Fracht- und Lohnfuhrwesen, die Gast- und Schankwirtschaft, die Civilbeamten in Staatsdiensten, die Kommunalbeamten, die ländlichen Erwerbsverhältnisse, sowie die Handarbeiter und das Gesinde, für 1849 und 1852. Berlin 1854.

VI. Bd.: Abtl. A: Die Tabelle der Fabrikations-Anstalten und Fabrik-Unternehmungen aller Art für das Jahr 1849, speziell für die einzelnen Städte und Kreise jedes Regierungsbezirks.

Abtl. B: Erläuterung zur Tabelle der Fabrikations-Anstalten und Fabrik-Unternehmungen aller Art, nach den Aufnahmen für 1849 und 1852. Berlin 1855.

26. Tabellen und amtliche Nachrichten über den Preußischen Staat für das Jahr 1852. Berlin 1855.

27. Tabellen und amtliche Nachrichten über den Preußischen Staat für das Jahr 1855. Berlin 1858.

28. Tabellen und amtliche Nachrichten über den Preußischen Staat für das Jahr 1858. Berlin 1860.

Sie gehen schließlich auf in:

29. Central Bureau des Zollvereins (Hrsg.), Tabellen der Handwerker, der Fabriken, sowie der Handels- und Transportgewerbe im Zoll-Vereine. Nach den Aufnahmen im Jahre 1861 vom (s.o.) zusammengestellt. Berlin 1864.

Mit der Gründung des Deutschen Reichs und der Schaffung eines statistischen Reichsamtes wird die deutsche Gewerbestatistik vereinheitlicht, und für die Strukturuntersuchungen über die gewerbliche Wirtschaft werden insbesondere die Berufs- und Gewerbezählungen im Deutschen Reich wichtig. Für das Kaiserreich liegen, herausgegeben vom Kaiserlichen Statistischen Amt, vor:

30. Statistik des Deutschen Reiches, Bde. XXXIV u. XXXV: Die Ergebnisse der Gewerbezählung vom 1. Dezember 1875 im Deutschen Reiche. Berlin 1879.

31. Statistik des Deutschen Reiches, NF, Bd. 6: Gewerbestatistik

nach der allgemeinen Berufszählung vom 5. Juni 1882. Berlin 1886.

32. Statistik des Deutschen Reiches, NF, Bd. 113: Berufs- und Gewerbezählung vom 14. Juni 1895. Berlin 1898.
33. Statistik des Deutschen Reiches, NF, Bd. 213: Berufs- und Gewerbezählung vom 12. Juni 1907. Berlin 1909.

Die Reihe dieser Untersuchungen wurde auch im 20. Jahrhundert fortgesetzt und vom Statistischen Reichsamt herausgegeben als:

34. Statistik des Deutschen Reiches, Bde. 413–418: Gewerbliche Betriebszählung. Volks-, Berufs- u. Betriebszählung vom 16. VI. 1925. Berlin 1929 bis 1930.
35. Statistik des Deutschen Reiches, Bde. 462–466: Gewerbliche Betriebszählung. Volks-, Berufs- u. Betriebszählung vom 16. VI. 1933. Berlin 1935 bis 1937.
36. Statistik des Deutschen Reiches, Bde. 566 u. 568–571: Volks-, Berufs- u. Betriebszählung vom 17. Mai 1939. Nichtlandwirtschaftliche Arbeitsstättenzählung. Berlin 1942 bis 1944.

... ebenso wie die einschlägigen Bände des Statistischen Bundesamtes für die Zeit nach 1945.

Schließlich als Reihe des Statistischen Bundesamtes als:

37. Statistische Berichte, Arb. Nr. IV/15/1–3. Ergebnisse der nichtlandwirtschaftlichen Arbeitsstättenzählung vom 13. 9. 1950. Wiesbaden 1952.
38. Fachserie C: Unternehmen und Arbeitsstätten. Arbeitsstättenzählung vom 6. 6. 1961, H. 1–6. Wiesbaden 1964 bis 1966.
39. Fachserie C: Unternehmen und Arbeitsstätten. Arbeitsstättenzählung vom 27. Mai 1971, H. 1–5. Wiesbaden 1974.
40. Fachserie 2: Unternehmen und Arbeitsstätten. Arbeitsstättenzählung vom 25. Mai 1987, H. 1–11. Wiesbaden 1989 bis 1990.

Die Zahlenwerke der amtlichen Berufs- und Gewerbezählungen wurden bereits von den Zeitgenossen zu umfangreichen Sekundäranalysen benutzt, z. B. bei:

41. A. Thomaschewski, Die Gewerbezählung im Deutschen Reiche am 1. Dezember 1875. Nach den Veröffentlichungen des kaiserlich statistischen Amts zusammengestellt. Berlin 1879.
42. H. Rauchberg, Die Berufs- und Gewerbezählung im Deutschen Reich vom 14. Juni 1895. Berlin 1901.
43. Die deutsche Volkswirtschaft am Schlusse des 19. Jahrhunderts. Auf Grund der Ergebnisse der Berufs- und Gewerbezählungen

vom Jahre 1895 und anderen Quellen bearbeitet im Kaiserlichen Statistischen Amt. Berlin 1900.

Auch in den deutschen Einzelstaaten finden sich im 19. Jahrhundert zahlreiche statistische Untersuchungen, die wichtiges Material über die gewerblichen Verhältnisse enthalten und bis heute für historische Einzeluntersuchungen unentbehrlich bleiben.

So z. B. für Sachsen bei:

44. C. G. Rössig, Die Produkten-, Fabrik-, Manufactur- und Handelskunde von Chursachsen und dessen Landen. 2 Teile. Leipzig 1803 und 1804.

45. F. G. Wieck, Industrielle Zustände Sachsens. Das Gesamtgebiet des sächsischen Manufaktur- und Fabrikwesens, Handels und Verkehrs. Historisch, statistisch und kritisch beleuchtet. Chemnitz 1840.

46. C. R. Isbary, Statistik und Lage der Industrie und des Handels im Königreich Sachsen bis auf die neueste Zeit (Ende 1864). 3 Bde. Leipzig 1865.

47. H. Gebauer, Die Volkswirtschaft im Königreich Sachsen. Historisch, geographisch und statistisch dargestellt. 3 Bde. Dresden 1891 bis 1893.

... für Württemberg bei:

48. J. D. G. v. Memminger, Geographie und Statistik nebst einer Übersicht der Geschichte von Württemberg. Stuttgart 1820.

49. M. Mohl, Über die württembergische Gewerbs-Industrie. Stuttgart 1828.

50. Statistisch-Topographisches Bureau (Hrsg.), Das Königreich Württemberg. Eine Beschreibung von Land, Volk und Staat. Stuttgart 1863.

51. Statistisch-Topographisches Bureau (Hrsg.), Württembergische Jahrbücher für vaterländische Geschichte, Geographie, Statistik und Topographie. Stuttgart 1818 bis 1862.

... für Bayern bei:

52. L. W. Schertel, Über den Zustand der bayerischen Gewerbsindustrie insbes. seit dem segensreichen Regierungs-Antritte Königs Ludwig I. München 1836.

53. M. Siebert, Das Königreich Bayern topographisch-statistisch in lexicographischer und tabellarischer Form dargestellt. München 1840.

54. P. STUMPF, Bayern. Ein geographisch-statistisch-historisches Handbuch des Königreiches. Für das bayerische Volk bearbeitet. München 1852.
55. W. GOETZ, Geographisch-historisches Handbuch von Bayern. München 1894.

2. Statistische Übersichten/Arbeitsbücher

Neben der zeitgenössischen Statistik stehen den an gewerbe-geschichtlichen Fragen interessierten Forschern auch neuere Quellen und Materialsammlungen zur Verfügung, die zwar naturgemäß auf den älteren Arbeiten aufbauen müssen, jedoch z.T. bereits Umgruppierungen, Neuberechnungen oder auch Ergänzungen hinsichtlich aktueller Fragestellungen vorgenommen haben und darüber hinaus einen leichteren Zugang zu den Daten gewähren.

Als wichtige Orientierung über den für die Forschung zentralen preußischen Gesamtbestand:

56. W. SACHSE, Bibliographie zur preußischen Gewerbestatistik 1750–1850. Göttingen 1981.

Neuerdings als groß angelegte Quellenedition für den gesamten deutschen Bereich:

57. Quellen und Forschungen zur historischen Statistik von Deutschland. Hrsg. v. W. FISCHER/F. IRSIGLER/K. H. KAUFHOLD/H. OTT. St. Katharinen seit 1986.

Eine EDV-lesbare Auswertung der deutschen Berufs- und Arbeitsstättenzählungen findet sich bei:

58. R. STOCKMANN/A. WILLMS-HERGET, Erwerbsstatistik in Deutschland. Die Berufs- und Arbeitsstättenzählungen seit 1875 als Datenbasis der Sozialstrukturanalyse. Frankfurt am Main 1985.

Diese Studie steht in Zusammenarbeit mit dem VASMA-Projekt (Vergleichende Analyse der Sozialstruktur mit Massendaten), aus dessen Umfeld zahlreiche ungedruckte Arbeitspapiere entstanden sind, die teilweise ebenfalls wichtige Informationen über die Entwicklung der Gewerbestruktur enthalten.

Aber auch kleiner angelegte Vorhaben bieten wichtige Informationen, so:

W. KÖLLMANN (Hrsg.), Quellen zur Bevölkerungs-, Sozial- u. Wirtschaftsstatistik Deutschlands 1815–1875.

59. Bd. I: Quellen zur Bevölkerungsstatistik Deutschlands 1815–1875 (bearb. v. A. KRAUS). Boppard am Rhein 1980.

60. Bd. II: Quellen zur Berufs- und Gewerbestatistik Deutschlands 1816–1875: Preußische Provinzen (bearb. v. A. KRAUS). Boppard am Rhein 1989.
61. H.-J. GERHARD, Löhne im vor- und frühindustriellen Deutschland. Materialien zur Entwicklung von Lohnsätzen von der Mitte des 18. bis zur Mitte des 19. Jahrhunderts. Göttingen 1984.
62. G. BRY, Wages in Germany 1871–1975. Princeton 1960.
63. A. V. DESAI, Real Wages in Germany 1871–1913. Oxford 1968.

Ganz wichtig die inzwischen bereits klassisch zu nennende Studie:

64. W. G. HOFFMANN, Das Wachstum der deutschen Wirtschaft seit der Mitte des 19. Jahrhunderts. Berlin 1965.

... und für die allerjüngste Zeit ähnlich:

65. W. GLASTETTER, Die wirtschaftliche Entwicklung in der Bundesrepublik Deutschland 1950–1980. Befunde, Aspekte, Hintergründe. Frankfurt am Main 1983.

Für Historiker besonders aufbereitete Daten finden sich in den entsprechenden Kapiteln bei:

66. W. FISCHER, Sozialgeschichtliches Arbeitsbuch I: Materialien zur Statistik des Deutschen Bundes 1815–1870. München 1982.
67. G. HOHORST, Sozialgeschichtliches Arbeitsbuch II: Materialien zur Statistik des Kaiserreiches 1870–1914. München 1975.
68. D. PETZINA, Sozialgeschichtliches Arbeitsbuch III: Materialien zur Statistik des Deutschen Reiches 1914–1945. München 1978.
69. R. RYTLEWSKI/M. OPP DE HIPT, Die Bundesrepublik Deutschland in Zahlen 1945/49–1980. Ein sozialgeschichtliches Arbeitsbuch. München 1987.
70. R. RYTLEWSKI/M. OPP DE HIPT, Die Deutsche Demokratische Republik in Zahlen 1945/49–1980. Ein sozialgeschichtliches Arbeitsbuch. München 1987.
71. W. FISCHER/A. KUNZ, Grundlagen der historischen Statistik von Deutschland. Quellen, Methoden, Forschungsziele. Opladen 1991.

B. Literatur

1. Lehrbücher und Überblicke

Inzwischen ist es auch in der umfassenderen und übergreifenderen historischen Literatur üblich geworden, einige Ausführungen über die Entwicklung von Wirtschaft und Gesellschaft mit aufzunehmen. Diese Darstellungen sind im Umfang und Qualität zwar sehr unterschiedlich und lassen auch nicht immer unmittelbar Rückschlüsse auf die Entwicklung von Gewerbe und Industrie zu, enthalten aber doch zumeist auch zahlreiche wertvolle Informationen, die zu einer ersten Orientierung über den Sachverhalt nützlich sind. Je mehr sich die Geschichtswerke auf eine methodisch-systematische Gliederung des Stoffes einlassen, und das ist zumeist der Fall, um so breiter werden dann auch wirtschaftshistorische Sachverhalte mit abgehandelt und um so mehr nähert sich die Darstellung der wirtschaftshistorischen Fachliteratur.

Beginnend mit:

72. F. Schnabel, Deutsche Geschichte im 19. Jahrhundert. Freiburg i. Br. 1934 (unveränderter Nachdruck: München 1987), Bd. 3: Erfahrungswissenschaften und Technik, insbes. 253ff.

73. B. Gebhardt, Handbuch der deutschen Geschichte. 4 Bde. 8. Aufl. Stuttgart 1957 bis 1960, darin in Bd. 3: W. Treue, Wirtschafts- und Sozialgeschichte Deutschlands im 19. Jahrhundert. 315–413, auch separat erschienen als:
W. Treue, Gesellschaft, Wirtschaft und Technik Deutschlands im 19. Jahrhundert. München 1975.
Deutsche Geschichte, Bd. 3, 19. und 20. Jahrhundert 1815–1945. Göttingen 1985, darin und jeweils auch separat:

74. R. Rürup, Deutschland im 19. Jahrhundert 1815–1871. Göttingen 1984, insbes. 60–84.

75. H.-U. Wehler, Das Deutsche Kaiserreich 1871–1918. Göttingen 1973, insbes. 19–59.

76. G. Schulz, Deutschland seit dem Ersten Weltkrieg 1918–1945. Göttingen 1976, insbes. 96–100 und 153–164.

Erweitert dann in einigen groß angelegten Synthesen der neueren deutschen Geschichte bei:

77. T. Nipperdey, Deutsche Geschichte 1800–1866. Bürgerwelt und starker Staat. München 1983, insbes. 178–219.

78. T. NIPPERDEY, Deutsche Geschichte 1866–1918. Bd. I: Arbeitswelt und Bürgergeist. München 1990, insbes. 226–290.
79. T. NIPPERDEY, Deutsche Geschichte 1866–1918. Bd. II, Machtstaat vor der Demokratie München 1992.
80. H.-U. WEHLER, Deutsche Gesellschaftsgeschichte:
Bd. I: Vom Feudalismus des „alten Reiches" bis zur „defensiven Modernisierung" der Reformära, 1700–1815. München 1987, insbes. 59–123 u. 368–505.
81. Bd. II: Von der Reformära bis zur industriellen und politischen „deutschen Doppelrevolution", 1815–1845/49. München 1987, insbes. 54–139 u. 589–659.
Band III und IV in Vorbereitung

Neuerdings unter besonderer Berücksichtigung der Erwerbsverhältnisse der Arbeiterschaft:

G. A. RITTER (Hrsg.), Geschichte der Arbeiter und der Arbeiterbewegung in Deutschland seit dem Ende des 18. Jahrhunderts:
82. Bd. 1: J. KOCKA, Weder Stand noch Klasse. Unterschichten um 1800. Bonn 1990.
83. Bd. 2: J. KOCKA, Arbeitsverhältnisse und Arbeiterexistenzen. Grundlagen der Klassenbildung im 19. Jahrhundert. Bonn 1990.
Band 3 und 4 in Vorbereitung
84. Bd. 5: G. A. RITTER/K. TENFELDE, Lohnarbeit, Arbeiterleben und sozialer Konflikt. Arbeiter im Kaiserreich 1871/75 bis 1914. Bonn 1991.

In den zahlreichen Übersichtswerken und Lehrbüchern zur deutschen und internationalen Wirtschaftsgeschichte finden sich ebenfalls Hinweise und Informationen zur Struktur und Entwicklung der gewerblichen Wirtschaft in Deutschland im 19. und 20. Jahrhundert. Erste Hinweise auf die gewerbliche Wirtschaft der neueren Zeit bei:

85. W. SOMBART, Die deutsche Volkswirtschaft im 19. und zu Anfang des 20. Jahrhunderts. Berlin 1903, insbes. 321–373.
W. SOMBART, Der moderne Kapitalismus:
86. Bd. II: Das europäische Wirtschaftsleben im Zeitalter des Frühkapitalismus, vornehmlich im 16., 17. und 18. Jahrhundert. München 1916.
87. Bd. III: Das Wirtschaftsleben im Zeitalter des Hochkapitalismus, München 1927.
88. M. WEBER, Wirtschaftsgeschichte. Abriß der universalen Sozial-

und Wirtschaftsgeschichte (aus den nachgelassenen Vorlesungen herausgegeben), Berlin 1923.

89. A. Sartorius v. Waltershausen, Deutsche Wirtschaftsgeschichte 1815–1914, Jena 1923.

90. J. Kulischer, Allgemeine Wirtschaftsgeschichte des Mittelalters und der Neuzeit. Bd. II: Die Neuzeit, München 1928, insbes. 99–194.

In den zahlreichen Lehrbüchern der jüngeren Zeit nehmen die Ausführungen über die gewerblich-industrielle Entwicklung einen zunehmend weiteren Teil ein, bis hin zu Darstellungen, die sich ausschließlich der Industrialisierung Deutschlands und dem damit verbundenen Strukturwandel zuwenden.

91. H. Bechtel, Wirtschaftsgeschichte Deutschlands im 19. und 20. Jahrhundert. München 1956.

92. H. Haussherr, Wirtschaftsgeschichte der Neuzeit vom Ende des 14. bis zur Höhe des 19. Jahrhunderts. 3. Aufl. Köln 1960.

93. F. Lütge, Deutsche Sozial- und Wirtschaftsgeschichte. Ein Überblick. 3. Aufl. Berlin 1966.

94. W. Treue, Wirtschaftsgeschichte der Neuzeit.
Bd. I: 18. und 19. Jahrhundert. 3. Aufl. Stuttgart 1973.
Bd. II: 20. Jahrhundert. 3. Aufl. Stuttgart 1973.

H. Mottek, Wirtschaftsgeschichte Deutschlands. Ein Grundriß:

95. Bd. II: Von der Zeit der Französischen Revolution bis zur Zeit der Bismarckschen Reichsgründung. 2. Aufl. Berlin 1976.

96. Bd. III: Von der Zeit der Bismarckschen Reichsgründung 1871 bis zur Niederlage des faschistischen deutschen Imperialismus 1945. 2. Aufl. Berlin 1975.

H. Kellenbenz, Deutsche Wirtschaftsgeschichte:

97. Bd. I: Von den Anfängen bis zum Ende des 18. Jahrhunderts. München 1977.

98. Bd. II: Vom Ausgang des 18. Jahrhunderts bis zum Ende des Zweiten Weltkriegs. München 1981.

99. D. S. Landes, Der entfesselte Prometheus. Technologischer Wandel und industrielle Entwicklung in Westeuropa von 1750 bis zur Gegenwart. Köln 1973.

100. K. Borchardt, Die industrielle Revolution in Deutschland. München 1972.

F.-W. Henning, Wirtschafts- und Sozialgeschichte:

101. Bd. 2: Die Industrialisierung in Deutschland 1800 bis 1914. Paderborn 1973.
102. Bd. 3: Das industrialisierte Deutschland 1914 bis 1972. Paderborn 1974.
H. AUBIN/W. ZORN (Hrsg.), Handbuch der deutschen Wirtschafts- und Sozialgeschichte:
103. Bd. 2: Das 19. und 20. Jahrhundert. Stuttgart 1976, darin insbes. K. H. KAUFHOLD, Handwerk und Industrie 1800–1850, 321–368. W. FISCHER, Bergbau, Industrie und Handwerk 1850–1914, 527–562. DERS., Bergbau, Industrie und Handwerk 1914–1970, 796–844 (nebst Beilagekarte).
104. R. TILLY, Vom Zollverein zum Industriestaat. Die wirtschaftlich-soziale Entwicklung Deutschlands 1834 bis 1914. München 1990.
105. H. KIESEWETTER, Industrielle Revolution in Deutschland 1815–1914. Frankfurt am Main 1989.

2. Bücher und Aufsätze

106. W. ABEL (Hrsg.), Handwerksgeschichte in neuer Sicht. Göttingen 1970.
107. W. ABEL, Neue Wege der handwerksgeschichtlichen Forschung, in: Eders. (Hrsg.), Handwerksgeschichte in neuer Sicht. Göttingen 1970, 1–25.
108. K. ABRAHAM, Der Strukturwandel im Handwerk in der ersten Hälfte des 19. Jahrhunderts und seine Bedeutung für die Berufserziehung. Köln 1955.
109. G. ADELMANN, Zur regionalen Differenzierung der Baumwoll- und Seidenverarbeitung und der textilen Spezialanfertigungen Deutschlands 1846–1907, in: H. POHL (Hrsg.), Gewerbe- und Industrielandschaften vom Spätmittelalter bis ins 20. Jahrhundert. Stuttgart 1986, 284–345.
110. D. H. ALDCROFT, Die zwanziger Jahre. Von Versailles zur Wall Street 1919–1929. München 1978.
111. G. AMBROSIUS/W. HUBBARD, Sozial- und Wirtschaftsgeschichte Europas im 20. Jahrhundert, München 1986.
112. P. ARNDT (Hrsg.), Die Heimarbeit im rhein-mainischen Wirtschaftsgebiet, 3 Bde. Jena 1909 bis 1914.
113. P. ARNDT, Die wirtschaftliche und soziale Bedeutung der Heimarbeit. 2. Aufl. Jena 1932.

114. S. Angel-Volkov, The „Decline of the German Handicrafts" – Another Reappraisal, in: VSWG 61 (1974) 165–184.
115. K. J. Bade, Vom Auswanderungsland zum Einwanderungsland? Deutschland 1880–1980. Berlin 1983.
116. E. Barth, Entwicklungslinien der deutschen Maschinenbauindustrie von 1870 bis 1914. Berlin 1973.
117. L. Bauer/H. Matis, Geburt der Neuzeit. Vom Feudalsystem zur Marktgesellschaft. München 1988.
118. W. Becker, Die Entwicklung der deutschen Maschinenbauindustrie von 1850 bis 1870, in: A. Schröter/W. Becker, Die deutsche Maschinenbauindustrie in der industriellen Revolution. Berlin 1962, 135–285.
119. W. G. Behrens, Art. Fahrzeugindustrie (I): Automobilindustrie, in: Handwörterbuch der Sozialwissenschaften. Stuttgart 1961, Bd. 3, 433–449.
120. D. Bell, Die nachindustrielle Gesellschaft. Frankfurt am Main 1975.
121. J. Bergmann, Das Handwerk in der Revolution von 1848. Zum Zusammenhang von materieller Lage und Revolutionsverhalten der Handwerker 1848/49, in: U. Engelhardt (Hrsg.), Handwerker in der Industrialisierung. Lage, Kultur und Politik vom späten 18. bis ins frühe 20. Jahrhundert. Stuttgart 1984, 320–346.
122. D. Blackbourn, Handwerker im Kaiserreich: Gewinner oder Verlierer?, in: U. Wengenroth (Hrsg.), Prekäre Selbständigkeit. Zur Standortbestimmung von Handwerk, Hausindustrie und Kleingewerbe im Industrialisierungsprozeß. Stuttgart 1989, 7–21.
123. F. Blaich, Staat und Verbände in Deutschland zwischen 1871 und 1945. Wiesbaden 1979.
124. F. Blaich, Der Schwarze Freitag. Inflation und Wirtschaftskrise. München 1985.
125. H. Blumberg, Ein Beitrag zur Geschichte der deutschen Leinenindustrie von 1834–1870, in: H. Mottek (Hrsg.), Studien zur Geschichte der industriellen Revolution in Deutschland. Berlin 1960, 65–134.
126. H. Blumberg, Die deutsche Textilindustrie in der industriellen Revolution. Berlin 1965.
127. H.-J. Bodenhöfer, Zur Theorie des Arbeitskräftebedarfs – Schätzung für eine wachsende Wirtschaft, in: Schmollers Jb. für Wirtschafts- und Sozialwissenschaften 90 (1970) 149–169.

128. H.-J. Bodenhöfer, Zum Wandel der Beschäftigtenstruktur im wirtschaftlichen Wachstum, in: Jahrbuch für Sozialwissenschaft 27 (1976) 109–131.
129. K. Borchardt, Regionale Wachstumsdifferenzierung in Deutschland im 19. Jahrhundert unter besonderer Berücksichtigung des West-Ost-Gefälles, in: Ders. (Hrsg.), Wachstum, Krisen, Handlungsspielräume der Wirtschaftspolitik. Göttingen 1982, 42–59 (Wiederabdruck).
130. J. Borkin, Die unheilige Allianz der I.G. Farben. Eine Interessengemeinschaft im Dritten Reich. Frankfurt am Main 1990.
131. R. Braun, Industrialisierung und Volksleben. Veränderungen der Lebensformen unter Einwirkung der verlagsindustriellen Heimarbeit in einem ländlichen Industriegebiet (Züricher Oberland) vor 1800. 2. Aufl. Göttingen 1979.
132. H. Braverman, Die Arbeit im modernen Produktionsprozeß. Frankfurt am Main 1977.
133. H. A. Bueck, Der Centralverband Deutscher Industrieller 1876–1901. 3 Bde. Berlin 1902 und 1905.
134. H. A. Bueck, Der Centralverband Deutscher Industrieller und seine 30-jährige Arbeit von 1876–1906. Berlin 1906.
135. K. Bücher, Art. Gewerbe, in: Wörterbuch der Volkswirtschaft. 2 Bde. Jena 1898.
136. K. Bücher, Die Entstehung der Volkswirtschaft. Vorträge und Aufsätze. 2 Bde. 16. u. 7. Aufl. Tübingen 1922.
137. O. Büsch, Das Gewerbe in der Wirtschaft des Raumes Berlin/Brandenburg 1800–1850, in: Ders. (Hrsg.), Untersuchungen zur Geschichte der frühen Industrialisierung vornehmlich im Wirtschaftsraum Berlin/Brandenburg. Berlin 1971, 3–105.
138. D. u. K. Claessens, Kapitalismus als Kultur. Entstehung und Grundlagen der bürgerlichen Gesellschaft. Düsseldorf 1973.
139. C. Clark, The Conditions of Economic Progress. 3. Aufl. London 1957.
140. W. Conze, Die Strukturgeschichte des technisch-industriellen Zeitalters als Aufgabe für Forschung und Unterricht. Köln 1957.
141. W. Däbritz, Entstehung und Aufbau des rheinisch-westfälischen Industriebezirks, in: C. Matschoss (Hrsg.), Beiträge zur Geschichte des Vereins deutscher Ingenieure. Berlin 1925, Bd. 15, 13–107.
142. P. Deane/W. A. Cole, British Economic Growth 1688–1959. Trends and Structure. Cambridge 1969.

143. C. DIPPER, Deutsche Geschichte 1648–1789. Frankfurt am Main 1991.

144. U. ENGELHARDT (Hrsg.), Handwerker in der Industrialisierung. Lage, Kultur und Politik vom späten 18. bis ins frühe 20. Jahrhundert. Stuttgart 1984.

145. Die Entwicklung des niederrheinisch-westfälischen Steinkohlebergbaus in der zweiten Hälfte des 19. Jahrhunderts. Bd. 11: Wirtschaftliche Entwicklung. Berlin 1904.

146. W. FELDENKIRCHEN, Die Eisen- und Stahlindustrie des Ruhrgebiets 1879–1914. Wachstum, Finanzierung und Struktur ihrer Großunternehmen. Wiesbaden 1982.

147. G. D. FELDMAN, Armee, Industrie und Arbeiterschaft in Deutschland 1914–1918. Berlin 1985.

148. R. FLIK, Die Textilindustrie in Calw und Heidenheim 1750–1870. Eine regional vergleichende Untersuchung zur Geschichte der Frühindustrialisierung und der Industriepolitik in Württemberg. Stuttgart 1990.

149. G. FISCHER, Wirtschaftliche Strukturen am Vorabend der Industrialisierung. Der Regierungsbezirk Trier 1820–1850. Köln 1990.

150. W. FISCHER, Die rechtliche und wirtschaftliche Lage, in: R. STADELMANN/W. FISCHER, Die Bildungswelt des deutschen Handwerkers um 1800. Studien zur Soziologie des Kleinbürgertums im Zeitalter Goethes. Berlin 1955, 94–116.

151. W. FISCHER, Quellen zur Geschichte des deutschen Handwerks. Selbstzeugnisse seit der Reformationszeit. Göttingen 1957.

152. W. FISCHER, Die Rolle des Kleingewerbes im wirtschaftlichen Wachstumsprozeß in Deutschland 1850–1914, in: F. LÜTGE (Hrsg.), Wirtschaftliche und soziale Probleme der gewerblichen Entwicklung im 15.–16. und 19. Jahrhundert. Stuttgart 1968, 131–142.

153. W. FISCHER/P. CZADA, Wandlungen der deutschen Industriestrukturen im 20. Jahrhundert. Ein deskriptiv-statistischer Ansatz, in: G. A. RITTER (Hrsg.), Entstehung und Wandel der modernen Gesellschaft. Berlin 1970, 116–165.

154. W. FISCHER, Das deutsche Handwerk in den Frühphasen der Industrialisierung, in: Zeitschrift für die gesamte Staatswissenschaft 120 (1964) 686–712, wiederabgedruckt in: DERS., Wirtschaft und Gesellschaft im Zeitalter der Industrialisierung. Göttingen 1972, 315–337.

155. W. FISCHER, Das deutsche Handwerk im Strukturwandel des 20. Jahrhunderts, in: DERS., Wirtschaft und Gesellschaft im Zeitalter der Industrialisierung. Göttingen 1972, 349–357.
156. W. FISCHER, „Stadien und Typen" der Industrialisierung in Deutschland. Zum Problem ihrer regionalen Differenzierung, in: (wie 155), 464–473.
157. W. FISCHER, Bergbau, Industrie und Handwerk 1850–1914, in: (wie 103).
158. W. FISCHER, Bergbau, Industrie und Handwerk 1914–1970, in: (wie 103).
159. W. FISCHER, Wirtschaftsgeschichte Deutschlands 1919–1945, in: Handwörterbuch der Wirtschaftswissenschaften. Stuttgart 1982, Bd. 9, 83–100.
160. W. FISCHER, Wirtschaft und Gesellschaft Europas 1850–1914, in: ders. (Hrsg.), Handbuch der Europäischen Wirtschafts- und Sozialgeschichte. Stuttgart 1985, Bd. 5, 1–127.
161. A. G. B. FISHER, The Clash of Progress and Security. London 1935.
162. A. G. B. FISHER, Production, Primary, Secondary and Tertiary, in: The Economic Record 15 (1939).
163. R. FORBERGER, Zur Auseinandersetzung über das Problem des Übergangs von der Manufaktur zur Fabrik, in: Beiträge zur deutschen Wirtschafts- und Sozialgeschichte des 18. und 19. Jahrhunderts. Berlin 1962, 171–188.
164. J. FOURASTIÉ, Die große Hoffnung des zwanzigsten Jahrhunderts. 3. Aufl. Köln 1954.
165. R. FREMDLING/T. PIERENKEMPER/R. H. TILLY, Regionale Differenzierung in Deutschland als Schwerpunkt wirtschaftshistorischer Forschung, in: R. FREMDLING/R. H. TILLY (Hrsg.), Industrialisierung und Raum. Studien zur regionalen Differenzierung im Deutschland des 19. Jahrhunderts. Stuttgart 1979, 9–26.
166. R. FREMDLING, Eisenbahnen und deutsches Wirtschaftswachstum 1840–1879. Ein Beitrag zur Entwicklungstheorie und zur Theorie der Infrastruktur. Dortmund 1975.
167. R. FREMDLING, Modernisierung und Wachstum der Schwerindustrie in Deutschland 1830–1860, in: GG 5 (1979) 201–227.
168. R. FREMDLING, Technologischer Wandel und internationaler Handel im 18. und 19. Jahrhundert. Die Eisenindustrien in Großbritannien, Belgien, Frankreich und Deutschland. Berlin 1986.

169. R. FREMDLING, Eisen, Stahl und Kohle, in: H. POHL, (vgl. 290), 347–370.

170. H. FREUDENBERGER, Die Struktur der frühindustriellen Fabrik im Umriß (mit besonderer Berücksichtigung Böhmens), in: W. FISCHER (Hrsg.), Wirtschafts- und sozialgeschichtliche Probleme der frühen Industrialisierung. Berlin 1968, 413–433.

170a. G. FRIEDMANN, Zukunft der Arbeit. Perspektiven der industriellen Gesellschaft, Köln 1953.

170b. G. FRIEDMANN, Grenzen der Arbeitsteilung, Frankfurt a. M. 1959.

171. K. FUCHS, Die Bemühungen der preußischen Bergbauverwaltung um den Absatz der Steinkohlenförderung des Saarreviers 1815–1900, in: ZG Saar 13 (1963) 83–117.

172. K. FUCHS, Vom Dirigismus zum Liberalismus. Die Entwicklung Oberschlesiens als preußisches Berg- und Hüttenrevier. Wiesbaden 1970.

173. A. GERSCHENKRON, Die Vorbedingungen der Europäischen Industrialisierung, in: (wie 170), 21–28.

173a. J. GERSHUNY, Die Ökonomie der nachindustriellen Gesellschaft. Frankfurt a. M. 1981.

174. W. GLASTETTER/R. PAULERT/U. SPÖREL, Die wirtschaftliche Entwicklung in der Bundesrepublik Deutschland 1950–1980. Befunde, Aspekte, Hintergründe. 2. Aufl. Frankfurt am Main 1983.

174a. E. GLOVKA-SPENCER, Management and Labor in Imperial Germany. Ruhr Industrialists as Employers, 1896–1914, New Brunswick 1984.

175. R. GÖMMEL, Wachstum und Konjunktur der Nürnberger Wirtschaft (1815–1914), Stuttgart 1978.

176. K. HARDACH, Die Bedeutung wirtschaftlicher Faktoren bei der Wiedereinführung der Eisen- und Getreidezölle in Deutschland 1879. Berlin 1967.

177. K. HARDACH, Wirtschaftsgeschichte Deutschlands im 20. Jahrhundert. Göttingen 1976.

178. E. HARDER-GERSDORFF, Leinen-Regionen im Vorfeld und Verlauf der Industrialisierung (1780–1914) in: H. POHL, (vgl. 290), 203–253.

179. H. HARNISCH, Kapitalistische Agrarreform und Industrielle Revolution. Weimar 1984.

180. A. HASSLACHER, Geschichtliche Entwicklung des Steinkohlenbergbaus im Saargebiete. Berlin 1904.

181. F. HELLWIG, Unternehmer und Unternehmungsform im saarländischen Industriegebiet, in: Jahrbücher für Nationalökonomie und Statistik 158 (1943) 402–430.

182. G. HEMPEL, Die deutsche Montanindustrie. Ihre Entwicklung und Gestaltung. 2. Aufl. Essen 1969.

183. W. O. HENDERSON, Die Struktur der preußischen Wirtschaft um 1786, in: Zeitschrift für die gesamte Staatswissenschaft 117 (1961) 292–319.

184. F.-W. HENNING, Die Betriebsgrößenstruktur der mitteleuropäischen Landwirtschaft im 18. Jahrhundert und ihr Einfluß auf die ländlichen Einkommensverhältnisse, in: ZAA 17 (1969) 171–193.

185. F.-W. HENNING, Die Einführung der Gewerbefreiheit und ihre Auswirkungen auf das Handwerk in Deutschland, in: W. ABEL, (vgl. 106), 142–172.

186. F.-W. HENNING, Die Wirtschaftsstruktur mitteleuropäischer Gebiete an der Wende zum 19. Jahrhundert unter besonderer Berücksichtigung des gewerblichen Bereiches, in: W. FISCHER (Hrsg.), Beiträge zu Wirtschaftswachstum und Wirtschaftsstruktur im 16. und 19. Jahrhundert. Berlin 1971, 101–167.

187. F.-W. HENNING, Industrialisierung und dörfliche Einkommensmöglichkeiten, in: H. KELLENBENZ (Hrsg.), Agrarische Nebengewerbe und Formen der Reagrarisierung im Spätmittelalter und 19./20. Jahrhundert. Stuttgart 1975, 155–176.

188. V. HENTSCHEL, Wirtschaft und Wirtschaftspolitik im Wilhelminischen Deutschland: organisierter Kapitalismus und Interventionsstaat? Stuttgart 1978.

189. V. HENTSCHEL, Metallverarbeitung und Maschinenbau, in: H. POHL (Hrsg.), (vgl. 290), 371–389.

190. H. HESSE, Die Entwicklung der regionalen Einkommensdifferenzen im Wachstumsprozeß der deutschen Wirtschaft vor 1913, in: (wie 186), 261–279.

191. D. HILGER/L. HÖLSCHER, Art. Industrie, Gewerbe in: O. BRUNNER/W. CONZE/R. KOSELLECK (Hrsg.), Geschichtliche Grundbegriffe. Historisches Lexikon zur politisch-sozialen Sprache in Deutschland. Stuttgart 1982, Bd. 3, 237–304.

192. A. O. HIRSCHMAN, Die Strategie der wirtschaftlichen Entwicklung. Stuttgart 1967.

193. H. HOFFMANN, Handwerk und Manufaktur in Preußen 1769 (Das Taschenbuch Knyphausen). Berlin 1969.

194. W. G. Hoffmann, Stadien und Typen der Industrialisierung. Jena 1931.

195. W. G. Hoffmann, Art. Industrialisierung (II). Größenordnungen des industriellen Wachstums, in: Handwörterbuch der Sozialwissenschaften. Stuttgart 1956, Bd. 5, 230–238.

196. W. G. Hoffmann, Der wirtschaftliche Aufstieg in Deutschland, in: W. Abelshauser/D. Petzina (Hrsg.), Deutsche Wirtschaftsgeschichte im Industriezeitalter. Konjunktur, Krise, Wachstum. Königstein/Ts. 1981, 144–168.

197. G. Hohorst, Wirtschaftswachstum und Bevölkerungsentwicklung in Preußen 1816–1914. New York 1977.

198. C.-L. Holtfrerich, Quantitative Wirtschaftsgeschichte des Ruhrkohlenbergbaus im 19. Jahrhundert. Eine Führungssektoranalyse. Dortmund 1973.

199. C.-L. Holtfrerich, Art. Wachstum I: Wachstum der Volkswirtschaften in: Handwörterbuch der Wirtschaftswissenschaften. Stuttgart 1980, Bd. 8, 413–432.

200. C.-L. Holtfrerich, Die deutsche Inflation 1914–1923. Ursachen und Folgen in internationaler Perspektive. Berlin 1980.

201. E. R. Huber, Deutsche Verfassungsgeschichte seit 1789, Bd. 4: Struktur und Krisen des Kaiserreichs. Stuttgart 1969.

202. W. Huppert, Art. Elektroindustrie, in: Handwörterbuch der Sozialwissenschaften. Stuttgart 1961, Bd. 3, 189–198.

203. A. E. Imhof, Die gewonnenen Jahre. Von der Zunahme unserer Lebensspanne seit 300 Jahren oder von der Notwendigkeit einer neuen Einstellung zu Leben und Sterben. München 1981.

204. A. E. Imhof, Die verlorenen Welten. Alltagsbewältigung durch unsere Vorfahren – und weshalb wir uns heute so schwer damit tun. München 1984.

205. A. E. Imhof, Lebenserwartungen in Deutschland vom 17. bis 19. Jahrhundert. Weinheim 1990.

206. H. James, Deutschland in der Weltwirtschaftskrise 1924–1936. Darmstadt 1988.

207. P. John, Handwerk im Spannungsfeld zwischen Zunftordnung und Gewerbefreiheit. Entwicklung und Politik der Selbstverwaltungsorganisationen des deutschen Handwerks bis 1933. Köln 1987.

208. E. Jüngst, Festschrift zur Feier des fünfzigjährigen Bestehens des Vereins für die bergbaulichen Interessen im Oberbergamtsbezirk Dortmund in Essen, 1858–1908. Essen 1908.

209. H. Jürgensen, Art. Eisen- u. Stahlwirtschaft, in: Handwörterbuch der Sozialwissenschaften. Stuttgart 1961, Bd. 3, 158–171.

210. H. Kaelble, Industrielle Interessenpolitik in der Wilhelminischen Gesellschaft. Centralverband Deutscher Industrieller 1895–1914. Berlin 1967.

211. H. Kaelble, Was Prometheus most Unbound in Europe? The Labour Force in Europe During the late XIXth and XXth Centuries, in: JEEH 18 (1989) 65–104.

212. H. Kaelble, Auf dem Weg zu einer europäischen Gesellschaft. Eine Sozialgeschichte Westeuropas 1880–1980. München 1987.

213. H. Kaelble/R. Hohls, Der Wandel der regionalen Disparitäten in der Erwerbsstruktur Deutschlands 1895–1970, in: J. Bergmann (Hrsg.), Regionen im historischen Vergleich. Studien zu Deutschland im 19. und 20. Jahrhundert. Opladen 1988, 288–413.

214. K. H. Kaufhold, Umfang und Gliederung des deutschen Handwerks um 1800, in: W. Abel (Hrsg.), (vgl. 106), 26–64.

215. K. H. Kaufhold, Handwerk und Industrie 1800–1850 in: H. Aubin/W. Zorn (Hrsg.), (vgl. 103), 321–368.

216. K. H. Kaufhold, Das Metallgewerbe der Grafschaft Mark im 18. und frühen 19. Jahrhundert. Dortmund 1976.

217. K. H. Kaufhold, Wirtschaft und Gewerbe in Preußen 1817. Ein Überblick nach einem Bericht von G. J. Ch. Kunth, in: J. Schneider (Hrsg.), Wirtschaftskräfte und Wirtschaftswege. Bamberg 1978, III. Bd., 265–279.

218. K. H. Kaufhold, Das Gewerbe in Preußen um 1800. Göttingen 1978.

219. K. H. Kaufhold, Das Handwerk zwischen Anpassung und Verdrängung, in: H. Pohl (Hrsg.), Sozialgeschichtliche Probleme in der Zeit der Hochindustrialisierung (1870–1914). Paderborn 1979, 103–141.

220. K. H. Kaufhold, Das deutsche Gewerbe am Ende des 18. Jahrhunderts. Handwerk, Verlag und Manufaktur, in: H. Berding/H.-P. Ullmann (Hrsg.), Deutschland zwischen Revolution und Restauration. Königstein/Ts. 1981, 311–327.

221. K. H. Kaufhold, Handwerksgeschichtliche Forschung in der Bundesrepublik Deutschland. Überlegungen zur Entwicklung und zum Stande, in: U. Engelhardt (Hrsg.), (vgl. 144), 20–33.

222. K. H. Kaufhold, Gewerbelandschaften in der frühen Neuzeit (1650–1800), in: H. Pohl (Hrsg.), (vgl. 290), 112–202.

223. K. H. KAUFHOLD, Die Entwicklung des Handwerks im 19. und frühen 20. Jahrhundert, in: P. HUGGER (Hrsg.), Handwerk zwischen Idealbild und Wirklichkeit. Bern 1991, 53–80.
224. H. KELLENBENZ, Ländliches Gewerbe und bäuerliches Unternehmertum in Westeuropa vom Spätmittelalter bis ins 18. Jahrhundert, in: Deuxième Conférence internationale d'histoire économique. Paris 1965, Vol. II, 377–427.
225. H. KIESEWETTER, Erklärungshypothesen zur regionalen Industrialisierung in Deutschland im 19. Jahrhundert, in: VSWG 67 (1980) 305–333.
226. H. KIESEWETTER, Staat und regionale Industrialisierung. Württemberg und Sachsen im 19. Jahrhundert, in: DERS./R. FREMDLING (Hrsg.), (vgl. 228), 108–132.
227. H. KIESEWETTER, Industrialisierung und Landwirtschaft. Sachsens Stellung im regionalen Industrialisierungsprozeß Deutschlands im 19. Jahrhundert. Köln 1988.
228. H. KIESEWETTER/R. FREMDLING (Hrsg.), Staat, Region und Industrialisierung. Ostfildern 1985.
229. G. KIRCHHAIN, Das Wachstum der deutschen Baumwollindustrie im 19. Jahrhundert. Eine historische Modellstudie zur empirischen Wachstumsforschung. New York 1975.
230. H. KISCH, Die Textilgewerbe in Schlesien und im Rheinland: eine vergleichende Studie zur Industrialisierung, in: P. KRIEDTE/H. MEDICK/J. SCHLUMBOHM (Hrsg.), (vgl. 243), 350–386.
231. H. KISCH, Die hausindustriellen Textilgewerbe am Niederrhein vor der industriellen Revolution. Göttingen 1981.
232. W. KLEBER, Sektoraler und sozialer Wandel der Beschäftigungsstruktur in Deutschland 1882–1978: eine Analyse aus der Perspektive des Lebensverlaufs, in: K. J. BADE (Hrsg.), Auswanderer, Wanderarbeiter, Gastarbeiter. Bevölkerung, Arbeitsmarkt und Wanderung in Deutschland seit der Mitte des 19. Jahrhunderts. Ostfildern 1984, Bd. 1, 179–215.
233. C. KLEIN, Geschichte des Vereins Deutscher Eisen- und Stahlindustrieller 1874–1934 (unveröffentlichtes Manuskript). 2 Bde. Bundesarchiv Koblenz R 13I/12.
234. E. KLEIN, Der Saarbergbau vor hundert Jahren, in: Saarbrükker Hefte 43 (1976) 5–17.
235. A. KLOTZBACH, Der Roheisenverband. Ein geschichtlicher Rückblick auf die Zusammenschlußbestrebungen in der deutschen Hochofen-Industrie. Düsseldorf 1926.

236. J. KOCKA, Unternehmensverwaltung und Angestelltenschaft am Beispiel Siemens 1847–1914. Stuttgart 1969.

237. J. KOCKA, Siemens und der aufhaltsame Aufstieg der AEG, in: Tradition – Zeitschrift für Firmengeschichte und Unternehmerbiographie 17/3–4 (1972) 125–142.

238. J. KOCKA, Klassengesellschaft im Krieg. Deutsche Sozialgeschichte 1914–1918. 2. Aufl. Göttingen 1978.

239. W. KÖLLMANN/P. MARSCHALCK (Hrsg), Bevölkerungsgeschichte. Köln 1972.

240. W. KÖLLMANN, Bevölkerung in der industriellen Revolution. Studien zur Bevölkerungsgeschichte Deutschlands. Göttingen 1974.

241. P. KRIEDTE, Spätfeudalismus und Handelskapital. Grundlinien der europäischen Wirtschaftsgeschichte vom 16. bis zum Ausgang des 18. Jahrhunderts. Göttingen 1980.

242. P. KRIEDTE, Eine Stadt am seidenen Faden. Haushalt, Hausindustrie und soziale Bewegung in Krefeld in der Mitte des 19. Jahrhunderts. Göttingen 1991.

243. P. KRIEDTE/H. MEDICK/J. SCHLUMBOHM (Hrsg.), Industrialisierung vor der Industrialisierung. Gewerbliche Warenproduktion auf dem Lande in der Formationsperiode des Kapitalismus. Göttingen 1978.

244. P. KRIEDTE/H. MEDICK/J. SCHLUMBOHM, Die Proto-Industrialisierung auf dem Prüfstand der historischen Zunft. Antwort auf einige Kritiker, in: GG 9 (1983) 87–105.

245. P. KRIEDTE/H. MEDICK/J. SCHLUMBOHM, Sozialgeschichte in der Erweiterung – Proto-Industrialisierung in der Verengung? Demographie, Sozialstruktur, moderne Hausindustrie: eine Zwischenbilanz der Proto-Industrialisierungs-Forschung, in: GG 18 (1992) 70–87 u. 231–255.

246. H. KRÜGER, Zur Geschichte der Manufakturen und Manufakturarbeiter in Preußen. Die mittleren Provinzen in der 2. Hälfte des 18. Jahrhunderts. Berlin 1958.

247. J. KUCZYNSKI, Die Geschichte der Lage der Arbeiter unter dem Kapitalismus, Bd. 3: Darstellung der Lage der Arbeiter in Deutschland von 1871 bis 1900. Berlin 1962.

248. J. KULISCHER, Allgemeine Wirtschaftsgeschichte des Mittelalters und der Neuzeit. Bd. II, Die Neuzeit. 3. Aufl. München 1965.

249. B. KUSKE, Wirtschaftsgeschichte Westfalens in Leistung und

Verflechtung mit den Nachbarländern bis zum 18. Jahrhundert. 2. Aufl. Münster 1949.

250. S. KUZNETS, Notes on the Take-Off, in: W. W. ROSTOW (Hrsg.), (vgl. 309), 22–41.

251. S. KUZNETS, Modern Economic Growth. Rate, Structure and Spread. New Haven 1966.

252. S. KUZNETS, Die wirtschaftlichen Vorbedingungen der Industrialisierung, in: R. BRAUN (Hrsg.), Industrielle Revolution. Wirtschaftliche Aspekte. Köln 1972, 17–34.

253. J. J. LEE, Labour in German Industrialization, in: The Cambridge Economic History of Europe. Cambridge 1978, Bd. VII, 442–491.

254. F. LENGER, Zwischen Kleinbürgertum und Proletariat. Studien zur Sozialgeschichte der Düsseldorfer Handwerker 1816–1878. Göttingen 1986.

255. F. LENGER, Sozialgeschichte der deutschen Handwerker seit 1800. Frankfurt am Main 1988.

256. R. LIEFMANN, Über Wesen und Formen des Verlags (der Hausindustrie). Ein Beitrag zur Kenntnis der volkswirtschaftlichen Organisationsformen. Freiburg i. Br. 1899.

257. R. LIEFMANN, Kartelle und Trusts und die Weiterbildung der volkswirtschaftlichen Organisation. 5. Aufl. Stuttgart 1922.

258. H. LINDE, Proto-Industrialisierung: Zur Justierung eines neuen Leitbegriffs sozialgeschichtlicher Forschung, in: GG 6 (1980) 103–124.

259. W. LOCHMÜLLER, Zur Entwicklung der Baumwollenindustrie in Deutschland. Jena 1906.

260. W. MAGER, Protoindustrialisierung und Protoindustrie. Vom Nutzen und Nachteil zweier Konzepte, in: GG 14 (1988) 275–303.

261. P. MARSCHALCK, Deutsche Überseeauswanderung im 19. Jahrhundert. Ein Beitrag zur soziologischen Theorie der Bevölkerung. Stuttgart 1973.

262. P. MARSCHALCK, Bevölkerungsgeschichte Deutschlands im 19. und 20. Jahrhundert. Frankfurt am Main 1984.

263. F. F. MENDELS, Proto-Industrialization: The First Phase of the Industrialization Process, in: Journal of Economic History 32 (1972) 241–261.

264. F. F. MENDELS, Landwirtschaft und bäuerliches Gewerbe in Flandern im 18. Jahrhundert, in: P. KRIEDTE/H. MEDICK/J. SCHLUMBOHM (Hrsg.), (vgl. 230), 325–349.

265. F. F. MENDELS, Industrialization and the Population Pressure in the Eighteenth-Century-Flanders. New York 1981.

266. J. MOOSER, Ländliche Klassengesellschaft 1770–1848. Bauern und Unterschichten. Landwirtschaft und Gewerbe im östlichen Westfalen. Göttingen 1984.

267. H. MOTTEK, Einleitende Bemerkungen – Zum Verlauf und zu einigen Hauptproblemen der industriellen Revolution in Deutschland, in: DERS. (Hrsg.), Studien zur Geschichte der industriellen Revolution in Deutschland. Berlin 1960, 11–63.

268. W. MÜHLFRIEDEL, Die Geschichte des Eisenhüttenwesens in Westdeutschland von 1870 bis 1900. Leipzig 1970.

269. G. MÜLLER, Art. Datenverarbeitung – Überblick, in: Handwörterbuch der Wirtschaftswissenschaften. Stuttgart 1980, Bd. 2, 85–88.

270. A. NOLL, Sozio-ökonomischer Strukturwandel des Handwerks in der zweiten Phase der Industrialisierung unter besonderer Berücksichtigung der Regierungsbezirke Arnsberg und Münster. Göttingen 1975.

271. H. NUSSBAUM, Unternehmer gegen Monopole. Über Struktur und Aktionen antimonopolistischer bürgerlicher Gruppen zu Beginn des 20. Jahrhunderts. Berlin 1966.

272. T. J. ORSAGH, The Probable Geographical Distribution of Income, 1882–1963, in: Zeitschrift für die gesamte Staatswissenschaft 124 (1968) 280–311.

273. W. N. PARKER, Old Wine in New Bottles: A Review of the Cambridge Economic History Volume VI, in: J Econ H 26 (1966) 99–106.

274. D. PEUKERT, Die Weimarer Republik. Krisenjahre der klassischen Moderne. Frankfurt am Main 1987.

275. D. PETZINA, Autarkiepolitik im Dritten Reich. Der nationalsozialistische Vierjahresplan. Stuttgart 1968.

276. D. PETZINA, Die deutsche Wirtschaft in der Zwischenkriegszeit. Wiesbaden 1977.

277. D. PETZINA, Materialien zum sozialen und wirtschaftlichen Wandel in Deutschland seit dem Ende des 19. Jahrhunderts, in: H. WINKEL (Hrsg.), Wirtschaftliche Entwicklung und sozialer Wandel. Darmstadt 1981, 297–342.

278. T. PIERENKEMPER, Die westfälischen Schwerindustriellen. 1852–1913. Soziale Struktur und unternehmerischer Erfolg. Göttingen 1979.

279. T. PIERENKEMPER, Struktur und Entwicklung der Schwerindustrie in Oberschlesien und dem westfälischen Ruhrgebiet 1852–1913, in: Z UntG 24 (1979) 1–28.
280. T. PIERENKEMPER, Entrepreneurs in Heavy Industry: Upper Silesia and the Westphalian Ruhr Region 1852 to 1913, in: Business History Review 53 (1979) 65–78.
281. T. PIERENKEMPER, Wirtschaftssoziologie. Eine problemorientierte Einführung. Köln 1980.
282. T. PIERENKEMPER/R. TILLY, Die Geschichte der Drahtweberei. Dargestellt am Beispiel der Firma Haver & Boecker. Stuttgart 1987.
283. T. PIERENKEMPER, The Standard of Living and Employment in Germany, 1850–1980: An Overview, in: JEEH 16 (1987) 51–73.
284. T. PIERENKEMPER, Arbeitsmarkt und Angestellte im Deutschen Kaiserreich 1880–1913. Interessen und Strategien als Elemente der Integration eines segmentierten Arbeitsmarktes. Stuttgart 1987.
285. T. PIERENKEMPER, Trade Associations in Germany in the Late Nineteenth and Early Twentieth Centuries, in: H. YAMAZAKI/M. MIYAMOTO (Hrsg.), Trade Associations in Business History. Tokyo 1988, 233–261.
286. T. PIERENKEMPER, Górny Slask i Zaglebie Ruhry, in: Prace naukowe 421 (1988) 117–144.
287. T. PIERENKEMPER, Der Agrarsektor im Entwicklungsprozeß. Einige theoretische Vorüberlegungen, in: DERS. (Hrsg.), Landwirtschaft und industrielle Entwicklung. Zur ökonomischen Bedeutung von Bauernbefreiung, Agrarreform und Agrarrevolution. Stuttgart 1989, 121–138.
288. T. PIERENKEMPER, Grundzüge der Wirtschaftsgeschichte Oberschlesiens in der Neuzeit, in: DERS. (Hrsg.), Industriegeschichte Oberschlesiens im 19. Jahrhundert. Wiesbaden 1992, 1–27.
289. T. PIERENKEMPER, Das Wachstum der oberschlesischen Eisenindustrie bis zur Mitte des 19. Jahrhundert. Entwicklungsmodell oder Spielwiese der Bürokratie, in: DERS. (Hrsg.), Industriegeschichte Oberschlesiens im 19. Jahrhundert. Wiesbaden 1992, 77–106.
290. H. POHL, Einführung, in: DERS. (Hrsg.), Gewerbe und Industrielandschaften vom Spätmittelalter bis ins 20. Jahrhundert. Stuttgart 1986, 7–15.
291. H. J. POHL, Kritik der Drei-Sektoren-Theorie, in: Mitteilungen aus der Arbeitsmarkt- und Berufsforschung 3 (1970) 313–325.

292. L. POHLE, Die Entwicklung des deutschen Wirtschaftslebens im 19. Jahrhundert. Leipzig 1904.
293. S. POLLARD, Industrialization and the European Economy, in: Econ H R 26 (1973) 636–648.
294. S. POLLARD, Einleitung in: Eders. (Hrsg.), Region und Industrialisierung. Studien zur Rolle der Region in der Wirtschaftsgeschichte der letzten zwei Jahrhunderte. Göttingen 1980, 11–21.
295. S. POLLARD, Region und Industrialisierung. Studien zur Rolle von Regionen in der Wirtschaftsgeschichte der letzten zwei Jahrhunderte. Göttingen 1980.
296. S. POLLARD, Peaceful Conquest. The Industrialization of Europe 1760–1970. Oxford 1981.
297. S. POLLARD, Betrachtungen zur Dynamik britischer Industrieregionen, in: VSWG 74 (1987) 305–22.
298. L. POTH, Die Stellung des Steinkohlebergbaus im Industrialisierungsprozeß unter besonderer Berücksichtigung des Ruhrgebietes. Berlin 1971.
299. D. D. RAPHAEL, Adam Smith. Frankfurt am Main 1991.
300. R. REGUL, Art. Kohlenwirtschaft, in: Handwörterbuch der Sozialwissenschaften. Stuttgart 1959, Bd. 6, 47–57.
301. W. REININGHAUS, Gewerbe in der frühen Neuzeit. München 1990.
302. S. REITSCHULER, Die Stellung der Maschinenindustrie im Prozeß der Industrialisierung. Köln 1963.
303. W. RENZSCH, Handwerker und Lohnarbeiter in der frühen Arbeiterbewegung. Göttingen 1980.
304. P. RIEBEL, Art. Chemische Industrie, in: Handwörterbuch der Sozialwissenschaften. Stuttgart 1959, Bd. 2, 492–505.
305. H. ROSENBERG, Die Weltwirtschaftskrise. 1857–1859. 2. Aufl. Göttingen 1974.
306. H. ROSENBERG, Große Depression und Bismarckzeit. Wirtschaftsablauf, Gesellschaft und Politik in Mitteleuropa. Frankfurt am Main 1976.
307. W. W. ROSTOW, Stadien wirtschaftlichen Wachstums. Eine Alternative zur marxistischen Entwicklungstheorie. Göttingen 1960.
308. W. W. ROSTOW, The Process of Economic Growth. New York 1962.
309. W. W. ROSTOW, Leading Sectors and the Take Off, in: W. W.

Rostow (Hrsg.), The Economics of Take Off into Sustained Growth. London 1963.

310. W. W. Rostow, The World Economy. History and Prospect. London 1978.

311. D. Saalfeld, Handwerkseinkommen in Deutschland vom ausgehenden 18. bis zur Mitte des 19. Jahrhunderts. Ein Beitrag zur Bewertung von Handwerkerlöhnen in der Übergangsperiode zum industriellen Zeitalter, in: W. Abel (Hrsg.), (vgl. 107), 65–115.

312. D. Saalfeld, Bedeutungs- und Strukturwandel der Ausgaben für die Ernährung in den privaten Haushalten Deutschlands von 1800 bis 1913, in: D. Petzina (Hrsg.), Zur Geschichte der Ökonomik der Privathaushalte. Berlin 1991, 133–148.

313. G. Schmoller, Zur Geschichte der deutschen Kleingewerbe im 19. Jahrhundert. Statistische und nationalökonomische Untersuchungen. Halle 1870.

314. G. Schmoller, Die Entwicklung und die Krisis der deutschen Weberei im 19. Jahrhundert. Berlin 1873.

315. G. Schmoller, Das Merkantilsystem in seiner historischen Bedeutung. Städtische, territoriale und staatliche Wirtschaftspolitik. Frankfurt am Main 1944.

316. G. Schmoller, Die geschichtliche Entwicklung der Unternehmung, in: Schmollers Jahrbuch für Gesetzgebung, Verwaltung und Volkswirtschaft im Deutschen Reich 14 (1890) 735–83 u. 1036–76.

317. E. Schremmer, Die Wirtschaft Bayerns. Vom hohen Mittelalter bis zum Beginn der Industrialisierung. Bergbau – Gewerbe – Handel. München 1970.

318. E. Schremmer, Industrialisierung vor der Industrialisierung. Anmerkungen zu einem Konzept der Proto-Industrialisierung, in: GG 6 (1980) 420–448.

319. A. Schröter, Die Entstehung der deutschen Maschinenbauindustrie in der ersten Hälfte des 19. Jahrhunderts, in: A. Schröter/W. Becker, (vgl. 320), 11–133.

320. A. Schröter/W. Becker, Die deutsche Maschinenbauindustrie in der industriellen Revolution. Berlin 1962.

321. G. Schulz, Über Entstehung und Formen von Interessengruppen in Deutschland seit Beginn der Industrialisierung, in: PVS 2 (1961) 124–154.

322. K. Schulz-Hanssen, Die Stellung der Elektroindustrie im Industrialisierungsprozeß. Berlin 1970.

323. J. A. SCHUMPETER, Theorie der wirtschaftlichen Entwicklung. Eine Untersuchung über Unternehmergewinn, Kapital, Kredit, Zins und den Konjunkturzyklus. 5. Aufl. Berlin 1952.
324. J. A. SCHUMPETER, Konjunkturzyklen. Eine theoretische, historische und statistische Analyse des kapitalistischen Prozesses. 2 Bde. Göttingen 1961.
325. H. SEDATIS, Liberalismus und Handwerk in Südwestdeutschland. Wirtschafts- und Gesellschaftskonzeptionen des Liberalismus und die Krise des Handwerks im 19. Jahrhundert. Stuttgart 1979.
326. H.-C. GRAF V. SEHERR-THOSS, Die deutsche Automobilindustrie. Eine Dokumentation von 1886 bis heute. Stuttgart 1974.
327. W. SIEMANN, Gesellschaft im Aufbruch. Deutschland 1849–1871. Frankfurt am Main 1990.
328. G. SIEMENS, Geschichte des Hauses Siemens. 3 Bde. München 1947 bis 1952.
329. A. SKALWEIT, Vom Werdegang des Dorfhandwerks. Frankfurt am Main 1953.
330. A. SKALWEIT, Das Dorfhandwerk vor der Aufhebung des Städtezwangs. Frankfurt am Main 1942.
331. A. SMITH, Der Wohlstand der Nationen. Eine Untersuchung seiner Natur und seiner Ursachen (1776). München 1974.
332. W. SOMBART, Die Hausindustrie in Deutschland, in: Archiv für soziale Gesetzgebung und Statistik 4 (1891) 103–156.
333. W. SOMBART, Art. Hausindustrie, in: Handwörterbuch der Staatswissenschaften. 2. Aufl. Jena 1900, Bd. 4, 1138–69.
334. W. SOMBART, Gewerbewesen. 2 Bde. Leipzig 1904.
335. W. SOMBART, Art. Verlagssystem, in: Handwörterbuch der Staatswissenschaften. 3. Aufl. Jena 1911, Bd. 8, 233–61.
336. W. SOMBART/R. MEERWARTH, Art. Hausindustrie (Verlagssystem), in: Handwörterbuch der Staatswissenschaft. 4. Aufl. Jena 1923, Bd. 5, 179–207.
337. E. G. SPENCER, Management and Labor in Imperial Germany. New Brunswick (N.Y.) 1984.
338. A. SPIETHOFF, Die wirtschaftlichen Wechsellagen. Aufschwung, Krise, Stockung. 2 Bde. Tübingen 1955.
339. R. SPREE, Die Wachstumszyklen der deutschen Wirtschaft von 1840 bis 1880 mit einem konjunkturstatistischen Anhang. Berlin 1977.
340. R. SPREE/J. BERGMANN, Die konjunkturelle Entwicklung der deutschen Wirtschaft 1840–1864, in: H.-U. WEHLER (Hrsg.), So-

zialgeschichte heute. Festschrift für Hans Rosenberg zum 70. Geburtstag. Göttingen 1974, 289–325.

341. V. STAMM, Ursprünge der Wirtschaftsgesellschaft. Geld, Arbeit und Zeit als Mittel von Herrschaft. Frankfurt am Main 1982.

342. D. STEGMANN, Zwischen Repression und Manipulation. Konservative Machteliten und Arbeiter- und Angestelltenbewegung 1910–1918, in: A f S 12 (1972) 351–432.

343. H. STELTER, Art. Maschinenindustrie, in: Handwörterbuch der Sozialwissenschaften. Stuttgart 1961, Bd. 7, 206–219.

344. W. STIEDA, Litteratur, heutige Zustände und Entstehung der deutschen Hausindustrie. Nach den vorliegenden gedruckten Quellen. Leipzig 1889.

345. W. STIEDA, Die Lebensfähigkeit des deutschen Handwerks. Rostock 1897.

346. G. STOLPER/K. HÄUSER/K. BORCHARDT, Deutsche Wirtschaft seit 1870. 2. Aufl. Tübingen 1966.

347. M. STÜRMER, Herbst des alten Handwerks. Meister, Gesellen und Obrigkeiten im 18. Jahrhundert. München 1986.

348. A. TANNER, Spulen-Weben-Stricken. Die Industrialisierung in Appenzell-Ausserrhoden. Zürich 1982.

349. O. THISSEN, Beiträge zur Geschichte des Handwerks in Preußen. Tübingen 1901.

350. P. THOMES, Wirtschaftliche Verflechtungen einer Grenzregion. Die Industrielandschaft Saar-Lor-Lux im 19. Jahrhundert, in: JbWLG 14 (1988) 181–198.

351. R. H. u. C. TILLY, Agenda for European Economic History in the 1970s, in: J Econ H 31 (1971) 184–198.

352. R. H. TILLY, Das Wachstumsparadigma und die europäische Industrialisierungsgeschichte, in: GG 3 (1977) 93–108.

353. R. H. TILLY, Konjunkturgeschichte und Wirtschaftsgeschichte, in: W. H. SCHRÖDER/R. SPREE (Hrsg.), Historische Konjunkturforschung. Stuttgart 1980, 18–28.

354. R. H. TILLY, Renaissance der Konjunkturgeschichte?, in: GG 6 (1980) 243–262.

355. R. H. TILLY, Germany, in: R. SYLLA/G. TONIOLO (Hrsg.), Patterns in European Industrialization. The Nineteenth Century. London 1991, 173–196.

356. F. B. TIPTON, Regional Variations in the Economic Development of Germany during the Nineteenth Century. Middletown (Conn.) 1976.

357. A. TROSS, Der Aufbau der Eisen- und eisenverarbeitenden Industrie-Konzerne Deutschlands. Berlin 1923.
358. H.-P. ULLMANN, Der Bund der Industriellen. Organisation, Einfluß und Politik klein- und mittelbetrieblicher Industrieller im Deutschen Kaiserreich 1895–1914. Göttingen 1976.
359. H.-P. ULLMANN, Interessenverbände in Deutschland. Frankfurt am Main 1988.
360. Untersuchungen über die Lage des Handwerks in Deutschland mit besonderer Rücksicht auf seine Konkurrenzfähigkeit gegenüber der Großindustrie. Schriften des Vereins für Sozialpolitik 62–70. Leipzig 1895 bis 1897.
361. W. VOGEL, Bismarcks Arbeiterversicherung. Ihre Entstehung im Kräftespiel der Zeit. Braunschweig 1951.
362. P. VOIGT, Das deutsche Handwerk nach den Berufszählungen von 1882 und 1895, in: Schriften des Vereins für Socialpolitik 70. Leipzig 1897, 629–670.
363. S. VOLKOV, The Rise of Popular Anti-Modernism in Germany. The Urban Master Artisans. 1873–1896. Princeton (N.Y.) 1978.
364. R. WAGENFÜHR, Die Industriewirtschaft. Entwicklungstendenzen der deutschen und internationalen Industrieproduktion 1860 bis 1932. Vierteljahrshefte zur Konjunkturforschung, Sonderheft 31. Berlin 1933.
365. R. WAGENFÜHR, Die deutsche Industrie im Kriege 1939–1945. 2. Aufl. Berlin 1963.
366. U. WENGENROTH, Motoren für den Kleinbetrieb. Soziale Utopien, technische Entwicklung und Absatzstrategien bei der Motorisierung des Kleingewerbes im Kaiserreich, in: DERS. (Hrsg.), Prekäre Selbständigkeit. Zur Standortbestimmung von Handwerk, Hausindustrie und Kleingewerbe im Industrialisierungsprozeß. Stuttgart 1989, 177–205.
367. W. WERNET, Geschichte des Handwerks in Deutschland. Dortmund 1953.
368. T. WESSELS, Art. Gewerbepolitik, in: Handwörterbuch der Sozialwissenschaften. Stuttgart 1965, Bd. 4, 507–523.
369. P. WIEL, Das Ruhrgebiet in Vergangenheit und Gegenwart. Essen 1963.
370. H. WINKEL, Wirtschaftsgeschichte Deutschlands 1945–1965, in: Handwörterbuch der Wirtschaftswissenschaften. Stuttgart 1982, Bd. 9, 100–119.
371. H. A. WINKLER, Mittelstand, Demokratie und Nationalsozialis-

mus. Die politische Entwicklung von Handwerk und Kleinhandel in der Weimarer Republik. Köln 1972.

372. C. WISCHERMANN, An der Schwelle der Industrialisierung (1800–1850), in: W. KOHL (Hrsg.), Westfälische Geschichte, Düsseldorf 1984, Bd. 3, 41–162.
373. A. ZIMMERMANN, Blüthe und Verfall des Leinengewerbes in Schlesien. Gewerbe- und Handelspolitik dreier Jahrhunderte. Breslau 1885.
374. A. ZÖLLNER, Eisenindustrie und Stahlwerksverband. Eine wirtschaftspolitische Studie zur Kartellfrage. Leipzig 1907.
375. W. ZORN, Handels- und Industriegeschichte Bayerisch-Schwabens 1648–1970. Wirtschafts-, Sozial- und Kulturgeschichte des schwäbischen Unternehmertums. Augsburg 1961.
376. W. ZORN, Die gewerbliche Struktur Deutschlands um 1820 und die Erkenntnismöglichkeiten hierzu aus Archiven der Wirtschaft, in: K.-H. MANEGOLD (Hrsg.), Wissenschaft, Wirtschaft und Technik. Studien zu Geschichte. Wilhelm Treue zum 60. Geburtstag. München 1969, 157–163.

3. Nachtrag 2007

377. W. ABELSHAUSER, Der Ruhrkohlenbergbau seit 1945. Wiederaufbau, Krise, Anpassung, München 1984.
378. W. ABELSHAUSER (Hrsg.), Die BASF. Eine Unternehmensgeschichte, München 2002.
379. W. ABELSHAUSER, Kulturkampf. Der deutsche Weg in die neue Wirtschaft und die amerikanische Herausforderung, Berlin 2003.
380. W. ABELSHAUSER, Deutsche Wirtschaftsgeschichte seit 1945, München 2004.
381. G. ADELMANN, Die Baumwollgewerbe Nord-Westdeutschlands und der westfälischen Nachbarländer beim Übergang von der vorindustriellen zur frühindustriellen Zeit, 1750–1815. Verflechtung und regionale Differenzierung, Stuttgart 2001.
382. U. ALBRECHT, Das Gewerbe Flensburgs von 1770 bis 1870. Eine wirtschaftsgeschichtliche Untersuchung auf der Grundlage von Fabrikberichten, Neumünster 1993.
383. R. BANKEN, Die Industrialisierung der Saarregion 1815–1914, Bd. 1: Die Frühindustrialisierung 1815–1850, Bd. 2: Take-Off Phase und Hochindustrialisierung 1850–1914, Stuttgart 2000 u. 2003.

384. R. Banken, Kurzfristiger Boom oder langfristiger Forschungsschwerpunkt? Die neuere deutsche Unternehmensgeschichte und die Zeit des Nationalsozialismus, in: GWU (2005), H. 3, 183–196.
385. R. Bauer, Gescheiterte Innovationen: Fehlschläge und technologischer Wandel, Frankfurt am Main 2006.
386. H. Berghoff, Zwischen Kleinstadt und Weltmarkt. Hohner und die Harmonika 1857–1961. Unternehmensgeschichte als Gesellschaftsgeschichte, Paderborn 1997.
387. R. Boch, Grenzenloses Wachstum? Das rheinische Wirtschaftsbürgertum und seine Industrialisierungsdebatte 1814–1857, Göttingen 1990.
388. M. Boldorf, Europäische Leinenregionen im Wandel. Institutionelle Weichenstellung in Schlesien und Irland (1750–1850), Wien 2006.
389. B. Brosowski, Grundzüge der Industrialisierung im südlichen Sauerland in der 2. Hälfte des 19. Jahrhunderts, Olpe 1994.
390. L. Budrass, Flugzeugindustrie und Luftrüstung in Deutschland 1918–1945, Düsseldorf 1997.
391. M. Cermann/S. A. Ogilvie (Hrsg.), Protoindustrialisierung in Europa. Industrielle Produktion vor dem Fabrikzeitalter, Wien 1994.
392. M. A. Denzel, Professionen und Professionisten. Die Dachsbergische Volksbeschreibung im Kurfürstentum Baiern (1771–1781), Stuttgart 1998.
393. M. A. Denzel (Hrsg.), Statistik der Professionisten im Kurfürstentum Baiern nach der Dachsbergschen Volksbeschreibung (1771–1781), St. Katharinen 1998.
394. G. Deter, Handwerk vor dem Untergang. Das westfälische Kleingewerbe im Spiegel der preußischen Gewerbetabellen 1816–1861, Wiesbaden 2005.
395. J. Dünkel, Johann Bernhard Hasenclever & Söhne. Großkaufleute in frühindustrieller Zeit (1786–1870), Diss. Jena 2005.
396. D. Ebeling/W. Mager (Hrsg.), Protoindustrie in der Region. Europäische Gewerbelandschaften vom 16. bis zum 19. Jahrhundert, Bielefeld 1997.
397. P. Erker, Die Verwissenschaftlichung der Industrie. Zur Geschichte der Industrieforschung in den europäischen und amerikanischen Elektrokonzernen 1890–1930, in: ZUG 35 (1990), 73–93.
398. P. Erker/T. Pierenkemper (Hrsg.), Deutsche Unternehmer zwi-

schen Kriegswirtschaft und Wiederaufbau. Studien zur Erfahrungsbildung von Industrie-Eliten, München 1999.
399. G. D. FELDMAN, Hugo Stinnes, Biographie eines Industriellen 1870–1924, München 1998.
400. L. GALL (Hrsg.), Krupp im 20. Jahrhundert, Berlin 2002.
401. A. GEHRING, Nationalsozialistische Rüstungspolitik und unternehmerischer Entscheidungsspielraum. Vergleichende Fallstudien zur württembergischen Maschinenindustrie, München 1996.
402. D. GESSNER, Die Anfänge der Industrialisierung am Mittelrhein und Untermain 1780–1866, Frankfurt am Main 1996.
403. S. GORISSEN, Vom Handelshaus zum Unternehmen. Sozialgeschichte der Firma Harkort im Zeitalter der Protoindustrie (1720–1820), Göttingen 2002.
404. N. GREGOR, Stern und Hakenkreuz. Daimler-Benz im Dritten Reich, Berlin 1997.
405. H. GRÜNERT, Beschäftigungssystem und Arbeitsmarkt in der DDR, Opladen 1997.
406. V. HECHT, Die Württembergische Metallwarenfabrik Geislingen/Steige 1853–1945. Geschäftspolitik und Unternehmensentwicklung, St. Katharinen 1995.
407. U. HESS, Wirtschaft und Staat in Sachsens Industrialisierung 1750–1930, Leipzig 2003.
408. A. KAMINSKY, Wohlstand, Schönheit, Glück. Kleine Konsumgeschichte der DDR, München 2001.
409. R. KARLSCH/R. G. STOKES, Faktor „Öl". Die Mineralölwirtschaft in Deutschland 1859–1974, München 2003.
410. C. KLEINSCHMIDT, Rationalisierung als Unternehmensstrategie. Die Eisen- und Stahlindustrie des Ruhrgebiets zwischen Jahrhundertwende und Weltwirtschaftskrise, Essen 1993.
411. T. KOCKEL, Deutsche Ölpolitik 1928–1938, Berlin 2005.
412. W. KÖLLMANN/W. REININGHAUS/K.TEPPE (Hrsg.), Bürgerlichkeit zwischen gewerblicher und industrieller Wirtschaft. Beiträge zum 200. Geburtstag von Friedrich Harkort, Dortmund 1994.
413. G. KOLLMER-VON OHEIM-LOUP, Innovation und Zollverein. Die Reaktion württembergischer Textilindustrieller auf den Deutschen Zollverein 1834–1874, St. Katharinen 1996.
414. S. H. LINDNER, Den Faden verloren. Die westdeutsche und französische Textilindustrie auf dem Rückzug (1930/45–1990), München 2001.

415. B. Lorenz, Industrieelite und Wirtschaftspolitik 1928–1950. Heinrich Dräger und das Drägerwerk, Paderborn 2001.
416. B. Lorenz/P. Erker, Chemie und Politik. Die Geschichte der Chemischen Werke Hüls 1938–1979, München 2003.
417. I. Merkel, Utopie und Bedürfnis. Die Geschichte der Konsumkultur in der DDR, Berlin 1999.
418. R. Metz/O. Watteler, Historische Innovationsindikatoren. Ergebnisse einer Pilotstudie, Köln 2001.
419. H. Mommsen/M. Grieger, Das Volkswagenwerk und seine Arbeiter im Dritten Reich, Düsseldorf 1996.
420. C. Nonn, Die Ruhrbergbaukrise. Entindustrialisierung und Politik 1958–1969, Göttingen 2001.
421. R. J. Overy, War and economy in the Third Reich, Oxford 1994.
422. B.-C. Padberg, Die Wirtschaftsgeschichte des oberbergischen Kreises, Köln 2000.
423. T. Pierenkemper, Die Industrialisierung europäischer Montanregionen im 19. Jahrhundert, Stuttgart 2002.
424. G. Plumpe, Die I.G. Farbenindustrie AG. Wirtschaft, Technik und Politik 1904–1945, Berlin 1990.
425. W. Plumpe, Betriebliche Mitbestimmung in der Weimarer Republik. Fallstudien zum Ruhrbergbau und zur Chemischen Industrie, München 2001.
426. A. Reckendrees, Das „Stahltrust"-Projekt. Die Gründung der Vereinigten Stahlwerke AG und ihre Unternehmensentwicklung 1926–1933/34, München 2000.
427. W. Reininghaus, Die Stadt Iserlohn und ihre Kaufleute (1700–1815), Dortmund 1995.
428. A. Ritschl, Der späte Fluch des Dritten Reichs. Pfadabhängigkeiten in der Entstehung der bundesdeutschen Wirtschaftsordnung, in: Perspektiven der Wirtschaftspolitik 6 (2005), 151–170.
429. H.-J. Rupieper (Hrsg.), Die mitteldeutsche Chemieindustrie und ihre Arbeiter im 20. Jahrhundert, Halle a.d. Saale 2005.
430. J. Scherner, Ohne Rücksicht auf die Kosten? Eine Analyse von Investitionsverträgen zwischen Staat und Unternehmen im Dritten Reich am Beispiel des Förderprämierungsverfahrens und des Zuschussvertrages, in: JWG 2 (2004), 167–188.
431. M. Schneider, Die Industrialisierung der Oberpfalz bis zum Beginn des Ersten Weltkrieges, Regensberg 1993.
432. O. Schwarzer, Sozialistische Zentralplanwirtschaft in der SBZ/DDR. Ergebnisse eines ordnungspolitischen Experiments (1945–1989), Stuttgart 1999.

433. H. SIEBERT, Jenseits des Sozialen Marktes. Eine notwendige Neuorientierung der deutschen Politik, München 2005, insbes. 374–377.
434. H.-W. SINN, Ist Deutschland noch zu retten? Berlin 2004, insb. 335–338.
435. K. SKIBICKI, Industrie im oberschlesischen Fürstentum Pless im 18. und 19. Jahrhundert. Zur ökonomischen Logik des Übergangs vom feudalen Magnatenwirtschaftsbetrieb zum modernen Industrieunternehmen, Stuttgart 2002.
436. M. SPOERER, Von Scheingewinnen zum Rüstungsboom. Die Eigenkapitalrentabilität der deutschen Industrieaktiengesellschaften 1925–1941, Stuttgart 1996.
437. A. STEINER, Von Plan zu Plan. Eine Wirtschaftsgeschichte der DDR, München 2004.
438. A. STEINER (Hrsg.), Überholen ohne einzuholen. Die DDR-Wirtschaft als Fußnote der deutschen Geschichte, Berlin 2006.
439. R. G. STOKES, Opting for Oil, Cambridge 1994.
440. R. G. STOKES, Constructing Socialism. Technology and Change in East Germany 1945–1990, Baltimore 2000.
441. J. STREB, Staatliche Technologiepolitik und branchenübergreifender Wissenstransfer. Über die Ursachen der internationalen Innovationserfolge der deutschen Kunststoffindustrie im 20. Jahrhundert, Berlin 2003.
442. R. STREMMEL/J. WEISE (Hrsg.), Bergisch-Märkische Unternehmer in der Frühindustrialisierung, Münster 2004.
443. R. H. TILLY, Gab es und gibt es ein „deutsches Modell" der Wirtschaftsentwicklung?, in: J. Osterhammel u.a. (Hrsg.), Wege der Gesellschaftsgeschichte, Göttingen 2006, 219–237.
444. S. VAN DE KERKHOF, Von der Friedens- zur Kriegswirtschaft. Unternehmensstrategien der deutschen Eisen- und Stahlindustrie vom Kaiserreich bis zum Ende des Ersten Weltkrieges, Essen 2006.
445. V. WELLHÖNER, Wirtschaftswunder – Weltmarkt – westdeutscher Fordismus. Der Fall Volkswagen, Münster 1996.
446. T. WELSKOPP, Arbeit und Macht im Hüttenwerk. Arbeits- und industrielle Beziehungen in der deutschen und amerikanischen Stahlindustrie von den 1860er bis zu den 1930er Jahren, Bonn 1994.
447. C. WISCHERMANN, Preußischer Staat und westfälische Unternehmer zwischen Spätmerkantilismus und Liberalismus, Köln 1992.
448. K. WISOTZKI, Der Ruhrbergbau im Dritten Reich, Düsseldorf 1993.

Register

Enzyklopädie deutscher Geschichte
Themen und Autoren

Mittelalter

Agrarwirtschaft, Agrarverfassung und ländliche Gesellschaft im Mittelalter (Werner Rösener) 1992. EdG 13 — Gesellschaft
Adel, Rittertum und Ministerialität im Mittelalter (Werner Hechberger) 2004. EdG 72
Die Stadt im Mittelalter (Frank Hirschmann)
Die Armen im Mittelalter (Otto Gerhard Oexle)
Frauen- und Geschlechtergeschichte des Mittelalters (Hedwig Röckelein)
Die Juden im mittelalterlichen Reich (Michael Toch) 2. Aufl. 2003. EdG 44

Wirtschaftlicher Wandel und Wirtschaftspolitik im Mittelalter (Michael Rothmann) — Wirtschaft

Wissen als soziales System im Frühen und Hochmittelalter (Johannes Fried) — Kultur, Alltag, Mentalitäten
Die geistige Kultur im späteren Mittelalter (Johannes Helmrath)
Die ritterlich-höfische Kultur des Mittelalters (Werner Paravicini) 2. Aufl. 1999. EdG 32

Die mittelalterliche Kirche (Michael Borgolte) 2. Aufl. 2004. EdG 17 — Religion und Kirche
Mönchtum und religiöse Bewegungen im Mittelalter (Gert Melville)
Grundformen der Frömmigkeit im Mittelalter (Arnold Angenendt) 2. Aufl. 2004. EdG 68

Die Germanen (Walter Pohl) 2. Aufl. 2004. EdG 57 — Politik, Staat, Verfassung
Die Slawen in der deutschen Geschichte des Mittelalters (Thomas Wünsch)
Das römische Erbe und das Merowingerreich (Reinhold Kaiser) 3., überarb. u. erw. Aufl. 2004. EdG 26
Das Karolingerreich (Klaus Zechiel-Eckes)
Die Entstehung des Deutschen Reiches (Joachim Ehlers) 2. Aufl. 1998. EdG 31
Königtum und Königsherrschaft im 10. und 11. Jahrhundert (Egon Boshof) 2. Aufl. 1997. EdG 27
Der Investiturstreit (Wilfried Hartmann) 2. Aufl. 2005. EdG 21
König und Fürsten, Kaiser und Papst nach dem Wormser Konkordat (Bernhard Schimmelpfennig) 1996. EdG 37
Deutschland und seine Nachbarn 1200–1500 (Dieter Berg) 1996. EdG 40
Die kirchliche Krise des Spätmittelalters (Heribert Müller)
König, Reich und Reichsreform im Spätmittelalter (Karl-Friedrich Krieger) 2., durchges. Aufl. 2005. EdG 14
Fürstliche Herrschaft und Territorien im späten Mittelalter (Ernst Schubert) 2. Aufl. 2006. EdG 35

Frühe Neuzeit

Bevölkerungsgeschichte und historische Demographie 1500–1800 (Christian Pfister) 2. Aufl. 2007. EdG 28 — Gesellschaft
Umweltgeschichte der Frühen Neuzeit (Reinhold Reith)

Bauern zwischen Bauernkrieg und Dreißigjährigem Krieg (André Holenstein) 1996. EdG 38
Bauern 1648–1806 (Werner Troßbach) 1992. EdG 19
Adel in der Frühen Neuzeit (Rudolf Endres) 1993. EdG 18
Der Fürstenhof in der Frühen Neuzeit (Rainer A. Müller) 2. Aufl. 2004. EdG 33
Die Stadt in der Frühen Neuzeit (Heinz Schilling) 2. Aufl. 2004. EdG 24
Armut, Unterschichten, Randgruppen in der Frühen Neuzeit (Wolfgang von Hippel) 1995. EdG 34
Unruhen in der ständischen Gesellschaft 1300–1800 (Peter Blickle) 1988. EdG 1
Frauen- und Geschlechtergeschichte 1500–1800 (Heide Wunder)
Die deutschen Juden vom 16. bis zum Ende des 18. Jahrhunderts (J. Friedrich Battenberg) 2001. EdG 60

Wirtschaft

Die deutsche Wirtschaft im 16. Jahrhundert (Franz Mathis) 1992. EdG 11
Die Entwicklung der Wirtschaft im Zeitalter des Merkantilismus 1620–1800 (Rainer Gömmel) 1998. EdG 46
Landwirtschaft in der Frühen Neuzeit (Walter Achilles) 1991. EdG 10
Gewerbe in der Frühen Neuzeit (Wilfried Reininghaus) 1990. EdG 3
Kommunikation, Handel, Geld und Banken in der Frühen Neuzeit (Michael North) 2000. EdG 59

Kultur, Alltag, Mentalitäten

Renaissance und Humanismus (Ulrich Muhlack)
Medien in der Frühen Neuzeit (Andreas Würgler)
Bildung und Wissenschaft vom 15. bis zum 17. Jahrhundert (Notker Hammerstein) 2003. EdG 64
Bildung und Wissenschaft in der Frühen Neuzeit 1650–1800 (Anton Schindling) 2. Aufl. 1999. EdG 30
Die Aufklärung (Winfried Müller) 2002. EdG 61
Lebenswelt und Kultur des Bürgertums in der Frühen Neuzeit (Bernd Roeck) 1991. EdG 9
Lebenswelt und Kultur der unterständischen Schichten in der Frühen Neuzeit (Robert von Friedeburg) 2002. EdG 62

Religion und Kirche

Die Reformation. Voraussetzungen und Durchsetzung (Olaf Mörke) 2005. EdG 74
Konfessionalisierung im 16. Jahrhundert (Heinrich Richard Schmidt) 1992. EdG 12
Kirche, Staat und Gesellschaft im 17. und 18. Jahrhundert (Michael Maurer) 1999. EdG 51
Religiöse Bewegungen in der Frühen Neuzeit (Hans-Jürgen Goertz) 1993. EdG 20

Politik, Staat, Verfassung

Das Reich in der Frühen Neuzeit (Helmut Neuhaus) 2. Aufl. 2003. EdG 42
Landesherrschaft, Territorien und Staat in der Frühen Neuzeit (Joachim Bahlcke)
Die Landständische Verfassung (Kersten Krüger) 2003. EdG 67
Vom aufgeklärten Reformstaat zum bürokratischen Staatsabsolutismus (Walter Demel) 1993. EdG 23
Militärgeschichte des späten Mittelalters und der Frühen Neuzeit (Bernhard R. Kroener)

Staatensystem, internationale Beziehungen

Das Reich im Kampf um die Hegemonie in Europa 1521–1648 (Alfred Kohler) 1990. EdG 6
Altes Reich und europäische Staatenwelt 1648–1806 (Heinz Duchhardt) 1990. EdG 4

19. und 20. Jahrhundert

Gesellschaft

Bevölkerungsgeschichte und Historische Demographie 1800–2000 (Josef Ehmer) 2004. EdG 71
Migrationen im 19. und 20. Jahrhundert (Jochen Oltmer)
Umweltgeschichte des 19. und 20. Jahrhunderts (Frank Uekötter)
Adel im 19. und 20. Jahrhundert (Heinz Reif) 1999. EdG 55
Geschichte der Familie im 19. und 20. Jahrhundert (Andreas Gestrich) 1998. EdG 50
Urbanisierung im 19. und 20. Jahrhundert (Klaus Tenfelde)
Von der ständischen zur bürgerlichen Gesellschaft (Lothar Gall) 1993. EdG 25
Die Angestellten seit dem 19. Jahrhundert (Günter Schulz) 2000. EdG 54
Die Arbeiterschaft im 19. und 20. Jahrhundert (Gerhard Schildt) 1996. EdG 36
Frauen- und Geschlechtergeschichte im 19. und 20. Jahrhundert (Karen Hagemann)
Die Juden in Deutschland 1780–1918 (Shulamit Volkov) 2. Aufl. 2000. EdG 16
Die deutschen Juden 1914–1945 (Moshe Zimmermann) 1997. EdG 43

Wirtschaft

Die Industrielle Revolution in Deutschland (Hans-Werner Hahn) 2., durchges. Aufl. 2005. EdG 49
Die deutsche Wirtschaft im 20. Jahrhundert (Wilfried Feldenkirchen) 1998. EdG 47
Agrarwirtschaft und ländliche Gesellschaft im 19. Jahrhundert (Stefan Brakensiek)
Agrarwirtschaft und ländliche Gesellschaft im 20. Jahrhundert (Ulrich Kluge) 2005. EdG 73
Gewerbe und Industrie im 19. und 20. Jahrhundert (Toni Pierenkemper) 2., um einen Nachtrag erw. Aufl. 2007. EdG 29
Handel und Verkehr im 19. Jahrhundert (Karl Heinrich Kaufhold)
Handel und Verkehr im 20. Jahrhundert (Christopher Kopper) 2002. EdG 63
Banken und Versicherungen im 19. und 20. Jahrhundert (Eckhard Wandel) 1998. EdG 45
Technik und Wirtschaft im 19. und 20. Jahrhundert (Christian Kleinschmidt) 2007. EdG 79
Unternehmensgeschichte im 19. und 20. Jahrhundert (Werner Plumpe)
Staat und Wirtschaft im 19. Jahrhundert (Rudolf Boch) 2004. EdG 70
Staat und Wirtschaft im 20. Jahrhundert (Gerold Ambrosius) 1990. EdG 7

Kultur, Alltag und Mentalitäten

Kultur, Bildung und Wissenschaft im 19. Jahrhundert (Hans-Christof Kraus)
Kultur, Bildung und Wissenschaft im 20. Jahrhundert (Frank-Lothar Kroll) 2003. EdG 65
Lebenswelt und Kultur des Bürgertums im 19. und 20. Jahrhundert (Andreas Schulz) 2005. EdG 75
Lebenswelt und Kultur der unterbürgerlichen Schichten im 19. und 20. Jahrhundert (Wolfgang Kaschuba) 1990. EdG 5

Religion und Kirche

Kirche, Politik und Gesellschaft im 19. Jahrhundert (Gerhard Besier) 1998. EdG 48

Kirche, Politik und Gesellschaft im 20. Jahrhundert (Gerhard Besier) 2000. EdG 56

Politik, Staat, Verfassung

Der Deutsche Bund 1815–1866 (Jürgen Müller) 2006. EdG 78
Verfassungsstaat und Nationsbildung 1815–1871 (Elisabeth Fehrenbach) 2., um einen Nachtrag erw. Aufl. 2007. EdG 22
Politik im deutschen Kaiserreich (Hans-Peter Ullmann) 2., durchges. Aufl. 2005. EdG 52
Die Weimarer Republik. Politik und Gesellschaft (Andreas Wirsching) 2000. EdG 58
Nationalsozialistische Herrschaft (Ulrich von Hehl) 2. Aufl. 2001. EdG 39
Die Bundesrepublik Deutschland. Verfassung, Parlament und Parteien (Adolf M. Birke) 1996. EdG 41
Militär, Staat und Gesellschaft im 19. Jahrhundert (Ralf Pröve) 2006. EdG 77
Militär, Staat und Gesellschaft im 20. Jahrhundert (Bernhard R. Kroener)
Die Sozialgeschichte der Bundesrepublik Deutschland bis 1989/90 (Axel Schildt) 2007. EdG 80
Die Sozialgeschichte der DDR (Arnd Bauerkämper) 2005. EdG 76
Die Innenpolitik der DDR (Günther Heydemann) 2003. EdG 66

Staatensystem, internationale Beziehungen

Die deutsche Frage und das europäische Staatensystem 1815–1871 (Anselm Doering-Manteuffel) 2. Aufl. 2001. EdG 15
Deutsche Außenpolitik 1871–1918 (Klaus Hildebrand) 2. Aufl. 1994. EdG 2
Die Außenpolitik der Weimarer Republik (Gottfried Niedhart) 2., aktualisierte Aufl. 2006. EdG 53
Die Außenpolitik des Dritten Reiches (Marie-Luise Recker) 1990. EdG 8
Die Außenpolitik der BRD (Ulrich Lappenküper)
Die Außenpolitik der DDR (Joachim Scholtyseck) 2003. EDG 69

Hervorgehobene Titel sind bereits erschienen.

Stand: (Februar 2007)